Wolfgang Geisler

Anders sein – über Vielfalt und Freiheit in der Schule

debus PÄDAGOGIK

Bibliografische Information der Deutschen Nationalbibliothek

Die Deutsche Nationalbibliothek verzeichnet diese Publikation in der Deutschen Nationalbibliografie; detaillierte bibliografische Daten sind im Internet unter http://dnb.d-nb.de abrufbar.

Für Emile, Lea, Felix, Sophie, Oskar,
Airon und Dominik

www.debus-paedagogik.de
www.wochenschau-verlag.de

Programmleitung: Peter E. Kalb
Umschlagentwurf: Ohl Design
Gesamtherstellung: Wochenschau Verlag
Titelbild: Mirko Raatz – Fotolia
Gedruckt auf chlorfrei gebleichtem Papier
ISBN 978-3-95414-171-5 (Buch)
E-Book ISBN 978-3-95414-172-2 (PDF)
DOI https://doi.org/10.46499/1782

„Es darf einem keiner zu gering, keiner zu hässlich sein,
erst dann kann man sie verstehen.“

Georg Büchner, „Lenz“

„Während Erdbeben und anderer Katastrophen
muss man sich seinen Fixpunkt suchen.“

Patrick Modiano, „Damit du dich im Viertel nicht verirrst“

Inhalt

Zuvor

Liebe Leserin, lieber Leser!

Wahrscheinlich ist es Ihnen auch schon einmal so ergangen: Während – sagen wir mal – siebenundzwanzig Schülerinnen und Schüler einer Klasse vor einem sitzen und über einer Klassenarbeit brüten, schaut man sie sich der Reihe nach an und kann nur staunen über die Unterschiede unter denen, die da versammelt sind. Wohin man schaut Differenz! In Geschlecht, Aussehen, Statur (natürlich), in Herkunft und Wesensart, Neigungen, Verhaltensweisen und sozialem Schicksal (soweit bekannt)! Siebenundzwanzig Schülerpersönlichkeiten, jede mit ihrer eigenen Geschichte, individuellem Profil und unterschiedlichem Entwicklungsstand, eine wie die andere.

Es handelt sich bei der beschriebenen Beobachtung nicht gerade um eine sensationelle Neuentdeckung, wohl aber um die Feststellung einer für die Arbeit der Lehrerinnen und Lehrer sehr wichtigen Tatsache. Die Vielfalt ihrer Adressatinnen und Adressaten offenbart, worauf es im Unterricht ankommt: den unterschiedlichen Schülerinnen und Schülern so weit wie möglich gerecht zu werden und der Gruppe als ganzer außerdem. Das allerdings ist nicht leicht angesichts ihres Andersseins. Schülerinnen und Schülern trotzdem die nötige Wertschätzung zu vermitteln, verlangt, sie aufmerksam wahrzunehmen und ihnen die nötigen Hilfen zur weiteren Entwicklung zuteilwerden zu lassen. Dabei sind Stärken zu nutzen und auf Schwächen ist Rücksicht zu nehmen. Entwicklungsprobleme sind zu beachten, Wege und Irrwege zu bedenken. Im vorliegenden Fall muss unsere Aufmerksamkeit der munteren Sarah vorne links gelten, die sich momentan vornehmlich fürs Tanzen interessiert („Modern, klassisch, ganz egal!“) und für wenig anderes. Genauso wie der öfter etwas bräsige Jan hinten rechts unser Bemühen braucht, der sich vorzugsweise hinter seinem Computer aufhält, dort aber, wie man hört, wahre Wunder vollbringt („Will ich auch mal beruflich machen.“). Nicht zu vergessen der ernsthafte Metin in der Mitte, der – auch wenn man ihn noch nicht genug kennt – offenbar auf einem guten Weg ist („Nicht helfen. Allein."). Alle drei gehören dazu und hierher. In diesem Augenblick kratzen sie sich gleichzeitig nachdenklich am Kopf.

Individuelle Akzeptanz wie die Förderung der Zusammengehörigkeit gehören zu den Grundbedingungen erfolgreicher Arbeit in der Schule. Es wird auch in Zukunft nicht reichen, sich als Lehrperson in der Sache gut auszukennen und sich für die oder den einzelnen ein paar passgenaue Aufgaben auszudenken. Die Basis der gemeinsamen Arbeit stellt die Anerkennung des Andersseins dar und das Bewusstsein, gemeinsam daran zu wachsen. Nur wer sich akzeptiert fühlt, ist in der Lage, sein Potenzial zu entfalten und zu kooperieren. Eine gute Schule trägt auf diese Weise wesentlich dazu bei, den Zusammenhalt der Menschen einer Gesellschaft zu fördern. Gefordert sind Zuwendung, unser Wissen und Können, um Interessen und Bestrebungen, Ambitionen und Möglichkeiten von Schülerinnen und Schülern zu entwickeln. Andernfalls können sie ihre Schule nicht als wichtige Instanz des Lebens erkennen und anerkennen.

Besonders wichtig ist das Thema Anderssein für jene, die in ihrer Entwicklung abweichen von dem, was man für die Spanne des Normalen hält. Eine fragwürdige Konstruktion, diese Vorstellung von Normalität, gewiss. Sie grenzt nur allzu leicht aus, was zusammenwachsen soll. Und doch ist in der pädagogischen Praxis die Erkenntnis und Berücksichtigung von Besonderheiten unvermeidlich. Handicaps verlangen Förderung. Erhalten die Betroffenen sie nicht, so verstärken sich ihre Entwicklungsprobleme. Sie anzugehen stellt keine Diskriminierung dar, sondern das notwendige Bemühen um jene, die mit dem, was allen in der Schule geboten wird, nicht auskommen.

In diesem Buch geht es nicht darum, die letzte Verästelung einer überdrehten Debatte um das *Othering* nachzuzeichnen, sondern vielmehr um den Erhalt von Vielfalt, Pluralität und Freiheit in der Schule. Der, die und das Andere dürfen nicht fremd gemacht werden, um stattdessen das Eigene hervorzuheben. Genauso wenig aber ist das Andere als das Eigentliche zu sehen, hinter dem alles andere zurückzustehen hat.

So unterschiedlich Schülerinnen und Schüler von vornherein sind, so sehr verändern sie sich im Durchgang durch die Schule, als Ergebnis persönlicher

Entwicklung, unter dem Einfluss ihrer Umgebung und nicht zuletzt unter tätiger Mitwirkung ihrer Lehrerinnen und Lehrer. Am Ende kommen uns dieselben jungen Menschen gründlich verändert entgegen, verglichen jedenfalls mit dem Zeitpunkt, als sie ihre Schulkarriere begannen. Und doch ist jeder Einzelne derselbe geblieben. Ein faszinierender Vorgang, den man als Lehrer oder Lehrerin bei jedem Jahrgang aufs Neue erleben darf.

Auch Lehrende sind naturgemäß unterschiedlich, und auch sie verändern sich im Laufe der Zeit im Umgang mit ihren Schülerinnen und Schülern. Zeigen sie sich offen für das in der Arbeit gemeinsam Erlebte, werden sie von den Lernenden täglich aufs Neue herausgefordert, mit Fragen und Anregungen konfrontiert und durch Erwartungen belebt. Dieses Erlebnis formt auch sie zu ihrem Vorteil. Kommt es zum guten Austausch, so kann sich das gegenseitige Anderssein niederschlagen in gegenseitiger Bereicherung. Andernfalls bleibt es bei immer demselben Programm für immer andere, jedoch gleich unfrohe Schülerinnen und Schüler und auf Dauer gelangweilte Lehrkräfte.

Nicht übersehen werden dürfen andererseits die Gefahren im Umgang mit der Differenz. Auch der Schwerstkriminelle ist anders, ohne dass er ein Recht darauf hätte, seine persönlichen Interessen an Lustmord, Einbruch oder Finanzbetrug auszuleben. Zwar sind Menschen solcher Art in der Schule relativ selten anzutreffen, aber auch große Gangster haben klein angefangen. Über allem pädagogischen Bemühen hat der Schutz der Schwachen zu stehen.

Belassen wir es vorläufig bei den bisher dargestellten Aspekten des Andersseins, liebe Leserin, lieber Leser. In der Hoffnung, Sie neugierig gemacht zu haben auf ein wichtiges Thema. Ein Schlüsselthema des Lehrberufs, vielfältig und interessant, zuweilen aber auch kompliziert und anstrengend. Der Nutzen des vorliegenden Buchs besteht hoffentlich in der Anregung zum Nachdenken über die eigene Lage, in der Beschäftigung mit Möglichkeiten schulischer Arbeit und in der Suche nach Lösungen zugunsten derjenigen, die anders sind und die es damit oft schwer haben. Wer sich dagegen an der „Drecklinie" der Schule (Horst Rumpf) erst gar nicht die Hände schmutzig machen mag, braucht dieses Buch sicher nicht. Allerdings wird sie oder er die schöne Fülle an Eindrücken, Erfahrungen und Aufgaben, die Schule ausmacht, nie erleben. All die Erlebnisse mit Menschen, die einem manchmal zusetzen, aber viel öfter bereichern und erfreuen. Die diesbezüglichen praktischen Erfahrungen des Autors stammen aus vielen Jahren Schuldienst. Überwiegend aus der Sekundarstufe I und II, was jedoch nicht bedeutet, dass die Betrachtungen zum Thema Anderssein in der Grundschule keine Bedeutung hätten.

Abschließend noch ein Wort zur Gliederung des vorliegenden Buchs. Das Problem besteht in der großen Vielfalt des Themas Anderssein, die es unmöglich macht, jeden Einzelaspekt zu erfassen. Am Anfang versucht der Verfasser, Ihnen einen ersten Überblick zu verschaffen, um anschließend in einem kleinen Abc des Andersseins Facetten des Themas aufzufächern. Besondere Schwerpunkte werden danach in den Kapiteln über Integration, Gewalt, Wechselseitigkeit, Glück und Schule behandelt. Bilder vom schulischen Anderssein in der Kunst runden die Publikation ab.

Ihnen, liebe Leserin, lieber Leser, soll es beim Lesen – das ist der Ehrgeiz des Verfassers – von Anfang an nicht langweilig werden, weswegen so unterschiedliche Personen wie Donald Duck, Leonard Bernstein, der Zögling Törleß, Albert Camus, Tristan und Isolde und andere den Weg durch das Buch säumen. Bleiben Sie dran!

Wolfgang Geisler Viernheim/Esparron-de-Verdon

PS: Für Ermutigung und vielfältige Hilfe bei der Arbeit an diesem Buch danke ich Bernd Brieskorn, Dilara Can, Hertha und Wolfgang Harsch, Alexander Hauptmann, Christian Just, Peter E. Kalb, Thomas Lange, Jürgen Mescher, Hilbert Meyer, Sigrun Paas, Helmut Püpcke, Lothar Schweim, Diether Thie, Sybille Vonderschmidt-Viereck und Martin Wetz. Für alle Fehler im Text ist allerdings ganz allein der Verfasser verantwortlich. – Für die Möglichkeit, Johann Peter Hasenclevers Bild „Jobs als Schulmeister" im Depot des Leipziger Museums der bildenden Künste zu betrachten, sei dem Kurator Jan Nicolaisen gedankt und Corinna Thierolf von der Münchner Pinakothek der Moderne für die Übermittlungen zusätzlicher Informationen zu Tadeusz Kantors Installation „Die tote Klasse". – Über das Thema Andersseins schrieb ich in den letzten Jahren eine Reihe von Aufsätzen, die in den Zeitschriften „Gemeinsam lernen“ und „Schulverwaltung“ erschienen. Teile daraus sind in überarbeiteter Form in dieses Buch eingegangen, genauso wie der Text eines Vortrags, den ich 2018 beim BeltzForum in Weinheim hielt. Den Verlagen sei für die Genehmigung zum Abdruck gedankt. – Vor allem aber danke ich meiner Frau Gretchen von Seggern von ganzem Herzen für ihre Unterstützung und für die Geduld während der Zeit der Recherche und des Schreibens an diesem Buch. Es ist unseren Enkeln gewidmet. – Die im Text beschriebenen Erfahrungen, Kommentare und Zitate habe ich in Schulen verschiedener Bundesländer und im europäischen Ausland gesammelt. Die Darstellungen der vorkommenden Personen wurden durchweg verfremdet und alle Namen geändert.

Kapitel 1 – Anderssein in der Schule. Eine Eröffnung

In diesem Kapitel geht es um die Vorteile des Andersseins, ohne dass dessen Nachteile übersehen werden sollen. Meistens ist die Erfahrung des Andersseins bereichernd und schön. Sie macht neugierig, bereitet Entdeckerfreude und stimmt diejenigen froh und stolz, deren Anderssein unsere Anerkennung findet. Manchmal aber erweist es sich auch als schwierig, damit umzugehen, denn damit verbunden sind Herausforderungen und möglichweise sogar Ängste. Ganz unsinnig ist es jedoch, mit dem Anderssein seiner Schülerinnen und Schüler zu hadern. Sie werden es bleiben.

In der Schule begegnen sich Menschen verschiedener Herkunft und Wesensart, unterschiedlichen Alters, Geschlechts, Temperaments und gesellschaftlicher Stellung. Täglich kommen hier kleine und große Persönlichkeiten zusammen, die angenehme, zum Teil aber auch schwer erträgliche Verhaltensweisen an den Tag legen. Sie nehmen je andere Funktionen wahr und weisen abweichende Ambitionen und Motivationen auf. Jedoch stehen sie in all ihrer Vielfalt gemeinsam vor der Aufgabe, sich auf möglichst nutzbringende Weise miteinander auseinanderzusetzen. Denn vom Erfolg ihrer Zusammenarbeit hängt viel ab, die Zukunft von Schülerinnen und Schülern, die Chancen jeder neuen Generation auf ein gutes Leben in Freiheit, individueller wie gesellschaftlicher.

Wie bekannt, gelingt der Schule ihr Werk nicht immer. Manche Lehrkräfte beklagen zu wenige bis in die Haarspitzen motivierte junge Menschen vor sich zu haben, die ungeduldig auf den Beginn der Stunde warten. Daran wird sich jedoch vermutlich in absehbarer Zeit nicht viel ändern. Umgekehrt wundern sich Schülerinnen und Schüler über manche gewöhnungsbedürftigen Eigenarten ihrer Lehrpersonen. Aber auch sie werden deren Anderssein verkraften müssen, solange es nicht bösartig ist.

Halten wir am besten gleich zu Beginn fest: Menschen machen üblicherweise Fehler, keine Schule ist perfekt, und „für *nichts*, was die Schule mit Kindern oder für Kinder tut, gibt es die Garantie, dass es funktionieren wird" (Postman 1999, 201). Was nicht heißt, dass alles so bleiben kann, wie es ist. Wer lehrt, will verändern.

Womit alles beginnt

Das Anderssein aller Beteiligten, ihre Alterität (*lat. alter* = der andere, der Mitmensch), bildet den Hintergrund jeder pädagogischen Arbeit. Es irrt, wer voraussetzt, die anderen wären, wenn schon nicht genauso wie er selbst, so doch im Allgemeinen ganz ähnlich. Das ist erkennbar nicht der Fall.

Ja, mit dem Anderssein fängt alles an, im Leben des Einzelnen wie in der Bildung. Würden sich alle auf dieselbe Weise entwickeln, so wäre die schulische Arbeit vielleicht einfacher, aber auch uninteressanter. In der Schule kann man sich darauf verlassen, dass man es mit dem Anderssein und seinen Folgen zu tun bekommt, wie auch immer es ausfällt. Unsere Mitmenschen teilen mit uns zwar gewisse allgemeinmenschliche Dispositionen, aber selbst die unterscheiden sich mindestens in eine weiblicher und eine männliche Art. Wie jede einzelne Unterrichtsstunde, ein Gang über den Schulhof oder der Blick ins Lehrer-/innen-Zimmer offenbaren, differieren alle dort auf vielfältige Weise. Überall finden sich Individuen unterschiedlichster Wesensart in Denken und Handeln und mit abweichendem Temperament. Man trifft auf fest in sich ruhende, grundgütige Lehrkräfte genauso wie auf hochfahrend-vorschnelle Kolleginnen und Kollegen. Auf der anderen Seite finden sich in derselben Schule sowohl Schülerinnen und Schüler, die fest an die Traditionen ihres Milieus gebunden sind, als auch solche, die ihren Kurs ins Erwachsenleben erst nach dem Durchlaufen diverser Kurven finden.

Ganz unterschiedliche Meinungen und Verhaltensweisen sind in der Schule vorhanden. Darunter Ansichten, die von idealistischen Schwärmerinnen und Schwärmern vorgetragen werden, genauso wie ganz anders geartete Auffassungen, mit denen hartleibige Konservative aufwarten. Wenn man jedoch das entsprechende Schul- und Unterrichtsklima zu schaffen vermag, so ist diese Konstellation – wenngleich anstrengend – von einigem Vorteil. Wo Gegensätze aufeinandertreffen, kann gelernt werden, was Gesellschaft ausmacht und wie vielfältig sie ist. Diese Erfahrung zu vermitteln, gehört zu den wichtigsten Aufgaben der Schule. Die unterschiedlichen Ausgangspositionen hindern nicht daran, einen Gesprächsfaden zwischen den unterschiedlichen Individuen und Gruppen zu spinnen – unabhängig von Geschlecht, Herkunft, Religion, Hautfarbe, Nationalität und alldem, was sonst das Anderssein ausmacht. Das Ziel sollte eine pädagogische Übersetzung der „Diskursethik" (Jürgen Habermas) sein, eine Anwendung auf den Schulalltag, entsprechend den Kriterien, offen, geregelt, frei von Zwang und auf gegenseitige Verständigung hin orientiert zu sein.

Eine einfache menschliche Gegebenheit

Beim individuellen Anderssein handelt es sich um eine einfache menschliche Gegebenheit, die jedem ins Gesicht geschrieben steht. Es geht dabei aber um mehr als nur um Äußerlichkeiten. Mit dem Bild vom anderen verbindet sich die Erkenntnis, dass jede/r von uns etwas Unwiederbringliches darstellt. Mit jedem Menschen ist etwas Neues in die Welt gekommen, eine „Erscheinung der Einzigkeit" (Martin Buber). So wie ich bin nur ich, ein Unikat, etwas Unersetzliches, das nicht übersehen werden darf, nicht gering zu schätzen ist, nicht zu verletzen oder gar zu vernichten, wie es in den Gewaltregimen dieser Welt an der Tagesordnung ist.

Das Recht aufs Anderssein: Gegen solche Missachtung setzt das Grundgesetz die Verpflichtung des Staats und seiner Bürgerinnen und Bürger auf die Einhaltung der Menschenrechte, den Anspruch auf Würde (Art. 1), das Recht auf Leben, körperliche Unversehrtheit und freie Entfaltung der Persönlichkeit (Art. 2). Die Ewigkeitsgarantie in der Verfassung (Art. 79) sichert diese Grundrechte gegen Angriffe von innen und außen juristisch ab.

Im Rechtsstaat sind alle vor dem Gesetz gleich. Ansonsten ist es Bürgerinnen und Bürgern unbenommen, sich unterschiedlich zu definieren und aufzutreten, solange sie anderen keinen Schaden zufügen. Niemand ist zu gering, zu jung, zu alt oder zu unbedeutend, als dass ihm das Recht auf seine Individualität und kulturelle Identität bestritten werden dürfte. Der Anspruch, auf eigene Weise nach dem Glück zu streben, bedarf allerdings zu seiner Verwirklichung der Akzeptanz desselben Rechts der Mitmenschen. Andernfalls drohen Konflikte um Privilegien.

Alterität bahnt uns den Weg zum Nächsten. Das Anderssein macht neugierig, fördert den Austausch und sorgt für den Zusammenhalt der Gesellschaft. Nur auf seiner Basis funktionieren Diskurs und Kooperation. Vorsicht also vor allzu prompten *like-* oder *dislike-*Urteilen. Vorbedingung für den guten Austausch zwischen Mitmenschen ist die Anerkennung ihres Andersseins als gemeinsame Grundlage sozialen Handelns in verantworteter Freiheit. Auch davon gibt es allerdings diverse Formen.

Nutzen der Anerkennung: Der deutsche Wiederentdecker der Anerkennungstheorie, Axel Honneth, beschreibt idealtypisch die Herkunftslinien des Anerkennungsgedankens, von denen es eine französische, britische und deutsche gibt. Jede für sich ist und alle gemeinsam sind für das soziale Denken und Handeln bedeutsam. So überwiegt im französischen Diskurs die Kritik an den Ritualen scheinhafter Anerkennung, ursprünglich verursacht durch die Anpassungsforderung höfischen Lebens. Mit dem Ergebnis, dass die Selbstfindung vorwiegend dort gesucht wird, wo der Mensch allein bzw. nur unter Vertrauten mit sich zurate geht, und weniger im größeren sozialen Kontext. „Die Hölle, das sind die anderen" (Sartre). Eine solche Selbstreflexion ist zweifellos immer wieder notwendig, sollte allerdings Debatten nicht ausschließen. Die britische Entwicklung des Anerkennungsgedankens wurde – so Honneth – seit dem 19. Jahrhundert geprägt vom sozialen Mitgefühl (Über-Ich und Gewissen eingeschlossen) sowie der Forderung nach Reformen, um Wirtschaft und Politik mehr Maßnahmen der Daseinsvorsorge abzuverlangen. Dies gibt der Anerkennung ihre politisch-moralische Dimension. Die deutsche Herkunftslinie schließlich baut vor allem auf die von Georg Wilhelm Friedrich Hegel (1770-1831) entwickelte Vorstellung einer wechselseitigen sozialen Anerkennung, die ihre verändernde Kraft auf die Anerkannte/den Anerkannten wie die Anerkennende/den Anerkennenden ausübt. Das Menschsein allein begründet den Anspruch auf Anerkennung oder sollte es, besser gesagt, tun (s. Honneth 2018). Alle drei Herleitungen und Begründungen der Notwendigkeit anerkennenden Verhaltens schließen sich nicht gegenseitig aus. Im Gegenteil. Die allen dreien gemeinsame Aufwertung des Individuums als fühlendes, denkendes und handelndes Wesen sowie der Gedanke der Wechselseitigkeit als Bedingung gelingender Kommunikation und Kooperation haben außerdem pädagogische Konsequenzen. Denn nicht durch herrisches Auftrumpfen entsteht das nötige soziale Bewusstsein und Verhalten, sondern es wird erlebt und erlernt. Der Psychotherapeut Jan Kalbitzer sieht die positiven Folgen der Alterität darin, schon in der Kindheit zu lernen, unsere Umwelt und uns selbst aus anderer Perspektive wahrzunehmen. Auf diese Weise erweitern wir unser „Interpretations- und Verhaltensspektrum" oder relativieren es gegebenenfalls. Die Erfahrung, eine andere Person niemals vollständig verstehen zu können, ermahne den einzelnen, sich nicht zu überschätzen und Missverständnisse als möglich einzukalkulieren (FAZ v. 09.05.2017).

In der Schule wird jungen Menschen vermittelt, dass es für sie nur vorteilhaft sein kann, den anderen in seiner Ganzheit, und das heißt in seiner Widersprüchlichkeit, anzuerkennen. Nur gegenseitige Akzeptanz verschafft die Möglichkeit, die Differenz von Mitmenschen als persönliche Bereicherung zu erleben. „Ich allein bin nicht das Maß aller Dinge" drückt sich in dieser Haltung aus. Ich weiß und kann vieles, aber manches eben auch nicht, was ein anderer sehr wohl kann und weiß. Deswegen ist es vorteilhaft, zu kooperieren und dabei Respekt walten zu lassen. Ich und Du können ein Wir bilden, um gemeinsam voranzukommen. Diese Beziehung setzt eine Atmosphäre des Vertrauens voraus, ein Gefühl und Bewusstsein von Zugehörigkeit, den verbrieften Anspruch, in der Schule nicht verletzt, belogen, übervorteilt oder hintergangen zu werden. Und wenn es doch geschieht, muss, wer es tut, mit Nachteilen rechnen.

Die notwendige Gegenleistung für solchen Schutz des Einzelnen besteht darin, seinerseits auf Demütigung, Überfall, Betrug und andere Grausamkeiten zu verzichten. Und tatsächlich: Wie die Erfahrung lehrt und Forschungsergebnisse diverser Disziplinen belegen, sind Menschen in ihrer Lebensweise wie in ihrem psychisch-emotionalen Apparat in der Lage, die andere/den anderen zu verstehen und ihr/ihm selbst Fürsorge zu vermitteln. Der Mensch ist eben nicht des anderen Menschen Wolf. Ganz abgesehen davon, dass Wölfe ihrem Nachwuchs gegenüber sehr liebevoll sein sollen. Gegenüber Schafen lassen sie es daran allerdings fehlen.

Der Mensch ist gut? Wie die Erfahrung lehrt, stellt soziales Wohlverhalten (von schmerzlichen Ausnahmen abgesehen) die vorherrschende Praxis der überwiegenden Mehrheit in der Demokratie dar. Wirksam wird darin ein ungeschriebener, aber nach wie vor das Verhalten der Menschen bestimmender Gesellschaftsvertrag, wie ihn schon Jean-Jacques Rousseau (1712-1778) für gelingende Gemeinschaften voraussetzte. Auch wenn heute vor einer Erosion sozialen Denkens und Handelns gewarnt wird und man angesichts der verbreiteten Angriffe und Pöbeleien im Internet, zunehmender Übergriffe gegenüber Notärztinnen und Notärzten oder Polizistinnen und Polizisten sowie rechter Gewalt gegen Flüchtlinge einen anderen Eindruck bekommen kann, halten die Menschen in ihrer großen Mehrheit an den einverständigen Grundlagen des Zusammenlebens fest. Die meisten von ihnen haben selbst die Erfahrung gemacht, dass unsoziales Verhalten zwar unter Umständen zu großem Vermögen verhilft, aber wehtut, wenn man den Schaden hat. Der französische Philosoph und Kulturhistoriker Michel Serres (1930-2019) beobachtete in der Öffentlichkeit zahllose alltägliche, aber oft übersehene Beispiele von Hilfeleistung. Mütter und Väter, die ihren Kindern beispringen. Jüngere, die Älteren Gesellschaft leisten. Gesunde, die Kranke pflegen. Weitere Beispiele kann jeder hinzufügen. Serres schlussfolgerte daraus: „Die Mehrheit besteht aus anständigen Leuten" (2019, 27).

An diesem Ergebnis hat auch die Schule ihren Anteil. Nötig ist dazu die Erfahrung, dort gut aufgehoben zu sein, auf soziale Weise zu lernen und eigene Interessen verwirklichen zu können. Die Schule muss, will sie erfolgreich sein, an menschliche Grundbedürfnisse anknüpfen, die der Neurobiologe Gerald Hüther so beschreibt: „Je stärker die gleichzeitige Erfahrung von sowohl Geborgenheit und Verbundenheit als auch eigener Gestaltungsfähigkeit und Autonomie am eigenen Leib gemacht und im Gehirn verankert werden konnte, desto wahrscheinlicher, dass Menschen allmählich auch eine Vorstellung ihrer Würde zu entwickeln begannen" (2019, 86 f.). Ein Schulprogramm.

Auch Lehrerinnen und Lehrer sind natürlich anders

Alters-, persönlichkeits-, temperaments- und bildungsbedingt sind Lehrpersonen ganz offensichtlich anders als die Kinder und Jugendlichen, mit denen sie es zu tun haben. Manche jüngere Lehrende wären den Lernenden zwar gern näher („Ich bin eigentlich lieber mit Jüngeren zusammen."). Aber was wäre damit gewonnen, wenn sie ihren Vorsprung an Erfahrung und Wissen verstecken und die eigene Person zurücknehmen würden?

Die Alterität der mehr als 750 000 Lehrkräfte, die in Deutschland Unterricht erteilen, bringt es mit sich, dass jede/jeder von ihnen ihre/seine Arbeit anders angeht. „Jeder bevorzugt bestimmte Unterrichtsmethoden, übt eine mehr oder weniger scharfe Zensierungspraxis aus, erlaubt oder verbietet Zwischenrufe beim Frontalunterricht, kontrolliert Hausaufgaben mehr oder weniger häufig" (Horstkemper/Tillmann 2018, 45).

Der Hinweis auf die individuelle Prägung des Unterrichtsgeschehens ist noch in anderer Hinsicht bedeutsam, denn es ist die einzelne Lehrpersönlichkeit, die den Lernerfolg so nachhaltig wie kein anderer Faktor beeinflusst, abgesehen von den Lernenden selbst. So jedenfalls das Ergebnis des Schulforschers John Hattie, der mit seiner Unterrichtsmetaanalyse international für Furore gesorgt hat (2013). Zwar beschränkte er sich weitgehend auf die Betrachtung kognitiver Faktoren, allerdings darf vermutet werden, dass sich seine Ergebnisse zum Einfluss der Lehrerinnen und Lehrer grundsätzlich nicht verändert hätten, wären auch Teamfähigkeit, Mitleid oder Hilfsbereitschaft in die Betrachtung miteinbezogen worden. Der Einfluss auf den Lernerfolg ihrer Schülerinnen und Schüler geht nach Hattie von der Lehr*persönlichkeit* aus. Soll heißen: von ihrer Bildung genauso wie von ihrer Fähigkeit zur Empathie, von ihrer Individualität und von ihrer mitmenschlichen Anerkennung. Gehen wir vom besten Fall aus, so setzt sich das unverwechselbare Anderssein einer Lehrerin/eines Lehrers in den Erfolg der Lernenden um, identifizierbar als ihr/sein Anliegen, als Teil eines Wesens, unter Zuhilfenahme seiner didaktischen und methodischen Mittel.

Manchmal werde ich im Unterricht von mir selbst überrascht. Dann kommt der alte Adam, so scheint es, wieder zum Vorschein. Urplötzlich höre ich mich im Unterricht schreien, was ich bei anderen und erst recht bei mir selbst eigentlich verabscheue. Aber Iris mit ihrem Dauergequassel bringt auf der anderen Seite des Klassenraums gerade die Arbeit ihrer Tischgruppe durcheinander. Mein Brüllen („Ey, Iris, hör auf mit dem Quatsch! Lass Emil in Ruhe! Weg da!") löst das Problem natürlich nicht, wie ich weiß. Aber meine Reaktion zeigt mir meine Schwäche. Eigene Fehlleistungen und Merkwürdigkeiten sollte man sich vor Augen halten, um sie möglichst abzustellen, aber auch um besser mit dem bisweilen merkwürdigen Wesen anderer fertigzuwerden (auch wenn es einem noch so eigenartig vorkommt) und ihren schwer verständlichen Verhaltensweisen vielleicht doch etwas abzugewinnen (selbst wenn's schwerfällt). Der Psychologe Viktor E. Frankl (1905-1997) hielt eine Form der Introspektion für nützlich, die es erlaubt, „sich selbst gegenüberzutreten", sich dabei „von sich selbst zu distanzieren" und „zu sich selbst Stellung zu nehmen" (2010, 54). So würden wir in uns Haltungen entwickeln, die Selbstkritik ermöglichen, Toleranz befördern und Ängste zurückdrängen, eine notwendige Form des Selbstbewusstseins, die davon abhält, an sich und seinen Fähigkeiten irrezuwerden.

Zu uns kommen sie alle

In der Schule haben wir es mit allen zu tun: mit den überwiegend Heiteren wie den häufig Missgelaunten, den Wissbegierigen wie den wenig Interessierten, Höflichen wie Ungebärdigen, Bescheidenen wie Überheblichen, leichten wie schwierigen Fällen. Ein paar Beispiele, höchst unvollständig natürlich:

- Momentan beschäftigen Schülerinnen und Schüler der Klasse 8 ihre Lehrkräfte aufs Heftigste. Leider haben sie noch nicht verstanden, dass es in der Schule um ihre nahe Zukunft geht. Es handelt sich bei ihnen überwiegend um nette Mädchen und Jungen, die zudem von fähigen Lehrkräften unterrichtet werden. Nur dürfen die ihnen mit einer Sache momentan nicht kommen: mit der Forderung nach ernsthafter Arbeit. Dann werden einige laut und widerspenstig, andere fahrig-nervös, und eine dritte Gruppe versucht zu überhören, was angesagt ist. Der Ausgang des Kampfs ist offen. Aber wahrscheinlich gewinnt ihn die Schule.

- Cindy ist schwierig, kein Zweifel, sehr schwierig sogar. Sie wurde sehbehindert geboren, hat aber in der Schule alle Hilfen, die sie braucht, technische Gerätschaften neuesten Datums, einen tüchtigen Inklusionsbegleiter, eine verständige Klassenlehrerin und freundliche Mitschülerinnen und Mitschüler. Cindy bleibt jedoch tief unglücklich über ihr hartes Schicksal und hadert mit sich und der Welt. Weswegen sie zuweilen verbal aggressiv wird. Mit Ausdrücken, die hier nicht wiederholt werden müssen. Der Zusammenhang zwischen Cindys schwerem Schicksal und ihren unflätigen Ausbrüchen liegt auf der Hand, ist ihren Klassenkameradinnen und Klassenkameraden jedoch schwer zu vermitteln. Am Anfang waren sie sehr nett zu Cindy, die sie trotzdem weiter beschimpfte. Was ihnen verboten ist, finden ihre Mitschülerinnen und Mitschüler inzwischen, müsse auch Cindy lassen, und haben damit natürlich recht. Aber Cindy kann sich nun einmal nur sehr schwer beherrschen. Wenn überhaupt.
- Isas Mutter, die sich als Altenpflegerin alleinerziehend durchs Leben schlägt, ist sehr glücklich über ihre Tochter und darf das auch sein. Denn die ist eine sehr ernsthafte junge Frau. Christlich engagiert, hat sie im Unterricht viel zu sagen über Himmel und Erde. Sie packt aber in der Nachmittagsbetreuung auch praktisch mit an, begleitet Freizeiten und hilft bei den Ferienspielen. Ein Vorbild, auch wenn sie manchmal etwas kratzbürstig sein kann.
- Frank, siebzehn Jahre alt, trinkt in letzter Zeit leider öfter zu viel. Zu ihrem Schrecken mussten seine Eltern ihren Sohn neulich in ziemlich ramponiertem Zustand auf dem Polizeirevier abholen. Seine schulischen Noten befinden sich im Sinkflug.
- Vielleicht wird Len bald nicht mehr in seine angestammte Schule kommen, denn seiner Mutter droht die Aberkennung des Sorgerechts. Len hat es zu Hause wirklich nicht gut. Aber lieber diese als keine Mutter, meint er wohl. An seiner Schule will er auf jeden Fall bleiben. Ein Schulsozialarbeiter hilft Len dabei, seine schulische Heimat nicht zu verlieren. Ende offen.
- Max gibt sich im Unterricht viel Mühe. Seine Noten sind aber mittelmäßig, und das missfällt seiner ambitionierten Mutter („Ohne Abitur geht

doch heute gar nichts."). Das aber macht es Max nicht leichter, und faul ist er nicht. Aber viel mehr geht bei ihm momentan nicht, meint seine Klassenlehrerin. Seine Mutter ist groß, und Max ist klein.

- „Bei uns in der Klasse sind alle irgendwie verschieden", sagt die zwölfjährige Jessi. „Vor allem die Jungen". Sie verdreht die Augen. „Na ja, außer vielleicht Boris. Der ist ganz nett." Tiefes Seufzen. Aber im nächsten Augenblick kommt ihre aktuell beste Freundin Carmen angerauscht, und beide hüpfen herumalbernd davon. Wie Kinder überall auf der Welt miteinander herumalbern, so verschieden sie auch sein mögen.

Zu uns kommen sie alle, und das ist auch gut so.

Im Widerstreit mit sich und anderen

Im Jugendalter ist der „knospende Künftige" dabei, „seine Persönlichkeit zusammenzustellen" (Arno Schmidt). In Versuch und Irrtum prüft er, herauszubekommen, was zu ihm gehört und wie es ihm gelingen kann, mit all seiner persönlichen Alterität einen eigenen Platz im Leben zu finden. Auch wenn es sich manchmal für Eltern und Lehrpersonen wie eine Reise durch Absurdistan ausnimmt, ein junger Mensch befindet sich in den verwirrenden Zeiten seines Aufwachsens auf Sinnsuche, unterwegs zu seinem nächsten Lebensabschnitt. Weswegen er sich in dieser Entwicklungsphase oft vornehmlich für sich selbst zu interessieren scheint. Heute so, aber morgen vielleicht schon ganz anders. An der damit verbundenen Unsicherheit leidet die Jugendliche/der Jugendliche selbst am meisten. Manche/Mancher meint, die ganze raue Welt sei gegen sie/ihn und vorwiegend damit beschäftigt, ihr/ihm übel mitzuspielen. Deshalb bekommen ihre/seine Eltern und Lehrpersonen zu spüren, wie peinlich so eine Pubertierende/ein Pubertierender sie zeitweise findet. Sie/Er grenzt sich von ihnen ab, mag Bitten und Anweisungen nicht mehr folgen, schweigt stundenlang vor sich hin, ist stimmungsmäßig sprunghaft und mäkelt an allem herum. Jugendliche müssen sich – keine neue Einsicht, aber im Prozess des Durchlebens und Erleidens der Erinnerung wert – selbst ausprobieren und werden auf der Suche nach ihrem eigenen Wesen zwangsläufig Fehler machen, um sich selbst am Ende in ihren Grundzügen zu akzeptieren. Nur noch schlimmer macht man die Sache freilich, wenn man einem solchen jungen Menschen gewohnheitsmäßig den roten Teppich ausrollt. Geschieht das, so entwickelt sie/er sich unter Umständen tatsächlich zu einem vor „Ich-Geilheit" (Siegfried Bernfeld) strotzenden Individuum.

Lehrerinnen und Lehrer spielen für Jugendliche manchmal die Rolle des „Sparringspartners" (Klaus Hurrelmann), wenn entsprechende Kämpfe im Elternhaus (wo Eltern lieber die coolen Kumpel spielen möchten) nicht ausgetragen werden. Das ist nicht besonders angenehm, aber meistens geht die Sache besser aus, als zwischendurch befürchtet. Selbst wenn eine Schülerin, der die französische Sprache eigentlich nur so zufliegt, von einem Tag auf den anderen plötzlich auf Durchzug schaltet. Sie fängt sich normalerweise bald wieder.

Bedacht sein will jedoch, dass es sich bei dem an Heranwachsenden beobachteten Verhalten möglicherweise nicht nur um die für das Jugendalter typische Unsicherheit oder Opposition, sondern um weitaus tiefere Selbstzweifel, Antriebslosigkeit, Unruhe und Traurigkeit, das heißt um Anzeichen einer frühen Depression, handeln kann. Fast 2 % ihrer jungen (Mit-)Versicherten leiden definitiv darunter, wie eine Untersuchung der DAK-Krankenkasse ergab (dpa v. 07.03.2020). Mädchen übrigens öfter als Jungen. In der Regel bleibt die Erkrankung eine biografische Episode, bedarf jedoch stets professioneller Behandlung. Andernfalls kann sie sich bis zu Suizidgedanken steigern. Hier sind Lehrkräfte aufgefordert, Eltern Hinweise zu geben, wenn das Verhalten ihres Kinds das Übliche übersteigt. Es gibt, sagen Fachleute, heute gute psychotherapeutische Möglichkeiten und wirksame Medikamente dagegen.

Roberts Wandlungen: Roberts Eltern betreiben ein Filmkunstkino. Freundliche Leute, die es ihren Kindern an nichts fehlen ließen und nie den Kontakt zu ihnen verloren, auch nicht, als es schwierig wurde. Robert zeigte in der Kindheit eine für sein Alter höchst ungewöhnliche Bildungsbeflissenheit, sodass er von seinen Mitschülerinnen und Mitschülern bald den Spitznamen „Professor Robert" bekam. Er interessierte sich für Naturwissenschaften, las aber auch schon in sehr jungen Jahren Werke der deutschen Klassik und Romantik („‚Die Elixiere des Teufels', Klasse!"), als seine Mitschüler noch auf den Spuren der „Drei Fragezeichen" unterwegs waren. Mit sechzehn Jahren freilich veränderte sich Robert plötzlich und unerwartet. Er entdeckte die Subkultur für sich und warf sich ihr voll und ganz in die Arme. Aus dem zum Rückzug neigenden Sonderling wurde einer, der abends um die Häuser zog. Zusammen mit dem Sohn des örtlichen Bundestagsabgeordneten trat er als *Poetry-Slam*-Duo unter dem Namen „Die Kröver-Nacktarsch-Zwillinge" auf. Ihre Aktivitäten in der örtlichen Szene brachten ihnen freilich nicht den Erfolg, auf den die beiden gehofft hatten. Vielleicht ging Robert deshalb ein Jahr vor dem Abitur zu seinem älteren Bruder nach Berlin. „Ob das gut geht?", fragten sich viele. Aber es ging gut. Robert häutete sich ein weiteres Mal, versackte keineswegs in Friedrichshain, wie befürchtet, sondern machte fix Abitur, studierte in Windeseile und ist heute Chemieprofessor an einer Fachhochschule. Toll, nicht wahr?!

Was zeigt Roberts Beispiel? Dreierlei. Erstens, dass es Menschen geben muss, die zu einem stehen (was Roberts Eltern taten). Zweitens, dass ich das, was ich empfange, produktiv verarbeiten muss (was Robert auf seine eigene zunehmend realistische Weise tat). Sodass man drittens irgendwann etwas von dem Empfangenen weitergeben kann (was Robert nun in der Hochschule tut, womit zwischenzeitlich nicht unbedingt zu rechnen war). Das Beispiel zeigt außerdem, dass Bildung gegen jugendliche Wirrnis helfen kann, wenn sie Motivation zur Eigenaktivität weckt, zur weiteren Entwicklung und zur Auseinandersetzung mit sich und der Welt Anlass bietet. Bildung ist Veränderung ihrer Adressaten. Im allmählichen Prozess ihrer Aneignung findet sie Form und Ergebnis. Mit Störungen ist allerdings immer wieder zu rechnen.

Anders, ungleich, ungerecht

Anderssein, das heißt unter Umständen keineswegs so zu sein, wie von der Schule vorausgesetzt. Weniger intelligent, als von ihr erwünscht, nicht fleißig genug, zu ungeschickt oder ohne größeren Ehrgeiz. Die möglichen Ursachen dafür sind vielfältig, individuell entstanden, herkunftsbedingt und kulturell vorgeprägt. Für die Probleme solcher Schülerinnen und Schüler ist unter anderem eine gesellschaftliche Konstellation mitverantwortlich, die mit ihrer sozialen Abkunft, deren Ansehen und Wertung zu tun hat. Seit den 1960er Jahren wird über die mangelnde Chancengleichheit und -gerechtigkeit im Bildungswesen debattiert, über Fragen von Begabung, Schulerfolg und Wirkung des unterschiedlichen „kulturellen Kapitals“ (Pierre Bourdieu), das ein Kind aus seiner sozialen Schicht mitbringt. Kritisiert wird in diesem Zusammenhang die selektive Funktion der Schule. Entsprechend ihren Kriterien lässt sie unterschiedliche Menschen unterschiedlicher Chancen teilhaftig werden. Bei diesen Entscheidungen über Lebensschicksale handelt es sich weniger um bewusste Entscheidungen, die von Unterrichtenden vorgenommen werden, sondern um die Erfüllung oder Nichterfüllung implizit vorausgesetzter Anpassungsleistungen wie Fleiß, Selbständigkeit und Motivation. Schulische Werte, die leichter oder schwerer zu erfüllen sind, je nachdem, ob sie auch zu Hause gelten oder eben nicht. Sie entsprechen vornehmlich den Normen der Mittelschicht, ihren kulturellen Gewohnheiten und dem Ehrgeiz der Eltern. Zwar orientieren sich die schulischen Erwartungen heute weniger an einsamen Spitzenleistungen, sondern eher am Durchschnitt des zu Erreichenden bzw. am Minimum dessen, was schlechterdings verlangt werden muss. Nach wie vor aber stellt sich die Frage nach der Gerechtigkeit der Bewertungsmaßstäbe und nach der tatsächlichen Förderung von Benachteiligten.

Zugenommen hat die Befürchtung, es mit einer Absenkung des allgemeinen Leitungsniveaus der Schulen zu tun zu haben, ausgelöst von einer Schülerklientel, die der bildungswilligen Mehrheit (wenn es sich denn um eine solche handelt) das Lernen angeblich oder tatsächlich verleidet. Populisten identifizieren als Ursache eingewanderte „Fremdkörper“, die sie am liebsten in ihre Herkunftsländer zurückexpedieren würden. Sie versuchen, sich damit aus der Verantwortung zu stehlen, ohne Rücksicht darauf, dass die meisten derer, die sie als Problemgruppe identifizieren, in Deutschland aufgewachsen sind und nicht wenige ihre problematischen Verhaltensweisen hier gelernt haben.

Der muslimische Sohn jobloser Eltern aus dem großstädtischen Problemquartier: Grundsätzlich geändert hat sich nichts am Tatbestand schlechterer Chancen von Schulkindern aus „bildungsfernen Milieus“. Sie sind heute – ausweislich erreichter Schulabschlüsse – insgesamt wohl weniger stark benachteiligt als früher, und der Schulerfolg des katholischen Arbeitermädchens vom Lande stellt nicht mehr das größte aller Probleme dar. An dessen Stelle aber ist der muslimische Sohn jobloser Eltern aus dem großstädtischen Problemquartier getreten. Insofern ist das Thema nach wie vor aktuell, wenngleich der angestammten deutschen Gesellschaft weniger nahe. Ganz verdrängen kann sie es hingegen nicht.

Ein Haupthindernis für sozial benachteiligte Schülerinnen und Schüler ergibt sich heute wie damals aus der mangelnden Kenntnis des Bildungswesens, seiner Voraussetzungen und Möglichkeiten. Dieser Problemkreis führt angesichts eines schwereren Weges, den solche Kinder und Jugendlichen zu absolvieren haben, häufig zu rascher Resignation statt der konsequenten Verfolgung ehrgeiziger Bildungsambitionen. Aber auch manche Schulen tragen zur Schieflage bei den Bildungschancen bei, wenn sie aus dem Kalkül, sich auf diese Weise Probleme vom Halse zu halten, sozial schlecht Gestellte nicht zu fördern bereit sind.

Statt abzutauchen oder die Sache wegzudiskutieren, ist der Anspruch auf Bildung für alle zu erneuern. Er folgt keineswegs neumodischer Multikulti-Schwärmerei, sondern frühbürgerlichem Denken, einem liberalen Gesellschaftsmodell, das sozialen Aufstieg nach Leistung möglich machen soll. Sein Leitbild stellte „die pflichtbewusste Person" dar, „die sich als Teil des ‚Wir' einer Gemeinschaft versteht, in der sich Menschen gegenseitig nicht mit Furcht oder Gleichgültigkeit begegnen, sondern mit wechselseitigem Respekt", wie der britische Ökonom Paul Collier es beschreibt (2019, 58). Unabhängig von Herkunft oder Religion soll durch Bildung jeder Mensch seine Chance erhalten, der sich in der bürgerlichen Gesellschaft mit dem nötigen Eifer darum bemüht. Genau das aber stellt das Problem dar.

Gerecht ist anders: Überall haben es Schülerinnen und Schüler mit gebildeten Eltern – es sei denn, sie überziehen ihre Aspiration – leichter. Ihre Eltern „sprechen häufiger und ausführlicher mit ihren Kindern und stellen ihnen mehr stimulierendes Material und Möglichkeiten für neue Erfahrungen zur Verfügung" (Böhme 2019, 51). Anders jene, die ihr Anderssein durch den festen Willen, sich in der Schule durchsetzen zu wollen, kompensieren müssen, durch eine erheblich höhere Anstrengungsbereitschaft vor allem. Gerecht ist das nicht, aber patentierte Rezepte zur automatischen Durchsetzung von

Chancengleichheit sind nicht in Sicht. Das individuelle Bemühen um Bildung bleibt unersetzlich – ganz unabhängig von der berechtigten Forderung nach mehr Förderung für die Benachteiligten des Bildungssystems, nach mehr dafür bereitzustellendem Personal und Geld. Man sollte sich ausreichend klarmachen, wie groß die Gruppe derer ist, die ohne Abschluss die Schule verlassen. In Deutschland sind es heute knapp 7 % eines Jahrgangs (vgl. Brügelmann u. a. 2021, S. 21). Unter den türkischstämmigen Jungen sollen es gar 29 % sein, wie eine neue Studie feststellt (Toprak 2019, 174). Ihre Chancen auf einen Beruf mit ausreichendem Verdienst sind nicht besonders gut, ganz abgesehen davon, dass sie weniger Möglichkeiten haben, ihr Leben zu gestalten.

Damit sie keine armen Teufel werden

Am schlimmsten dran sind die armen Teufel. Egal, ob es sich um männliche oder weibliche handelt, aber richtig arme Teufel sind fast immer männlich. Arm sind die armen Teufel, weil ihre Eltern nicht viel haben, und Teufel, weil sie anderen böse mitspielen, sie schlagen und beleidigen, ihnen nachstellen, sie erpressen und mobben, ihnen Pornografie unterjubeln oder zu hartem Alkohol und Drogen verführen. Und was solcher Schandtaten mehr sind. Die armen Teufel, die wir hier meinen, sind nicht besonders zahlreich, aber schwer von ihrem Tun abzuhalten und mit guten Worten allein kaum zu zähmen. Massiv beeinträchtigt von ihren Taten wird – ein schönes Wort und ein hoher Wert – der Schulfrieden. Die Schule muss ihnen, ob sie will oder nicht, zum Schutz der übrigen Schülerinnen und Schüler möglichst bald das Handwerk legen. Meistens legen die armen Teufel es geradezu darauf an.

Carlos war so ein Junge, ziemlich alleingelassen und unwillig, auf gute Ratschläge zu hören. Am Schluss hat er unter der Treppe neben dem Fahrradkeller gewohnt. Dann verliert sich Carlos' Spur. Ähnlich wie sein Vater eines Tages abgehauen ist, ohne Wiederkehr. Wer weiß, vielleicht sind sie zusammen. Aber sicher ist nichts bei Carlos. In der Schule war er einmal der große Held, als er während einer Klassenfahrt im Zug die Notbremse zog. Aber anschließend bewarf er seine Mitschülerinnen und Mitschüler mit Hundekot, und da war es mit dem Heldentum wieder vorbei. Carlos war nicht lange an der Schule. Aber während seiner Zeit hier war er ständig in Kämpfe verstrickt. Hilfe lehnte er ab. Dann war er weg, wie gesagt.

Die armen Teufel gehören zu den knapp 20 % der Bevölkerung, die sozial abgehängt zu werden drohen oder es schon sind. Damit ist für ihre Kinder das Risiko verbunden, weder einigermaßen erzogen zu werden noch überhaupt sonderlich organisiert aufzuwachsen. Mit dem mangelnden Frühstück zu Hause geht es los, und es endet abends damit, dass sich keiner darum kümmert, wann die Kinder ins Bett gehen. Am nächsten Morgen kriegt die Mutter ihr Kind manchmal gar nicht in die Schule. Oft früh verlassen vom Vater, erzogen von einer überforderten Mutter, mit der Welt nur in kleinen Ausschnitten bekannt gemacht, geraten sie möglicherweise in Jugendbanden, werden abhängig von fremden Einflüsterungen, dröhnen sich voll und rutschen irgendwann in die Kriminalität ab.

Aber zunächst sitzt so ein armer Teufel in der Schule und versucht deren Forderungen nach Möglichkeit auszuweichen. Trotzdem gelingt es manchmal Lehrpersonen oder Sozialpädagoginnen und Sozialpädagogen, einen armen Teufel unter ihre Fittiche zu nehmen und einen Rest seines verloren gegangenen Vertrauens zu erlangen. Trifft ein Carlos – oder wie immer er heißen mag – auf so jemanden, dann hat er die Chance, doch noch die Kurve in den Beruf und ein erwachsenes Leben zu kriegen. Wer als geborener Übeltäter, Bösewicht, Tunichtgut, Nichtsnutz erscheint, muss es nicht wirklich werden. Das Beste, was man tun kann, besteht darin, dem potenziellen armen Teufel, so lange es geht, die Chance zu erhalten, in der Regelschule doch noch seinen Weg zu machen. Aber das ist schwer.

Noch kein Teufel, aber vielleicht auf dem Weg dahin ist Sharif. Die Mutter des Dreizehnjährigen ist Türkin, sein Vater Palästinenser. Auf seine Herkunft ist er sehr stolz. Der Klassenlehrer berichtet, in der Wohnung der Familie würden vorwiegend Poster mit martialischen Darstellungen bewaffneter Kämpfer an den Wänden hängen. Über Sharifs Bett sei die stilisierte Darstellung eines Kalaschnikow-Maschinengewehrs mit dem PLO-Wappen angebracht. Als Sharif zu uns in die Schule kam, bezauberte er alle mit Witz und Charme. Er lernte schnell Deutsch, war aber nie wirklich fleißig. Immerhin hält er sich momentan – noch? – in der Realschule. Ungewöhnlich, wie gut

Sharif zu zeichnen versteht. Man sah ihn im Unterricht oft fleißig vor sich hin stricheln. Aber neuerdings mag er seine Bilder nicht mehr vorzeigen. Offenbar ist er nicht mehr so stolz auf sein Talent wie früher. Überhaupt wirkt er zunehmend unfroh. Auf dem Schulhof sieht man ihn allein herumstromern, wo er zuvor fröhlich mit anderen durch die Gegend schweifte. Ein paarmal war Sharif in Schlägereien mit deutschen und russischen Schülern verwickelt. Dabei ist nichts wirklich Schlimmes passiert, aber die Vorfälle häufen sich leider. Etwas muss passieren mit Sharif, wurde auf der letzten Klassenkonferenz gesagt. Sonst könne es sein, dass er sich immer mehr isoliert oder in schlechte Gesellschaft gerät. Vielleicht kann man ja doch sein Zeichentalent dafür nutzen und seine Bilder in der Schule ausstellen, wurde vorgeschlagen. Oder ihn als Palästina-Zeitzeugen einsetzen oder sein Problem im Unterricht über „Stellvertreter“ (zum Beispiel aus der Literatur) ansprechen. Im Augenblick aber lässt Sharif niemanden an sich heran. Man darf ihn nicht aufgeben, damit er kein armer Teufel wird.

Achtung, Grenze!

Das Anderssein – wie auch immer es entsteht und wo auch immer es sich offenbart – verläuft nicht immer in sozial verträglichen Bahnen. Es kann auch unangenehme, ja geradezu furchterregende Ausprägungen annehmen (Ausgrenzung, Übergriffe, Ressentiments, Gefühls- und Gedankenkälte oder auch einfach nur schlechte Angewohnheiten). Ohne Frage gibt es Wesen, egal, ob Mensch oder Tier, vor denen man sich in Acht nehmen muss, vom großen Hund des Nachbarn bis zum Dealer in der dunklen Parkecke. Und auch Schülerinnen und Schüler – so bitter die Feststellung ist – können gefährlich werden. Manche von ihnen fangen, wie erwähnt, früh an, ihre Mitschülerinnen und Mitschüler zum Objekt ihrer Aggressionen zu machen. Auch Übergriffe auf Lehrerinnen und Lehrer nehmen zu, wie berichtet wird. An seine Grenzen stößt das Recht aufs Anderssein immer dann, wenn Gewalt ins Spiel kommt, individuelle körperliche, verbale und/oder kollektiv unterdrückende Verhaltensweisen. Wenn einzelne oder Gruppen (möglicherweise ohne größere Selbstzweifel) Gewalt ausüben, folgen sie damit Vorbildern, die ihnen deren scheinbare Vorteile vorleben. Aber egal, ob einzelne sich gegenseitig peinigen, die Mehrheit eine Minderheit unterdrückt oder eine Interessengruppe für sich Sonderrechte reklamiert, die ihr nicht zustehen, auf das Recht des Anderssein können sie sich dabei nicht berufen. Eine Pädagogik der Vielfalt bedeutet, Kinder und Jugendliche in ihren „Bedürfnissen und Affekten zu verstehen, zu beachten, zu bestätigen und zu begleiten“ (Wildt 2009, 181), ihnen aber auch Grenzen zu setzen, damit ihnen und uns erspart wird, abzurutschen in eine Existenz, die sie zu böswilligen Außenseiterinnen und Außenseitern der Gesellschaft macht. Eine schwierige Aufgabe vor allem dann, wenn ein junger Mensch ein „eigensinniges und widerständiges Wollen, Begehren und Tun“ an den Tag legt (ebd., 194). Das niedliche, kleine Mädchen mit den großen schwarzen Augen mögen alle und sehen ihr manches nach. Aber wie sieht es aus mit dem übergewichtigen Jungen in der Bomberjacke, der „keinen Bock mehr auf Schule“ hat, wie er sagt, und einem dauernd ins Wort fällt? Er ist gewiss kein Schüler, wie man ihn sich wünscht, aber auch er hat – solange er gleichwohl friedlich bleibt – einen Anspruch auf mitmenschliche Anerkennung. Was Sanktionen gegen seine fortgesetzten Unterrichtsstörungen nicht ausschließt. Möglicherweise hadert der Junge heimlich mit sich, wäre selbst gern anders und flüchtet sich aus Mangel an Fantasie in eine Pose, die ihm hoffentlich bald selbst nicht mehr zusagt. Sogar rechtsradikales Gebaren ist für manche vor allem Ausweis dessen, dass sie sich etwas trauen. Aber wie dem begegnen? An einem Mannheimer Gymnasium wurde man eines Tages auf eine Chatgruppe aus Abiturientinnen und Abiturienten aufmerksam, die sich volksverhetzende Sprüche und Thesen zuschickte. Übles, unmissverständliches Zeug. Die Mitglieder waren – wie sich in der Folge herausstellte – auf dem Schulhof mit Sprüchen wie „Du Jude“ und Hakenkreuz- und SS-Runenschmierereien aktiv. „Das Ganze hat uns kalt erwischt“, berichtete die Schulleiterin. „Wir waren doch eine engagierte Schule, die viel Präventionsarbeit geleistet hatte.“ Aber ihr sei rasch klargeworden, dass man sich jetzt nicht wegducken dürfe. Also informierte die Schule Eltern- und Schülerschaft über die antisemitischen, diskriminierenden, verfassungsfeindlichen Vorfälle. Besonders gravierende Taten wurden zur Anzeige gebracht. Womit das Gymnasium nicht nur Beifall erntete. Manche Eltern fanden, das alles sei doch „mehr witzig gemeint" (Mannheimer Morgen v. 17.02.20). Aber auch in so einem Fall ging der Schutz der Opfer vor. Schülerinnen und Schüler dürfen in der Schule nicht zu Zielscheiben der Aggression werden, in welcher Form auch immer dies geschieht.

Nach einer aktuellen Untersuchung unter Zehn- bis Zwölfjährigen ist die Hälfte von ihnen in letzter Zeit von Mitschülerinnen und Mitschülern geschlagen worden, viele von ihnen mehrfach (Süddeutsche Zeitung v. 04.07.2019). Das stellt der Schule kein gutes Zeugnis aus, da sie nicht fähig ist, für dauerhafte Abhilfe zu sorgen. Genauso wenig, wie Eltern sonderlich souverän wirken angesichts der Tatsache, dass – wie dieselbe Untersuchung ergab – Cybermobbing unter Schülerinnen und Schülern weiter zunimmt. Mit den bekannten psychischen Schäden als mögliche Folgen. Mobbing existiert schon in Kindergarten und Grundschule. Und die Ergebnisse sind immer dieselben: Angegriffene werden anfangs ängstlich und machen eventuell später selbst mit, um aus der Schusslinie zu kommen. Wer das Übel als Klassenlehrerin oder Klassenlehrer angehen will, muss sich auf viel Arbeit einstellen – unter Umständen auch mit nicht immer einsichtigen Eltern. Andererseits wirkt das Bemühen, mit entsprechenden Regeln etwas dagegen zu tun, nachweislich.

In Kindergarten und Grundschule beginnen Kinder damit, untereinander ein Beziehungsgeflecht zu entwickeln, bilden Gruppen, entwickeln Freundschaften und ernten unter Umständen auch Ablehnung. Sie unterstützen sich gegenseitig, aber entwickeln auch Aggressionen, anfangs eher spielerisch, später vielleicht ausgrenzend. Die Betroffenen werden in der Herausbildung eines positiven Selbstbilds gestört, das nicht zuletzt von der Stellung in der Gruppe Gleichaltriger abhängt. Jeder muss wissen, dass Elternhaus und Schule gegen Drohungen, die Erpressung von Schulhofschutzgeldern oder das Versenden heimlicher Nacktaufnahmen aus Klo oder Turnhallendusche vorgehen.

Nicht einfach nur ein bisschen krank

Anna ist seit gestern krank. Sie hat sich einen kleinen Infekt eingefangen. Das ärgert sie, denn sie kommt gut mit ihren Mitschülerinnen und Mitschülern aus und hat trotz Fieber jetzt schon Sehnsucht nach ihnen. Ein paar Tage lang wird sie zu Hause bleiben müssen, bis sie wieder zu ihren Freundinnen und Freunden kann.

So einfach ist die Sache mit kranken Kindern nicht immer. Kann sein, dass ein Kind dauernd neue Krankheiten ausbrütet oder sie vorschützt, um nicht in die Schule gehen zu müssen. Dann hilft gutes Zureden allein nicht weiter. Ca. 10 bis 20 % aller Kinder und Jugendlichen leiden, so besagen Statistiken, an psychischen Störungen, darunter Ängste und Depressionen (Böhme 2019, 42). Über Schülerinnen und Schüler, die nicht einfach nur ein bisschen krank sind und mehr als nur ein paar Löffel Medizin brauchen, hat der Verfasser mit Josefine S., der Leiterin einer psychologischen Beratungsstelle für Eltern, Kinder und Jugendliche gesprochen.

Was tun, wenn ein Kind einfach nicht mehr zur Schule gehen will?
Hohe Fehlzeiten oder dauernde Bauchschmerzen oder Angst vor dem Schulweg sind Alarmzeichen. Man muss dann weiterfragen, was dahintersteckt. Wenn man das Kind anspricht, kann man sehen, wie es darauf reagiert, und daran ansetzen. Man muss herausbekommen, ob zum Beispiel der Kontakt mit Gleichaltrigen das Problem ist. Oder ob das Kind Leistungsprobleme hat. Ob Versagensängste den Grund für sein Verhalten darstellen, weil es vielleicht erfolgreiche Eltern hat, denen es sich nicht gewachsen fühlt. Oder ein Schulwechsel erweist sich als schwierig. Kann auch sein, dass sich ein Kind oder ein Jugendlicher nicht in die Schule traut, weil seine Eltern gerade eine Krise durchleben und vor der Trennung stehen. In solchen Fällen können sich Kinder oft nicht auf die Schule konzentrieren, weil sie sich dauernd fragen: Was geschieht zu Hause? Kinder kommen manchmal schwer belastet von solchen häuslichen Schwierigkeiten in die Schule. Bei Todesfällen in der Familie oder in Fällen häuslicher Gewalt oder angesichts von Alkoholproblemen der Eltern. Die möglichen Gründe für Ängste sind zahlreich.

Was kann die Schule tun?
Es ist, wie gesagt, nicht immer so, dass die Schule selbst das Problem ist. Sie stellt in manchen Fällen sogar eine Rettungsinsel für Kinder dar, wo sie hinter sich lassen können, was sie belastet. Lernen ist auch Resilienz, eine Ressource. Hinzu kommt die Gemeinschaft mit anderen, die hilft. Vergessen wir außerdem nicht: Eine Lehrerin oder ein Lehrer, das ist eine wichtige Person. Von der Qualität des Kontakts zu ihr hängt viel ab. Es kommt vor, dass ein Kind sich beim Schulausflug oder auf einer Fahrt der Lehrperson anvertraut, wenn zum Beispiel Essprobleme vorliegen oder ein Jugendlicher sich selbst verletzt.

Bleiben wir noch einen Augenblick beim Thema Angst. Ängste können zu zwanghaftem Verhalten führen, sagen Sie.
Manchmal entwickeln gerade fantasievolle Kinder früh merkwürdige Ängste. Zum Beispiel: Auf dem Schulweg von einem umstürzenden Baum erschlagen zu werden. Daraus werden in der Folge manchmal zwanghafte Verhaltensweisen, Waschzwänge etwa. Oder ein Kind glaubt, es müsse dauernd zur Toilette gehen. Für manche Schülerinnen oder Schüler sind Pausen schwer zu überstehen, wenn sie eben nicht zu den Coolen gehören, die das große Wort führen. Für solche Kinder ist oft die Bücherei ein guter Ort. Da kann man Ruhe finden und mit anderen zusammenkommen, die ähnlich sind. Oder sie beteiligen sich an Aktivitäten, die in den Pausen angeboten werden, um Sicherheit vermittelt zu bekommen.

Das heißt: Von der Gestaltung des schulischen Lebens hängt viel ab. Angebotene Aktivitäten über den Unterricht hinaus sind nicht nur Aushängeschilder.
Im Lebensraum Schule kann man Ressourcen für sich entdecken. In Arbeitsgruppen, in der Roboter-AG oder in MINT-Gruppen oder wenn man beim Schultheater mitmacht, neue Rollen ausprobiert und dafür Anerkennung findet. Dann geht man hinterher ganz anders über den Schulhof und durch die Welt. Solche Ideen entstehen im Gespräch mit allen Beteiligten.

In manchen Fällen hilft aber pragmatisches Handeln allein nicht.
In bestimmten Fällen ist therapeutisch anzusetzen, zum Beispiel mit Verhaltenstraining. Es gibt in Fällen von Schulangst durchaus Maßnahmen zur Wiederannäherung, indem man zunächst vor die Schule geht, sich dann in den Eingang vorwagt,

um später den Weg in den Unterricht zu finden, zunächst nur für eine Stunde, um sich dann schrittweise voranzutasten. Und dann gibt es natürlich die stationären Einrichtungen und Tageskliniken der Kinder- und Jugendpsychiatrie. Auch sie haben das Ziel einer Stabilisierung und der baldigen Wiedereingliederung in den Schulbetrieb.

Womit die Aufgabe für die Schule wieder neu beginnt.
Ähnlich wie bei einem Diabeteskind muss die Schule auf das Anderssein vorbereitet sein. Lehrer und Mitschüler müssen wissen, was zu tun und zu lassen ist. Denken wir an Kinder und Jugendliche, die Probleme mit ihrer geschlechtlichen Identität haben. Eine große Herausforderung für alle, die jedoch bestanden werden kann, wie wir erlebt haben. In Kooperation, mit Offenheit, aber auch mit Diskretion. Grundsätzlich stellt sich dabei die Frage an alle, wie viel Anderssein ein schulisches System verträgt.

Verletzten muss geholfen werden

Schulen können helfen, das Schlimmste zu vermeiden. Deshalb sind für die von psychischen Störungen und/oder von Armut betroffenen Kinder und Jugendlichen Fördermaßnahmen im umfassenden Sinne nötig. Nicht nur was die Lernförderung selbst angeht, sondern beginnend bei der Versorgung mit dem Lebensnotwendigen während des Schultags, sogar mit Essen und Trinken. Sozial und pädagogisch geht es um die Gewährleistung der nötigen Stetigkeit beim Lernen in Betreuungsmaßnahmen durch Personen, denen vertraut werden kann. Viele sind betroffen von Lese-Rechtschreib-Schwäche, Dyskalkulie, Hyperaktivität oder anderen Lernstörungen.Chancengleichheit und Bildungsgerechtigkeit kann nicht nur über mehr Geld und nicht nach dem Gießkannenprinzip funktionieren, bei dem jedes Pflänzchen dieselbe Menge Tröpfchen erhält, egal, ob es schwach oder kräftig ist. Schulen brauchen für die Förderung der Schwachen zeitliche und finanzielle Spielräume. Sie gewähren damit einen Nachteilsausgleich für das, was das Leben schlechter gestellten Kindern und Jugendlichen ansonsten vorenthält. Solche Schulen, die sich in einem sozial schwierigen Umfeld befinden, brauchen mehr Möglichkeiten als andere, was in der Schweiz mithilfe zusätzlicher Mittel für integrative multikulturelle Schulen auch geschieht.

Eine Art Kompensatorik? Geht es bei solch einer Förderung um eine neue Art kompensatorischer Erziehung, wie sie in den Siebzigerjahren für Problemgruppen zunächst angestrebt, dann jedoch zunehmend kritisch gesehen wurde? Jein. Die Debatte damals wurde stark ideologisch geführt. Richtig an der Kritik bleibt, dass die Etikettierung eines Kindes oder einer/s Jugendlichen als in ihrem/seinem Wesen andersartig und eine daraus folgende Abwertung vermieden werden müssen. Wohl aber soll seine schulische und vor allem die sprachliche Integration durch spezielle Hilfen gefördert werden. Grundsätzlich stellen solche zusätzlichen Förderungen keine Diskriminierung dar, sondern eine dringende Notwendigkeit. Sie werden jedoch leider oft anders verstanden. Die Organisatorinnen und Organisatoren von schulischen Fördermaßnahmen müssen deshalb darauf achten, dass Förderstunden nicht als Bestrafung angesehen werden. Nur so können sie verhindern, dass Schülerinnen und Schüler sich ihrer regelmäßig zu entziehen versuchen.

Lernende, die überall gleich gut sind, gibt es selten, und selbst Hochbegabte bedürfen zusätzlicher Anreize. Außerdem gibt es Möglichkeiten, besonders Leistungsstarke in sozialen Projekten zu beschäftigen, die eine schulische Hilfe für andere darstellen (bei der Herstellung und Aufbereitung von Lernmaterialien zum Beispiel). Kontraproduktiv muss es dagegen wirken, wenn Tatjana ihren Deutschförderunterricht ableisten muss, während Maja in derselben siebten Stunde Spaß beim Tanzkurs in der Turnhalle hat. Die Folge: „Sorry erstmal, Frau B., aber kann ich heute ausnahmsweise mal mit Maja tanzen gehen? Bitte!“, fragt Tatjana dann irgendwann. Großer Augenaufschlag. Beim nächsten Mal ist es dann die Volleyballgruppe, die sie lockt. „Nur einmal. Ich lerne auch alles nach.“ Um solche Szenen zu vermeiden, ist es besser, das Förderstundenband nicht parallel zu vorwiegend heiteren Nachmittagsangeboten stattfinden zu lassen. Und man darf dafür nicht die schwächsten Lehrkräfte einsetzen, deren Unterricht vielleicht tatsächlich eine Strafe ist.

Fördern – ein allgemeines Prinzip: Fördern ist nicht nur eine Notwendigkeit mit Blick auf die Schwächsten, sondern ein allgemeines Prinzip der Schule und eine Haltung beim Unterrichten. Richtig verstanden stellt Förderung eine positive Antwort auf das Anderssein in seinen diversen Facetten dar. Ihre Erfahrung vermittelt etwas von dem, was nicht mein Eigenes ist, aber dazu werden kann. Wir teilen in solchen Augenblicken die Erkenntnis der Unterschiedlichkeit genauso wie die des Miteinanderverbundenseins. Eine Feststellung, die nicht banal ist, weil sie das Recht auf Durchsetzung von Individualinteressen relativiert. Menschen (und nur sie) sind dazu in der Lage, mit anderen zu kooperieren, auch wenn sie nicht Familienangehörige, Art-, Stammes- oder Gesinnungsgenossen vor sich haben. Eine Fähigkeit, auf der Empathie, Dankbarkeit, Nachbarschaft, Freundschaft, Solidarität beruhen. Kurz gesagt: die besten menschlichen Eigenschaften. Einer, der sie zu entwickeln suchte, war Martin Buber (1878-1965). Auch wenn er in der Erziehungswissenschaft heutzutage nicht unbedingt als Avantgarde angesehen wird, ist Bubers Beitrag zum Problem des Andersseins so wichtig wie je. Denn er gibt denen das Wort, die zu oft überhört werden, den Lernenden.

Seitenblick auf Martin Buber

Gegenüber Bubers früherem Wohnhaus in Heppenheim an der Bergstraße steht eine lebensgroße Bronze des Philosophen, die der polnische Bildhauer Marek Zalewski geschaffen hat. Der Künstler stellt Buber als den Gelehrten dar, der er war. Den Kopf mit der hohen Stirn leicht geneigt, sinnend vor sich hinschauend, ein Buch unter dem linken Arm, die Brille in der Brusttasche. Der dreiteilige Anzug erscheint formell, aber nicht elegant. Entspannt-lässig wirkt der Bronze-Buber. Eine Hand in der Hosentasche und mit beiden Beinen fest auf der Erde fußend, „weltfreudig", wie er es selbst nannte, steht der Porträtierte vor den Betrachtenden. Kein Sockel erhöht die Buber-Figur, wie es bei manchen Landesherren- oder Dichterfürstenstatuen der Fall ist. Stattdessen scheint hier ein Mensch unter Menschen zu stehen, als könnte das Gespräch mit ihm gleich beginnen. „Die Beziehung zum Du ist unmittelbar", schrieb Buber. Keine Zweckbindungen, Besitz- und Herrschaftsfantasien sollen die Zwiesprache stören. „Alles Mittel ist Hindernis" (1978, 13 f.).

Der Künstler hat Buber nicht streng realistisch abgebildet. Die Oberfläche seiner Bronze wurde uneben, rissig, aufgeraut belassen. Was insofern passt, als Buber keine Theorie aus einem Guss hinterließ. Die Risse und Kerben auf der

Statue sind aber auch deutbar als Wunden, die ihm hier in Heppenheim geschlagen wurden. Nach 22 Jahren Aufenthalt verjagte die beschauliche Kleinstadt mit ihrer Fachwerkromantik und dem großen katholischen St.-Peter-Dom den jüdischen Denker im März 1938. Er floh nach Palästina, rechtzeitig vor der Nazipogromnacht.

Bubers Lehre war das Gespräch, das man in Deutschland nach 1933 nicht mehr mit Juden führen durfte. „Alles wirkliche Leben ist Begegnung", schrieb er (ebd., 15). Und: „Im Anfang ist die Beziehung" (ebd., 22). Ohne Du kein Ich, kein Verständnis füreinander und für die Sache, um die es geht. Der Mensch realisiert sich in der Gegenseitigkeit. Er wird „am Du zum Ich" (ebd., 32).

Mit Blick auf Erziehung und Schule ist es nach Buber entscheidend, darauf vertrauen zu können, dass der Erziehende kein „Geschäft" mit Kindern und Jugendlichen betreibt, sondern den einzelnen Menschen „bestätigt, ehe er ihn beeinflussen will", ihn anerkennt und bestärkt in seiner persönlichen „Anderheit", wie der Philosoph die Alterität nannte. Zu diesem Zweck müssten „die der bewussten Einwirkung gezogenen Grenzen" (1962, 68), die Eigenart des jungen Menschen respektiert werden. Schülerinnen und Schüler trotzdem zu erreichen, verlange ihr Vertrauen, das sich – entlang gemachter Erfahrung – oft nur langsam aufbaue. Der Erfolg offenbare sich zuerst im Kleinen: „Dieses so fast unmerklich Hinzutretende, dieses Leiseste, ein Fingerheben vielleicht, ein fragender Blick, ist die Hälfte des erzieherischen Geschehens" (ebd., 22). Mit solchen Gesten und Signalen beginne die Öffnung für die anderen und die Welt. Umgekehrt stellt nach Martin Buber die Bereitschaft zur „Erfahrung der Gegenseite“ die „Grundhaltung“ dar (ebd., 38), mit der eine Lehrerin/ein Lehrer Schülerinnen und Schülern begegnen sollte. Wozu deren „Anteil am Werden der Dinge“ gehöre sowie der Einfluss, den sie auf ihre Lehrpersonen ausüben (ebd., 13). Das Du des anderen „wirkt an mir, wie ich an ihm wirke. Unsere Schüler bilden uns“, so wie wir sie bilden (1978, 19). Lehren wie Lernen sind Formen des Tätigwerdens, die sich im Dialog verschränken, mit dem Ergebnis der Ablösung der pädagogischen Beziehung durch andere, später ins Leben tretende.

Woher rührt Bubers Hochschätzung von Begegnung und Dialog in der Erziehung, fragt man sich am Ende. Aus Selbsterlebtem, natürlich. Zwar kam Martin Buber aus wohlhabendem Hause, ein allzeit glückliches Leben ist ihm deshalb jedoch nicht zugefallen. Die entscheidende Erfahrung musste er schon im Alter von drei Jahren machen. „Martin Bubers Mutter verschwand, buchstäblich ohne eine Spur zu hinterlassen, und das Heim seiner Kindheit verging“, wie sein Biograf Maurice Friedman lakonisch formulierte (1999, 25). Man muss kein Psychologe sein, um den Verlust zu erfassen, der davon für Martin Buber ausging und der ihm die Bedeutung von Beziehung und Dialog nahelegte.

Ich bin ich, und du bist anders

Ich bin ich, und du bist anders. Ich bin es aber auch. Anders als du, aber auch anders, als du es vielleicht von mir annimmst. Und genauso geht es mir mit dir. Manchmal stellt sich sogar heraus, dass ich anders bin, als ich es von mir selbst bisher gedacht hatte. Und vermutlich ist es bei dir ähnlich, wenn du ehrlich bist. Uns gegenseitig zu verstehen, fällt bisweilen schwer. Missverständnisse sind nicht zu vermeiden. Wenn man sich jedoch die möglichen Probleme mit dem Anderssein hinreichend klarmacht, kann es trotz allem gelingen, Wege zueinander zu finden.

*

Wenn Sie, liebe Leserin, lieber Leser, sich nach dieser Einführung ein Bild über ihre eigenen Zugänge zum Thema Anderssein machen möchten, empfiehlt der Verfasser die Anwendung der bekannten Mindmap-Technik – mit dem Wort Anderssein im Mittelpunkt. Sie verschafft die Möglichkeit, im weiteren Fortgang der Lektüre immer mal wieder vergleichend darauf zurückzukommen.

Kapitel 2 – Von der unendlichen Vielfalt. Ein kleines Abc

In diesem Kapitel sollen in kurzen Essays einzelne Formen und Aspekte des Andersseins bedacht und beschrieben werden. Allerdings ist es unmöglich, an dieser Stelle alle Formen möglicher Abweichung zu erfassen, wie sich leicht denken lässt. Denn laufend kommen neue hinzu, und die es gibt, sind einem ständigen Wandel unterworfen. Die Form des Abcs wurde gewählt, damit man einen leichten Zugriff auf das hat, was einen besonders interessiert. Jedoch hätte der Verfassers auch nichts dagegen, wenn die Leserin/der Leser den Text vom Anfang bis zum Ende durchlesen würde, um auf diese Weise auf manches aufmerksam zu werden, woran sie/er im Umgang mit den diversen Ausprägungen des Andersseins vielleicht noch gar nicht gedacht hat. Das Kapitel stellt außerdem eine Art Wundertüte dar, in die man hineingreift und hoffentlich etwas findet, worauf man nicht unbedingt gefasst war.

Alt und jung

Lehrkräfte sind, wie im letzten Kapitel schon angemerkt, im Normalfall älter, gebildeter und lebenserfahrener als ihre Schützlinge. Die Asymmetrie zwischen den beiden Gruppen, die in der Schule aufeinandertreffen, trägt zweifellos ein gewisses Konfliktpotenzial in sich, stellt jedoch nicht das Hauptproblem des Umgangs mit Menschen in der Schule dar, wie manchmal behauptet wird. Sie ist vielmehr eine schulische Grundbedingung, für die sich Lehrende keineswegs zu schämen brauchen. Der Didaktiker Lothar Klingberg (1926-1999) fasste die Konstellation in der Formel von der „Zeitgenossenschaft" unter Lehrenden und Lernenden zusammen, die beide Gruppen zunächst „als Wesen anderer Zeitregionen, ja anderer Welten" erleben. Der Lehrende hebe jedoch seinen „Vorsprung" zunehmend auf, indem er mit seiner Arbeit – bildlich gesprochen – Zeit an die Lernenden abgebe, sodass die sich kontinuierlich verändern (Klingberg 1998, 29).

Feststehen dürfte: Ohne tüchtige Lehrpersonen geht es nicht. Überdies lernen Schülerinnen und Schüler in der Schule außer dem üblichen Programm ganz nebenbei, wie sie mit ähnlich asymmetrischen Beziehungsstrukturen in anderen Lebensbereichen vernünftig umgehen können. Sie erlangen auf diese Weise die Fähigkeit, „grundlegende Erwartungen zu akzeptieren und zugleich eigene Wünsche und Bedürfnisse einzubringen" (Horstkemper/Tillmann 2018, 45). Nur gut, wenn sie in der Schule gelernt haben, wie Kompromisse gehen. Wenn allerdings eine Lehrperson in der schulischen Asymmetrie einen Machtfaktor sieht, den sie für ihre eigene Psyche braucht, so nutzt sie die Lernenden damit zum eigenen Vorteil aus. Sie begeht gewissermaßen eine Form des Amtsmissbrauchs, denn Schülerinnen und Schüler sind von ihren Lehrkräften abhängig, da sie über Noten, Prüfungsergebnisse und Abschlüsse entscheiden. Letzteres geschieht allerdings in einem kontrollierten Prozess, der transparent sein sollte, wenngleich er es nicht in allen Schulen ist. Überhaupt haben der Schulerfolg und die Akzeptanz des Andersseins viel mit der besuchten Schule zu tun und der mehr oder weniger guten Verfassung, in der sie sich befindet. In Schulen, die offen sind und sich explizit pädagogisch definieren, haben autoritäre Lehrpersonen weitaus weniger Chancen, den Ton anzugeben als in Lehranstalten, die möglichst wenig wissen wollen von dem, was hinter der Klassenzimmertür passiert. Das mögliche Spannungsverhältnis zwischen dem jeweiligen Anderssein von Alten und Jungen kann dagegen fruchtbar werden, wenn Lehrkräfte die jugendliche Lust am Neuen genauso akzeptieren wie ihre Schülerinnen und Schüler den Wert der Erfahrung zu schätzen wissen, den ihre Lehrkräfte in die gemeinsame Arbeit einbringen. Schließlich gehört zum Thema Alt und Jung in der Schule auch die Frage ihrer Verteilung innerhalb des Lehrkörpers. Schülerinnen und Schüler freuen sich zwar meistens über junge Lehrkräfte, da sie ihnen auf den ersten Blick näher erscheinen als die älteren Jahrgänge. Das ist aber faktisch nicht immer der Fall, weswegen Schülerinnen und Schüler nicht um jeden Preis junge Unterrichtende vorziehen. Ob eine Lehrkraft, bei der man, sagen wir mal, Spanisch lernen soll, alt oder jung ist, ist nur insofern von Bedeutung, als sie jung und motivierend sein kann oder aber alt und langweilig. Umgekehrt gilt aber auch: Besser alt und clever als jung und einfallslos.

Behindert, aber integriert

Die Schule soll ein Schutz sein vor der Bitterkeit der Welt. Diese Regel gilt ganz besonders für jene, deren körperliches oder geistiges Anderssein als „behindert“ gilt. Sie gehören dazu und werden doch immer wieder daran erinnert, dass bei ihnen vieles anders ist. Inklusiver Unterricht steht für den Gedanken, möglichst allen Kindern und Jugendlichen – Schülerinnen und Schülern mit sonderpädagogischem Förderbedarf genauso wie Hochbegabten – zu ermöglichen, selbstverständlicher Teil des Ganzen einer Schule und einer Regelklasse zu sein. Der Anspruch auf Inklusion ist zwar seit 2013 in Deutschland rechtskräftig, aber noch längst nicht überall realisiert. Der Kerngedanke lautet: „Jedes Kind ist anders und jedes kann den Unterricht bereichern“ (Birgit Lütje-Klose, in: Meyer 2015, 147). Soll heißen, dass behinderte Menschen (genau wie Hochbegabte) nicht Objekte von Förderung darstellen, sondern ihr Schicksal so weit wie möglich selbst gestaltende Personen. Dazu braucht es die persönliche Identifikation mit dem Ziel der Inklusion aufseiten der Lehrenden. In der Debatte ist aber leider viel Porzellan zerschlagen worden, sodass der Begriff in einigen Schulen zum Reizwort wurde und sich manche betroffenen Eltern enttäuscht zeigten, da sie sich erhofft hatten, mit offenen Armen empfangen zu werden. Auch wurden manche wohlmeinenden Lehrkräfte anfangs mit Versprechungen gewonnen und waren später frustriert, als sie entdecken mussten, dass die nötigen Mittel und Stellen für die konsequente Realisierung fehlten. Gute Idee also, aber geht nicht? Es existieren Modellschulen, die das Gegenteil beweisen. Nun kommt es darauf an, die Ausnahme zur Regel zu machen. Immerhin besagen Umfragen, dass zwei Drittel aller Eltern für die Inklusion sind, sofern die Schulen dafür genügend Stellen und Mittel zur Verfügung bekommen (Die Zeit v. 20.07.2019). Spricht man mit pädagogischen Praktikern, so plädieren sie in der Regel für eine sorgfältige Diagnostik der individuellen Probleme und des sich daraus ergebenden Förderbedarfs sowie für ein flexibles Kooperationssystem zwischen den verbleibenden Förderschulen und dem allgemeinbildenden System. Solche Planungen und Absprachen brauchen viel Zeit, an der es oft fehlt. Außerdem muss sichergestellt werden, dass Inklusion nicht nur eine Insel in der Schule darstellt, sondern eine große Zahl von Pädagoginnen und Pädagogen daran mitarbeitet. Wichtig für die Inklusion Behinderter ist darüber hinaus die pädagogische Arbeit mit ihren Mitschülerinnen und Mitschülern. Lehrpersonen können sich noch so um Inklusion bemühen, und doch werden sie nicht den gewünschten Erfolg haben, wenn ihre behinderten Schülerinnen oder Schüler Angst vor Angriffen Gleichaltriger haben müssen. Um solchem Tun etwas entgegenzusetzen, muss die Schule persönliche Bindung stiften, Brücken bauen hin zu den schwer Erreichbaren, Anreize schaffen zu sozialer Bewährung für alle und die Erfahrung vermitteln, gebraucht zu werden. Gelingende Inklusion ist ein Vorteil für alle. Eine Klassengemeinschaft kann mit der Aufgabe wachsen. Von der entwickelten Gemeinsamkeit bestätigt, verdichtet sich die positive Erfahrung mit dem Anderssein zu gemeinsamer Verantwortung und praktischer Solidarität.

Charakterfragen

Der Begriff Charakter scheint aus der Mode gekommen zu sein. In der Schule spielt er bei pädagogischen Konferenzen scheinbar keine große Rolle mehr. In Wahrheit aber fließt er jedoch dann ein, wenn zum Beispiel danach gefragt wird, was für ein Typ sie oder er ist, ob er wohl durchhält oder sie genug zu geben bereit ist. Genauso, wenn von der Notwendigkeit einer ausreichend starken Ich-Identität und von Frustrationstoleranz die Rede ist. Auch dann ist nichts anderes als Charakterstärkung gemeint. Der amerikanische Soziologe Richard Sennett verwendet den Begriff Charakter ohne Bedenken im Originaltitel seines Buchs „The Corrosion of Character“ (dt. Der flexible Mensch, 1998). Er bringt den drohenden Verlust charakterlicher Festigkeit in Zusammenhang mit der vorgeblichen Notwendigkeit, im zeitgenössischen Wirtschaftsleben vornehmlich Kurzfristigkeit und Flexibilität als Leitbilder anzustreben, statt auf stabile menschliche Charakterzüge und feste Bindungen zu setzen. Der Begriff des Charakters stehe dagegen für den „ethischen Wert, den wir unseren eigenen Entscheidungen und unseren Beziehungen zu anderen zumessen“. Er drücke sich durch „Treue und gegenseitige Verpflichtung aus oder durch die Verfolgung langfristiger Ziele und den Aufschub von Befriedigungen um zukünftiger Zwecke willen“ (ebd., 11 f.). Soll heißen: Es geht bei der

Frage nach dem Charakter um die Anerkennung des individuellen Andersseins und – wenn möglich – seine Wertschätzung. Erfahren wir sie nicht und geben wir davon nichts zurück, so rostet der Charakter durch, löst sich nach und nach in seine Einzelteile auf und wird ersetzt durch austauschbare Ersatzteile aus fremder Produktion. Auf diese Weise schwindet die Individualität zugunsten von Rollenklischees, stereotypen Verhaltensweisen und vorgestanzten sprachlichen Formeln. Sennett setzt dagegen auf das Streben nach Dauerhaftigkeit im Zusammenleben sowie die Identifikation mit sich selbst, „um das eigene Leben vor dem Auseinanderfallen zu bewahren, etwas Wertvolles in sich selber zu entdecken, zu leben, statt einfach nur zu existieren“ (ebd., 160). Der Charakter des Einzelnen ist – wenn er stabil bleibt – nicht nur eine Summe von Einflüsterungen und ökonomisch gut verwertbar erscheinenden Eigenschaften, je nachdem was Unternehmensberaterinnen und -berater, Personalvorstände und Headhunterinnen und Headhunter für gerade angesagt erklären. Seine Widerständigkeit zeigt sich in der Schule, in der junge Menschen üblicherweise allzu viel Beeinflussung ablehnen. Zwar wollen sie etwas lernen, meint Martin Buber, „wenn auch nicht allzu viel“. Merken sie aber, „dass ich ihren Charakter erziehen will, so lehnen sich gerade manche von denen auf, die am ehesten in sich das Zeug zu einem echten selbständigen Charakter haben“ (1962, 65). Man muss es trotzdem versuchen, findet der Philosoph, aber im Bewusstsein, „nur ein Element inmitten der Fülle des Lebens, nur eine Existenz inmitten all der unermesslichen auf den Zögling einwirkenden Wirklichkeit zu sein“ (ebd., 67). Soziales Lernen und Charaktererziehung stellen also keinen Gegensatz dar. Im Gegenteil. Werde die Erzieherin oder der Erzieher im Geflecht der jugendlichen Beziehungen zur Welt „als Person“ angenommen, so entstehe daraus eine „pädagogische Begegnung“, die über den Tag hinaus wirke. Am Schluss noch dieses: Eines Tages erscheint der Vater des Schülers Malte überraschend in der Schule seines Sohns, nachdem Malte zu Hause – halb verschämt, halb aufgelöst – mit seinem Jahreszeugnis aufgetaucht war. Bei dem väterlichen Ärger geht es nicht um die eine oder andere schlechte Fachnote. Die wurmen ihn zwar auch, die Schuld dafür sucht er jedoch eher bei seinem Filius. Vielmehr schlägt der Vater in der Schule Alarm, weil der Klassenlehrer – wie sich herausstellt: eigenmächtig – seinem Jungen im Zeugniskommentar einen „schlechten Charakter“ bescheinigte. Das geht zu weit, findet der Vater, bekommt vom Schulleiter ohne weitere Debatte recht und eine Entschuldigung mit auf den Heimweg. Malte erhält ein Zeugnis ohne Charakteranalyse und sein Lehrer einen Rüffel.

Donald Duck: Seitenblick auf einen ewigen Loser

Donald Duck, das ist der allbekannte tragische Held aus Jugendtagen, Protagonist eines seit den 1940er Jahren laufenden Dramas vom unbändigen Verlangen nach Anerkennung seines Andersseins. Mit Recht schrieb Grobian Gans: „Mit unbeirrbarer Hartnäckigkeit und auf den verschiedensten Wegen jagt Donald der öffentlichen Anerkennung nach, getrieben von dem Verlangen, etwas Spektakuläres zu tun“ (1972, 51). Zwar ist Donald an sich faul. Schon eine sich plötzlich auftuende vage Aussicht auf Glück und Geld reicht jedoch aus, um ihn urplötzlich zu größten Anstrengungen anzustacheln. Dabei zeigt er eine höchst erstaunliche Handlungsdynamik sowie eine Menge nicht zu erwartender Kompetenzen. Er steuert – soweit bekannt: ohne jede Ausbildung – Flugzeuge, Unterseeboote, ja sogar Raketen und trotzt wilden Tieren, Seeungeheuern und Menschenfressern. Unerschrocken wagt er sich in entfernteste Weltgegenden und setzt den diversen Herausforderungen der Risikogesellschaft entschiedenen Widerstand entgegen. Auf seiner Dauerjagd nach Erfolg verfolgt Donald hohe Ziele: eine herausgehobene Stellung in der Entenhausener Gesellschaft, ein Denkmal in der Stadtmitte, die Erwiderung der Liebe durch seine Dauerverlobte Daisy, das nachhaltige Glück seines Vetters Gustav Gans oder ein Vermögen, groß wie das seines Onkels Dagobert. Als Problem erweist sich dabei jedoch immer wieder, dass Donald ein notorischer Aufschneider und Renommist ist, der sich regelmäßig selbst überschätzt und es an der nötigen Übersicht fehlen lässt. Im Kampf mit den Unbilden des Globus, den konkurrierenden Absichten der Panzerknackerbande und in aussichtsloser Konkurrenz zu den finanziellen Möglichkeiten seines Onkels wird er, sobald er einen möglichen Triumph wittert, schnell leichtsinnig. Weswegen ihm seine Neffen Tick, Trick und Track regelmäßig aus der Klemme helfen müssen. Elemente traditionellen Schulwissens sind den dreien nicht abzusprechen, obwohl von einem geregelten Schulbesuch keine Rede sein kann. Gleichwohl sorgen sie stets dafür, dass ihr Onkel am Ende eines jeden Abenteuers heilfroh sein kann, wieder einmal knapp davongekommen zu sein und im Wohnzimmersessel seines Eigenheims seine kurzen Beine ausstrecken zu können. Eine pekuniäre Besserung durch Donalds kämpferische Umtriebigkeit stellt sich jedoch nie ein. Seine materielle Lage bleibt zeitlebens prekär und seine Anerkennung auf die Freundlichkeit seiner Neffen beschränkt. Ein Lehrstück über die Risiken des Andersseinwollens, das weit über die humorlosen Schlussfolgerungen hinausgeht, die von den Herren Horkheimer und Adorno in ihrer „Dialektik der Aufklärung" gezogen wurden. Sie sahen an Onkel Donald nur, „wie die Unglücklichen in der Realität ihre Prügel erhalten, damit die Zuschauer sich an die eigenen gewöhnen". Sein Beispiel zeige, „dass die Brechung allen individuellen Widerstands die Bedingung des Lebens in dieser Gesellschaft ist" (1969, 147). Donalds Widerstand jedoch ist ungebrochen.

Entwicklung offen

Zwar können sie nicht aus ihrer Haut, und doch sind Menschen ihrem Wesen nach veränderlich und bleiben es normalerweise. Das gibt dem Lernen seine Chance. „Drum lebe zu lernen, und lerne zu leben!", wie Theodor Fontane (1819-1898) die Sache grammatisch nicht ganz einwandfrei, aber treffend beschrieb. Der Einzelne bildet im Prozess seiner Entwicklung seine eigene Dynamik aus – in Versuch und Irrtum. Manches ist seiner DNA eingeschrieben, aber die Hirnforschung geht nicht von einem „genetischen Determinismus" aus, sondern im Gegenteil von einer „fortbestehenden Plastizität" der Persönlichkeit. Soll heißen: „Zeitlebens können neue Erfahrungen in Form neuronaler Vernetzungen und Verschaltungsmuster verankert werden" (Hüther 2019, 78). Der Menschen ist formbar und formt sich selbst. Äußere Einflüsse wirken in den Entwicklungsprozess hinein, Vermitteltes, Angeeignetes und lebensweltlich Gegebenes. Aber Biografien weisen auch aus eigenem Antrieb Veränderungen auf. Was Menschen heute wünschenswert erscheint, finden sie vielleicht morgen schon ganz und gar abwegig. Gestern noch Erstrebtes sieht man vielleicht schon kurz danach als verrückte Idee an. Veränderung und die Fähigkeit zur Selbstveränderung stellen ein Kontinuum dar, und persönlicher Stillstand ist gleichbedeutend mit einem Hirntod auf Raten. Bertolt Brecht (1898-1956) lässt seinen Herrn Keuner erbleichen, als ein Bekannter beim Wiedersehen feststellt, er habe sich überhaupt nicht verändert. „Oh, sagte Herr K." (1967, Bd. 12, 383). Die Fähigkeit zur Entwicklung hängt mit einer Frage zusammen, die sich jedes Individuum früh stellt und danach immer öfter: Wie möchte ich selbst sein und wie sollen die anderen mich sehen? Was missbehagt mir am eigenen Wesen und was mag mein persönliches Umfeld daran augenscheinlich nicht besonders? Soll ich mich dem modisch Angesagten anpassen oder mir lieber doch keinen kreisenden Adler über die linke Brust tätowieren lassen? Tja. Die Reflexion über das eigene Sosein und das mögliche oder unmögliche Andersseins ist für Lernende deshalb von ausschlaggebender Bedeutung, weil sie vor der Frage stehen, was sie zukünftig beschäftigen soll oder wovon sie besser die Finger lassen. Ein ernstes Problem, das von manchen so lange wie möglich aufgeschoben wird, von dessen Lösung aber viel abhängt. Am Anfang von Woody Allens Filmklassiker „Annie Hall" (dt. „Der Stadtneurotiker") blickt der Erzähler Alvy Singer auf seine Kindheit in Brooklyn zurück. In einem filmischen Spiel mit der Zeit durchbricht er für Augenblicke die komischen Episoden aus der Public School 99, „einer Schule für minderbegabte Lehrer", und stellt die Frage, was wohl aus seinen Klassenkameraden geworden ist. Ein Kind nach dem anderen berichtet in Großaufnahme und mit ernstem Gesicht über sein berufliches Leben nach der Schule. Zum Beispiel antwortet ein Junge: „Direktor einer Hypothekenbank." Ein anderer sagt: „Ich handle mit Gebetsriemen." Und ein dritter teilt mit: „Jahrelang war ich heroinabhängig. Jetzt bin ich ein entwöhnter Drogist." Zum Schluss sagt ein niedliches Mädchen: „Ich mache in Leder." Die Szene des Films wirkt wie ein Schlag gegen das Herz, und im Kino wird es in diesem Augenblick ganz still. Der Kontrast zwischen den Kindern, die zuvor fröhlich den Klassenraum belebten, und der Traurigkeit, die aus ihren Gesichtern spricht, wenn sie über ihr späteres Leben sprechen, erschreckt zutiefst. Glück sieht anders aus. Die Veränderung in der „Welt des Wechsels, die man Jugend nennt" (Anthony Powell), münden nur allzu häufig in schmerzliche Erfahrungen, wie aus der Filmszene deutlich wird. Beim Umgang mit ihren Schülerinnen und Schülern sollten Lehrende hin und wieder daran denken, was möglicherweise vor ihnen liegt.

Freiheit, Gleichheit und auch Brüderlichkeit

Dass die Freiheit zur Schule gehört, versteht sich. Man stelle sich vor: Ein deutscher Schulleiter wird aufs Amt bestellt, wo ihm eröffnet wird, er sei mit sofortiger Wirkung beurlaubt. Auf die Frage, was er sich habe zuschulden kommen lassen, erhält er die Antwort, das werde er schon sehen. Geschehen ist dies natürlich nicht heute, sondern am 20. April 1933, und zwar dem sozialdemokratischen Rektor der 20. Berliner Volksschule Johannes Fest, Vater des späteren FAZ-Herausgebers Joachim Fest. Vater Fest wird entlassen, kriecht aber nicht zu (Haken-)Kreuze. Sein Motto bleibt: „Auch wenn alle mitmachen – ich nicht" (Fest 2006, 77). Man kann sich einen solchen Vorgang heute gar nicht mehr vorstellen. Gott sei Dank! Erinnern sollte man sich trotzdem daran, dass solches in autoritären Regimen bis heute geschieht. Gleichheit in der Schule? Faktische Chancengleichheit zwischen den sozialen Schichten herrscht in Deutschland genauso wenig wie in vergleichbaren Ländern. Das Grundgesetz postuliert den Auftrag der Angleichung von Lebensbedingungen in unterschiedlichen Landesteilen und die Garantie sozialer Teilhabe. An Verbesserungen zu arbeiten, ist trotz aller erwähnten Schwierigkeiten die permanente Aufgabe. Aber wie verhält es sich mit dem vornehmlich in Erinnerung an die Französische Revolution sowie in kirchlichen Kreisen benutzten Begriff der Brüderlichkeit? Edgar Morin, ein Denker mit Sinn für historische Umbrüche, hat kürzlich in einem kleinen Buch auf die unverminderte Aktualität dessen hingewiesen, was Brüderlichkeit heißt, aber auch Schwesterlichkeit meint. Morin bemerkt, dass die historisch zusammengehörigen Begriffe Freiheit, Gleichheit, Brüderlichkeit zwar „komplementär" zu verstehen seien. Aber sie würden nicht ineinander aufgehen. Warum nicht? „Weil die Freiheit, und erst recht die ökonomische, dazu tendiert, die Gleichheit zu zerstören, was man am Anwachsen des Wirtschaftsliberalismus erkennt, der enorme Ungleichheiten verursacht" (2019, 9 ff.). Umgekehrt taste erzwungene Gleichheit die Freiheit an. Zur Verbindung von Freiheit und Gleichheit brauche man deshalb die beide

Grundwerte überwölbende Vorstellung von Brüderlichkeit. Sie aber kann nicht dekretiert werden. Sie „muss von uns kommen". Es gebe „die geschlossene und die offene Brüderlichkeit". Mann geht es nicht um das verzweigte Gefüge von Familienbeziehungen und Freundescliquen, das dazu neigt, sich abzuschotten, um Privilegien zu verwalten. Vielmehr um eine Form der Brüderlichkeit, die nicht „alles Fremde vom Wir ausschließt". Eine Utopie? Der Theologe, Philosoph und Pädagoge Friedrich Schleiermacher (1768-1834) nannte Brüderlichkeit die „Seelenverwandtschaft der Vernunft". Eine Vision für die Einwanderungsgesellschaft und ein pädagogischer Leitstern.

Ganzheit, aber was heißt das?

In schulischen Grundsatzdebatten kommt irgendwann unweigerlich der Moment, an dem jemand sagt, man müsse den ganzen Menschen sehen, wenn man über Schülerinnen und Schüler spricht. Meistens nicken dann alle. Auch bei der Fixierung von Lernzielen wird gern darauf hingewiesen, das Ganze sei mehr als die Summe seiner Teile. Allerdings wird die Vorstellung von der Einheit des Menschen zuweilen in Zweifel gezogen. Weniger was das physische Zusammenwirken der Organe anbetrifft, wohl aber mit Blick auf sein Denken und Handeln. Darf man die widersprüchlichen Züge einer Persönlichkeit in bündigen Formulierungen zusammenfassen? Handelt es sich dabei nicht um unzulässige Konstrukte, die Kontinuität und Festigkeit in allen Wechselfällen des Lebens signalisieren, aber bei entsprechender Belastung oft schnell in sich zusammenfallen? Solche Bedenken richten sich gegen eine Vorstellung vom Individuum, das allein aus der moralischen Kraft seiner Persönlichkeit heraus allen Anfeindungen und Versuchungen trotzt. Letzteres ist wohl wirklich übertrieben gedacht. Jedoch wird an der Existenz von gespaltenen Persönlichkeiten die Gefährdung des Menschen deutlich. Die Literatur ist voll davon, von Büchner bis Kafka und darüber hinaus. Woyzeck, Josef K. und die anderen zeugen nicht nur von den Auswirkungen des unsicheren Lebens, sondern beglaubigen auch die Notwendigkeit, Heranwachsende vor zerstörerischen Einflüssen zu schützen. Außerdem kann ein zerfallendes Individuum beim besten Willen kein Leitbild abgeben. Wir kommen unter dem Stichwort

„Identität" noch einmal darauf zurück. Die Vorstellung von der Ganzheit des Menschen und seine Beschwörung werden vor allem dann problematisch, wenn dahinter ein geschlossenes Weltbild steht, das Abweichungen und Ausnahmen nicht vorsieht. Der Mensch aber ist nun einmal „aus krummem Holze" gemacht, wie Immanuel Kant (1724-1804) dazu bemerkte. Diese Eigenart verhindert es, nach Belieben umgebogen und beschnitten zu werden wie Spalierobst. Oder von autoritären Mächten ummontiert zu werden nach den Bauplänen eines neuen Menschen, der „sich in ein Kollektivdasein widerstandslos einordnen lässt" (Arkadij Gurland). Ernst Bloch (1885-1977) behauptete zwar: „Nicht einer lebt, den man nicht schlecht oder recht umstellen könnte" (1971, 7). Aber was sollte das heißen? Tatsache ist, dass viele nicht überlebten, was ihnen diesbezüglich unter Hitler, Stalin oder Mao geschah. Ob neue Faschisten, evangelikale Eiferer, terroristische Autonome oder Anhänger von Verschwörungstheorien – sie eint eine antipluralistische und antirationalistische Sicht auf Welt und Mensch. Erziehungsdiktaturen, wo auch immer sie stattfinden, bauen auf Menschenbilder, die keine Abweichungen zulassen. Totalitär verfährt aber auch, wer in seinem Unterricht nur eine Wahrheit zulässt und/oder Schülerinnen und Schüler auf sich fixiert. Ganzheit, ja gewiss, aber das Anderssein ist das Menschliche.

Herbarts Takt

Manchmal fragst du dich im Unterricht, warum es nicht vorangeht. Du merkst, dass etwas nicht stimmt, aber du weißt nicht, woran es liegt. Allerdings hast du in solcher Lage selten genug Zeit, lange über die Gründe für deinen „Hänger" nachzugrübeln. In solcher Lage neigt man dazu, dem Anderssein der Schülerinnen und Schülern die Verantwortung dafür zuzuschieben, dass die Sache nicht so läuft, wie man es sich vorgestellt hatte. Was eine faule Ausrede ist, die unter Umständen dazu führt, dass man aus der Rolle fällt. Man regt sich plötzlich über Nichtigkeiten auf oder beantwortet Fragen, die niemand gestellt hat. Leicht wird aus Unsicherheit autoritäres Verhalten. Johann Friedrich Herbart (1776-1841) schlug als Ausweg in schwierigen Phasen des Unterrichts die Entwicklung einer Haltung vor, die er „pädagogischen

Takt" nannte, ein Mittel zur Wiedergewinnung der richtigen Schrittfolge und des Rhythmus. Im Unterricht werde, wenn generelle Grundsätze nicht weiterhelfen, eine „schnelle Beurteilung und Entscheidung" der Situation nötig, die mehr „einem Gefühl und nur entfernt seiner Überzeugung" folge. Eingeklemmt zwischen Theorie und Praxis, helfe dem Unterrichtenden „als Mittelglied ein gewisser Takt", eine Einstellung, die eher einem „Gemütszustande" entspreche, als „Resultat seines Denkens" zu sein (1887, Bd. 1, 286). Mit der Zeit verfestige sie sich im Unterrichtenden, sodass aus der Bewährung im Einzelfall eine allgemeine Selbstversicherung entstehe. Herbarts Theorie folgt einer Vorstellung vom humanen Umgang miteinander, einem „feinsinnigen Gefühl für Maß, Nuancen und Anstand", wie der „Larousse", das große französische Lexikon, den Begriff *tact* erläutert. Der Hermeneutiker Hans-Georg Gadamer (1900-2002) definierte den „humanistischen Leitbegriff" des Takts – passend zu Herbarts pädagogischer Anwendung – als „eine bestimmte Empfindlichkeit und Empfindungsfähigkeit für Situationen und das Verhalten in ihnen, für die wir kein Wissen aus allgemeinen Prinzipien besitzen" (zit. nach Brumlik 2015, 53). Es geht bei der Anwendung in der Schule also nicht ums Durchmogeln in unübersichtlichen Situationen. Vielmehr bezeichne der pädagogische Takt – so die Fachwelt – die „Fähigkeit, erworbenes Theoriewissen situationsangemessenen zu nutzen" (Hilbert Meyer) und die Eigenschaft des Unterrichtenden in die „Urteils- und Handlungskompetenz der Heranwachsenden" (Dietrich Benner) zu übertragen. Praktisch darf man sich Herbarts pädagogischen Takt als eine Mischung aus Anerkennung, Ruhe, Feingefühl, Improvisation und Routine vorstellen. In vielen Fällen hilft außerdem Luftanhalten und bis zehn zählen.

Identität, kollektive

Das lateinische Wort *idem* bedeutet ins Deutsche übersetzt der-, die- oder dasselbe. Ein Mensch muss sozusagen mit sich selbst identisch sein, um der Gefahr zu entgehen, im Inneren seiner Seele zu zerbrechen. Erik H. Erikson (1902-1994), der Klassiker der Identitätsforschung, bindet den Begriff der Ich-Identität und die Frage ihrer Entwicklung an den „Zuwachs an Persönlichkeitsreife“, den das Individuum „am Ende der Adoleszenz der Fülle seiner Kindheitserfahrungen entnommen haben muss, um für die Aufgaben des Erwachsenseins gerüstet zu sein“ (1973, 123). Erikson erkennt jedoch an, dass der „Lebenskreis des einzelnen von Anfang bis Ende von der Geschichte des Gemeinwesens durchwoben“ ist (ebd., 11). In diesem kollektiven Sinne fasst Jürgen Habermas mit Blick auf die gegenwärtige Lage zusammen: „Historische Umstände fordern uns oft zu schmerzlichen normativen Lernprozessen heraus. Dabei lernen wir, wenn alles gut geht, unterprivilegierte andere in unser Leben einzubeziehen oder diskriminierte Fremde als gleichberechtigte in einer gemeinsamen erweiterten Lebensform anzuerkennen“ (Interview mit der Neuen Zürcher Zeitung v. 14.11.2019). Wenn alles gut geht, wie gesagt. Habermas spricht vom Prozess der Entwicklung *einer gemeinsamen* Lebensform und nicht von vielen einzelnen nebeneinanderstehenden. Es geht ihm um die Herausbildung einer weit gefassten, toleranten Art zu leben, um die Entstehung einer gesellschaftlichen Identität unter Menschen mit verschiedenen biografischen Hintergründen und voneinander abweichenden Formen der Kommunikation und des Erlebens von Gesellschaft. Der Politikwissenschaftler Francis Fukuyama macht im Westen Veränderungen aus, die solche Verständigungsprozesse erschweren. Auf der politischen Linken sieht er einen Trend weg von ihrem Stammthema, der Herstellung von mehr ökonomischer Gleichheit. „Stattdessen geht es ihr darum, die Interessen einer Vielfalt von benachteiligten Gruppen zu unterstützen, wie etwa von Schwarzen, Einwanderern, Frauen, Hispanics, der LGBT-Community und Flüchtlingen. Unterdessen liegt der Rechten vor allem der Patriotismus am Herzen, der Schutz der traditionellen nationalen Identität, die häufig explizit mit Rasse, Ethnizität oder Religion verknüpft wird“ (2019, 23). Die damit verbundenen Probleme, zu Konsens und Kompromiss zu finden, zeichnen sich in Europa in der Tat überall ab. Nicht dass Minderheiten für ihre Rechte streiten, stellt dabei das Problem dar, denn das ist ihr gutes Recht. Wohl aber führen Unterstellungen und Fraktionskämpfe auf Abwege, wenn sie an die Grundfesten des Zusammenlebens rühren. Zum Beispiel in der Parole, es gehe gar nicht mehr um die Produktion, deren dauerhaftes Funktionieren offenbar vorausgesetzt wird. Vielmehr sei die politisch-ideologische Reproduktion der Gesellschaft das Problem. Und dabei werde die bürgerliche Demokratie als Erfindung weißer alter Männer zunehmend zum Hindernis (siehe die Berichterstattung über die laufenden Debatten im Feuilletonnachrichtendienst „Perlentaucher"). Gewiss, das sind intellektuelle Tändeleien. Pädagogische Arbeit braucht dagegen als Vorbedingung den gesellschaftlichen Willen zur Verständigung statt individueller oder gruppenspezifischer Egozentrik. Die schulische Raison d'Être besteht darin, ausweislich ihrer alltäglichen Praxis gegen Hass, Aggression und Angst und für den Zusammenhalt der Gesellschaft zu wirken. Aber was tun, wenn die Konflikte an Schärfe zunehmen und sich die kollektive Identität nicht im Habermas'schen Sinn entwickelt? Fukuyama hat bei Platon etwas wiederentdeckt, was die Antwort auf diese Frage differenziert. Der nämlich identifiziert in der Seele des Menschen den *thymos,* „der sich nach Anerkennung seiner Würde sehnt", und seine Aufgliederung in einen sozialen und einen egozentrischen Teil: „‚Isothymia' ist das Bedürfnis, anderen gegenüber als gleichwertig zu gelten, während ‚Megalothymia' den Wunsch darstellt, von andern als überlegen betrachtet zu werden" (ebd., 13 f.). Aus der weltpolitisch zunehmenden Megalothymia leitet Fukuyama Gefahren für menschliche Würde und die soziale Solidarität im Inneren der Gesellschaft ab. Pädagogen kann das nicht egal sein.

Jungen, immer mehr abgehängt

„Die Mädchen sind weiter." Dieser Satz ist in der Schule oft zu hören, und in den meisten Fällen stimmt er. Was immer der Grund dafür ist, ihre Genetik, alte Rollenbilder, die Dominanz von Frauen in der Schule oder der Ehrgeiz der „neuen Frau", allzu viele Jungen haben offenbar noch nicht verstanden, dass die Zeit gegen sie arbeitet. Michel Serres stellte „nach einem halben Jahrhundert des Unterrichtens" fest, dass junge Frauen im Vergleich mit den Männern „heute zwei- bis dreimal so motiviert sind". Sie seien „fleißiger, kompetenter, seriöser, weniger arrogant, weniger eitel, dafür kultivierter, kurz gesagt, professioneller" (2016, 65 f.). Wir würden Zeugen eines weiblichen Siegeszugs, einer erfolgreichen Aufholjagd nach Jahrhunderten der Ungleichheit. Ausweislich diverser PISA- und IGLU-Studien wird der Vormarsch der Mädchen in der deutschen Schule unübersehbar. „Sogar in die bisherigen Domänen der männlichen Schüler dringen sie vor und ziehen beispielsweise in den Naturwissenschaften an den Jungen vorbei“, stellen Klaus Hurrelmann und Tanjev Schultz zusammenfassend fest. „In den durch Sprache dominierten Fächern sind sie schon seit vielen Jahren im Durchschnitt besser. Im Lesen, Schreiben und dem Verstehen von Texten sind sie ihren männlichen Mitschülern klar überlegen. Es sollte nicht verwundern, wenn bei der nächsten PISA-Studie die jungen Frauen auch in Mathematik punkten und möglicherweise sogar mit den jungen Männern gleichziehen“ (Hurrelmann/Schultz 2012, 11).

Da ist es alles andere als tröstlich, dass es unter den Videospieljunkies fast doppelt so viele Jungen wie Mädchen gibt (Der Spiegel v. 28.12.19). Aufs Ganze gesehen arbeitet der Trend gegen die Jungen. Die Verschlechterung ihrer Sozialchancen geht von zwei Entwicklungen aus. Einerseits laufen sie Gefahr, im Unterricht, paradox formuliert, zu den neuen Mädchen zu werden, schüchtern, gehemmt, stumm. Anderseits dürfen sie nicht darauf hereinfallen, wenn manche eine neue „Männlichkeitsbildung“ ausrufen, die „Bewegungsbedürfnisse und Kampfeslüste“ in den Mittelpunkt stellt (Reinhard Winter). Womit der alte Wein nur in neue Schläuche gegossen wird. Wenn Jungen „im Kindergartenalter ein großes Bedürfnis nach körperlicher Aktivität und Interesse an spielerischen Raufereien“ zeigen, wie die die Neuropsychologin Rebecca Böhme vom schwedischen „Zentrum für soziale und affektive Neurowissenschaften“ feststellt, so hindert sie nichts daran, dem zu folgen (2019, 43). Auch darüber hinaus sind der Drang nach Bewegung und sportlicher Ehrgeiz kein Problem, solange damit nicht eine einseitige Festlegung auf einen Jungentypus verbunden wird, für den das intellektuelle Bemühen angeblich naturgemäß weniger wichtig ist. Dass Jungen nun mal so sind, wie sie sind, diese Tautologie hilft nicht weiter. Traditionell eingestellte Jungen geraten in die Klemme zwischen alten Leitbildern und neuen Anforderungen, denen sie sich – wollen sie Erfolg haben – wohl oder übel stellen müssen. Gewiss, den Vorsitz in Unternehmensvorständen haben sich die Kerle bislang nicht nehmen lassen, aber vermutlich wird sich auch das bald ändern. An der Spitze von Kulturinstituten hat diese Entwicklung schon begonnen und in den Schulleitungen ist sie weidlich fortgeschritten. Wollen sie nicht weiterhin die Bildungsverlierer abgeben, müssen Jungen von den alten Rollenmustern Abschied nehmen und können sich nicht mehr die Rosinen aus dem Kuchen picken: in der Schule weniger Anstrengungsbereitschaft zeigen, Unmengen an Zeit mit ihren zumeist elektronischen Spielehobbys verbringen, um anschließend trotzdem die bessern Jobs abzugreifen. Das wird auf Dauer nicht mehr klappen. Wollen Jungen sich stattdessen darauf beschränken, als perfekt frisiertes Anhängsel ihrer Frauen dazustehen? Und wollen die solche Männer?

Kinder sind auch nur Menschen

Wenn man von jemandem sagt, sie oder er sei auch nur ein Mensch, so bittet man damit stellvertretend um Nachsicht. Leider erfülle diese Person, wird damit angedeutet, nicht alle an sie gestellten Anforderungen perfekt, aber das gelinge ja niemandem hundertprozentig. Kinder betreffend greift man normalerweise nicht zu dieser Floskel, wohl weil man davon ausgeht, dass sie sowieso noch viel lernen müssen. Doch wäre der Satz von der Unmöglichkeit, immer alles richtig zu machen, auch Heranwachsenden gegenüber durchaus am Platze. Denn auch sie werden oft mit zu hohen Anforderungen konfrontiert. Sie sollen möglichst schnell selbstständig werden, sich umsichtig, höflich, sozial zeigen, ihre Hausaufgaben ohne fremde Hilfe erledigen und außerdem noch die Computerprobleme ihrer Eltern zuverlässig beheben. Die Anerkenntnis des Menschseins von Kindern stellte in der Vergangenheit einen wunden Punkt dar, da Kinder entweder als Erwachsene im Kleinformat angesehen wurden oder als niedliche, aber defizitäre Wesen erschienen. Wie bekannt wird seit Jean-Jacques Rousseau die Kindheit als eigene Lebensphase angesehen, deren Schutz gefordert wird. Die Rechte des Kinds in das Grundgesetz aufzunehmen, wäre sicherlich gut. Möglich ist es aber schon jetzt, sich und anderen klarzumachen, dass das Menschsein von Kindern ausreicht, um sie vor Missachtung zu bewahren. Als Teil des gesellschaftlichen Common Sense. Das Leitmotiv der zwischenmenschlichen Anerkennung reicht als Begründung aus, um sie allen Kindern und Jugendlichen in ihrer Eigenart, ihrer Leiblichkeit und geistigen Integrität zukommen zu lassen.

Leistung, nicht ohne Ironie betrachtet

„Bildung ist in der demokratischen Gesellschaft eine Schwachstelle“, meint der Humorist Wladimir Kaminer. Warum? „Weil man Kinder nicht foltern darf. Sie sind das höchste Gut, die Blumen des Lebens und dürfen auf keinen Fall unter Zwang geraten. Selbst dann nicht, wenn sie sich dumm anstellen oder Hausaufgaben prinzipiell verachten.“ Kaminer nennt die sowjetischen Lehranstalten, die er selbst absolvierte, „Folterschulen“. Allerdings: „Je mehr Bildungsdruck auf uns lastete, desto krasser fiel auch unser Widerstand aus.“ Dagegen lobt er die Leistung der „ganz normalen deutschen demokratischen Grundschule“, die seine beiden Kinder besuchen. „Sie hat alles, was die heranwachsende Generation zum Einstieg in die Erwachsenenwelt braucht – ein Tischtennis-Set, einen Kicker, einen Billardtisch und sämtliche gängigen Computer-Spiele. Die Schule macht meinen Kindern großen Spaß. Nebenbei haben sie auch noch lesen, schreiben, rechnen und etliches andere gelernt. Wie die Wissensbestände der Gesellschaft trotz allem Spaß in den kleinen Köpfen landen, ist mir ein Rätsel“ (227, 78 ff.).

Egal, alles gut gelaufen.

Mitleid als pädagogische Kraft

Zur menschlichen Fähigkeit, widerständig gegen Unterdrückung zu sein, gehört das Mitleid. „Dich Spasti wollen wir nicht in unserm Team haben“, sagen die drei Sportskanonen vor dem Staffelrennen in der Schwimmhalle zu ihrem etwas schwächlichen Mitschüler Hasko. Ihr danebenstehender Lehrer M. tut zunächst so, als habe er nicht gehört, was da gesprochen wurde, sagt dann: „Also bitte, ja …“. Und fügt hinzu: „Ihr könnt ja untereinander tauschen.“ Womit er sich den Schülern anpasst und Hasko ebenfalls wehtut. Vermutlich traut M. sich nicht, seinen Cracks zu widersprechen. Oder ist er nicht in der Lage, das nötige Mitleid für den von seinen Mitschülern abgewerteten Jungen aufzubringen? Mitleid braucht, um wirksam zu werden, die Identifikation mit dem Opfer, aber seine Triebkraft muss in soziales Handeln übersetzt werden, um wirksam zu werden. Rousseau nannte das Mitleid „die einzig natürliche

Tugend des Menschen“, aus der sich alle anderen herleiten, „die reine Regung der Natur, die jeder Reflexion vorangeht“ (1998, 61 f.). Auch Gotthold Ephraim Lessing (1721-1781) hielt die Empfindung des Mitleids für eine Quelle der Erkenntnis und betrachtete Mitleiden als Voraussetzung und Impuls zum Handeln. Und Adam Smith (1723–1790) nannte *„sympathy“*, was uns erlaubt, affektive Reaktionen „in uns nachzuempfinden“ (dazu Honneth 2018, 204). Selbst der ansonsten so skeptische Arthur Schopenhauer (1788-1860) sah im Mitleid eine Möglichkeit sozialer Entwicklung. Es gedeihe „abseits aller egozentrischer Spekulation“ und sei deshalb „im radikalen Sinne ‚selbstlos‘“ (zit. nach Safranski 1987, 473). Mitleid – das ist mehr als die nur scheinhafte Großzügigkeit, als ein Pseudomitgefühl, das den Betroffenen vorschreibt, was für sie gut und richtig ist. Nur wenn es zu persönlicher Autonomie der Erniedrigten beiträgt, wird es zur pädagogischen Kraft. Mitleid in diesem Sinne ist vor allem Arbeit, Mühewaltung in schwierigen Fällen. Ludmilla kann einem leidtun, so schüchtern, wie sie oft dasitzt, ein kleines, blasses Mädchen aus einer Familie, in der nur Männer das Sagen haben. Auch ihre Mutter macht, wenn sie in die Schule kommt, einen sehr zurückhaltenden Eindruck. Ergreift ihr Mann das Wort, ein großer, kräftiger Ukrainer mit festen Meinungen, so blickt sie ihn nur an. Spricht man dagegen allein mit ihr, stellt man fest, dass sie viel besser Deutsch spricht als er. Wenn Ludmilla Erfolg hat, dann blüht sie für eine gewisse Zeit auf. Von selbst meldet sie sich jedoch kaum. Man muss sie ansprechen, um ihr die Chance zu geben, sich zu öffnen. Beim Lesewettbewerb neulich las Ludmilla (wenn auch ein bisschen leise, wie es ihre Art ist) ein russisches Märchen vor und gewann. Ihre Klassenlehrerin wird alles tun, damit Ludmilla im Frühjahr beim Frankreichaustausch dabei ist. Auch wenn ihr Vater den vermutlich nicht wichtig findet.

Nerd

Wer oder was ein *Nerd* ist, weiß nicht jeder, aber jeder kennt den Typ. Es handelt sich dabei um den Angehörigen einer Minderheit, die in den letzten Jahren einen erstaunlichen Aufstieg und Wandel in Bekanntheitsgrad und Wertschätzung erfahren hat. Das Wort findet sich mittlerweile sogar schon im Duden. Wurden damit in der Vergangenheit Sonderlinge und Fachidioten bezeichnet, denen man erhebliche soziale Defizite attestierte, so gilt der Titel mittlerweile in Fachkreisen als Ritterschlag. Im „Raumschiff Enterprise" findet sich der vor dem Computer hockende Nerd mit der vernachlässigten Kleidung, den verzottelten Haaren und der dicken Brille genauso wie als Kollege oder Gegenspieler in der Welt von James Bond. Mittlerweile ist der Nerd sogar bis in das Unterschichtfernsehen vorgedrungen, wo sich knapp bekleidete weibliche Wesen aus der chirurgischen Retorte unter südlicher Sonne um eine Gruppe vernachlässigt ausschauender junger Männer reißen („Beauty & the Nerd"). Auch in der Schule sind Nerds unübersehbar, wenngleich sie dort nicht im Rudel auftreten. Übrigens soll es von ihnen inzwischen auch weibliche Varianten geben.

Oben und unten

Ursula Y. ist kürzlich versetzt worden. Nicht strafversetzt, sondern weil ihre Schule als personell „überbesetzt" galt, und Frau Y. Lust hatte, sich noch einmal zu verändern. Gelandet ist sie an einer Schule, die als sehr ordentlich gilt, wenn auch nicht gerade als avantgardistisch. Ihre neuen Schülerinnen und Schüler empfingen sie freundlich, und Ursula Y. hatte bald danach einen großen Erfolg. Mit ihrer 9. Klasse nahm sie an einem Wettbewerb teil und gewann auf Anhieb einen Preis. Ihr neuer Schulleiter reagierte darauf allerdings merkwürdig. Zwar ließ er in die Lokalpresse flugs einen Text über den Erfolg „seiner Schule" (eine Formulierung, die er ständig gebraucht) einrücken. Frau Y.s Name tauchte darin nicht auf, wohl aber seiner. Ein paar Wochen später fuhr er mit der Klasse und ihrer Lehrerin zur Preisverleihung in die Landeshauptstadt, bei der er strahlend den Siegespreis aus den Händen des Ministers in Empfang nahm. Die dazugehörige Urkunde bekam Frau Y. jedoch nur durch einen Zufall zu Gesicht. Darauf war, wie sich herausstellte, ihr Name, nicht aber seiner verzeichnet. Vermutlich wurde deshalb die Auszeichnung – anders als sonst üblich – nicht im Schulhaus ausgehängt. „Jaja, so ist er, unser Alter", sagte ein Kollege dazu achselzuckend. Eine nochmalige Wettbewerbsteilnahme schließt Frau Y. nicht aus. Aber für den Fall einer weiteren Auszeichnung überlegt sie sich jetzt schon, wie sie den Narziss an der Spitze ihrer Schule austricksen kann. Gut, ein solches Maß an Selbstgefälligkeit wie im vorliegenden Fall erlebt man nicht alle Tage und ein Zeichen von persönlicher Souveränität ist es sicher nicht, was der Schulleiter bei aller vordergründigen Betriebsamkeit an den Tag legt. Eine starke, partizipativ arbeitende, präsente und transparent agierende Schulleitung sieht anders aus. Sie ist Teil der Lösung und nicht des Problems. Wohl fungiert auch sie als Teil der Hierarchie und ist sich dessen bewusst. Jedoch versteht sie sich nicht als Obrigkeit. Ihr Anderssein erklärt sich aus der Funktion und nicht aus einer persönlich herausgehobenen Position. Frau Y. weiß jetzt jedenfalls, woran sie ist.

Perfide, aber nicht besonders gescheite Lehrersprüche

Von Lehrkräften wird neben all den vielen goldenen Worten, die aus ihren Mündern dringen, manchmal auch allerhand dummes Zeug geredet. Darunter Perfidien, die verletzen, aber Gott sei Dank oft genug ihre beabsichtigte Wirkung verfehlen. Hier eine kleine Auswahl samt möglicher – in der Regel unausgesprochener – Reaktionen von Schülerinnen und Schülern.

- Ich zähle jetzt bis drei, und dann …
  Dann ist drei vorbei und dann?
- Das musst du doch einsehen.
  Wieso eigentlich? Niemand muss müssen.
- Wer nicht will, der hat schon.
  Und ich will jetzt ganz bestimmt nicht mehr.
- Wie oft soll ich das noch sagen?
  Kapiert haben wir es aber immer noch nicht.
- Mit dir rede ich darüber nicht.
  Jetzt bloß nicht weiterfragen, generv wie er ist.
- Natürlich habe ich recht.
  Ich weiß nur immer noch nicht, warum.
- Ich habe Zeit.
  Wieso hast du dann vorhin gesagt, dass wir schneller vorankommen müssen.

- Wirst du auch noch mal fertig?
  Jetzt bin ich endgültig raus.
- Das kannst du zu Hause machen, aber nicht hier.
  Du hast ja keine Ahnung, wie es bei mir zu Hause zugeht.
- Bei der nächsten Arbeit werdet ihr die Quittung kriegen.
  Dann hat es wohl keinen Zweck, sich noch groß anzustrengen.
- Glaubt ja nicht, dass ihr mir in den Ferien fehlt.
  Du uns erst recht nicht.

Man kennt solche Sätze vielleicht noch aus der eigenen Schulzeit. Sie waren damals schon blöd.

Qualität des Lebens

„It's the good life to be free and explore the unknown", sang Tony Bennett – übrigens nach einer Melodie von Sacha Distel, der als Kind in Paris unter der deutschen Okkupation den gelben Stern tragen musste. Dass in dem Songtext das gute Leben in Verbindung gebracht wird mit der menschlichen Freiheit und dem Reiz, Unbekanntes zu entdecken, leuchtet ein, denn ein gutes Leben kann schwerlich aus der ständigen Wiederholung des Immergleichen bestehen. Die Frage danach ist außerdem nicht neu. Sie wurde schon von Aristoteles (384-322 v. Chr.) gestellt und von Kant und anderen Denkern wiederbelebt. In den letzten Jahren hat sie erneut eine Renaissance erlebt. Warum? Vielleicht, weil eine alternde Gesellschaft Bilanz zieht und die junge nach einer besseren Zukunft fragt. Alte Zweifel erfahren neue Aktualität. Bedeutet uns der Konsum alles im Leben oder gibt es noch Wichtigeres? Die Frage nach der Qualität des Lebens (im Gegensatz zur Qualität der Waren) entstand in den 1970er Jahren in Zusammenhang mit der Wachstumskritik und der alternativen Bewegung. Die heutige Debatte unterscheidet sich von der damaligen nicht grundsätzlich. Allerdings geht das Verständnis dessen, was das gute Leben bedeutet, unter den Menschen des 21. Jahrhunderts wahrscheinlich noch weiter auseinander. Manche zählen ihr persönliches Wohlsein auf Kreuzfahrtschiffen dazu, andere möchten dagegen lieber Venedig und seine Lagune gerettet sehen. Tatsache ist jedoch, dass die Erhaltung der natürlichen Grundlagen zum

guten Leben gezählt werden muss. Dazu gehört auch die Frage nach der Qualität des Zusammenlebens, das Ziel, sich als Mensch unter Menschen in seinem jeweiligen Anderssein anerkannt zu finden. Mit Anerkennung sind nicht nur Lob und Ermutigung in der Schule gemeint. Sie umfasst auch die Bereitschaft zur Selbstveränderung in Kenntnis der Wechselseitigkeit des Bildungsprozesses. Es geht also nicht nur darum, ein bisschen netter zu Kindern und Kolleginnen und Kollegen zu sein, sondern verständig und selbstkritisch auf andere zu reagieren. Davon allerdings hat man auch selbst etwas, wie der Soziologe Tzvetan Todorov (1939-2017) schreibt: „Die Bitte um Anerkennung, die ein anderer an mich richtet, ist zugleich eine Anerkennung für mich" (1998, 122). In der Bereitschaft, in den Dialog zu treten, drückt sich die Annahme aus, es werde etwas Gutes dabei herauskommen. Der Mehrwert für den einzelnen besteht darin, dass die Anerkennung zu einem selbst zurückkehrt und damit die Selbstanerkennung fördert. Wer andere anerkennt und ordentliche Arbeit abliefert, wird dafür in aller Regel belohnt. Um noch einmal Todorov zu zitieren: „Gut getane Arbeit vermittelt offenkundig einen Überschuss an Anerkennung" und gibt einem Menschen „das Gefühl seiner eigenen *Erfüllung*", mit der sich sein Dasein beweist (ebd., 163). Die Frage der Anerkennung begleitet die Menschen sogar über ihr Arbeitsleben hinaus. Ja, sie stellt sich mit noch größerer Intensität. War es das gute Leben, wie man zu leben gehofft hatte, und war man in der Schule am rechten Platz? Was tun, da nun die Zeit vorbei ist? „Das erste Gebot für den Ruhestand: Keine Schwarzarbeit. Kein Weiterstricken an unerledigten Fällen. Keinerlei private Initiative. Wenn es aus ist, ist es aus. Rollläden runter und nach Hause gehen. Schluß der Vorstellung." Diesen Rat gibt John le Carrés legendärer Agentenführer George Smiley seinen Spionen an deren Karriereende (1980, 204). Zwar gibt es zwischen dem Job des Agenten und dem Lehrberuf nicht eben viele Gemeinsamkeiten, aber das Problem, beim Ausscheiden plötzlich jede Menge Zeit für sich zu haben, gehört dazu. An der biografischen Weggabelung in Richtung Pension setzt bei Lehrkräften zuweilen eine verdächtige Hektik ein. Manche frischgebackenen Ruheständler schwingen sich am Tag danach umstandslos ins Führerhaus ihres Wohnmobils, getrieben von der unbändigen Lust, sofort in die Sonne zu brausen. Andere buchen fix Reisen zu fernen Zielen, die sie seit Jahren schon locken. Eine dritte Gruppe zieht an einen neuen Wohnort, meistens in die Nähe von (Enkel-)Kindern, und wird nicht mehr gesehen. Das alles ist im Prinzip nur allzu verständlich, wirft aber die Frage auf, warum es so schnell gehen muss. Vorteilhaft ist es, wenn einen die Gegenstände seines Unterrichts auch weiterhin interessieren. Gut auch, die Schule nach dem Abschied nicht als tunlichst zu meidenden Ort des persönlichen Abscheus sehen zu müssen. Wer feststellen darf, dort über den letzten Arbeitstag hinaus anerkannt zu sein, blickt naturgemäß zufriedener zurück, als es diejenigen können, für die ihre Arbeit nur der Job zum Geldverdienen oder gar eine Quelle der Qual war. Ruhe ist nicht alles, wie sich am Beispiel von pensionierten Lehrerinnen und Lehrern zeigt, die in ihrer alten Schule als Vorleserinnen und Vorleser in der Bibliothek, als Zeitzeuginnen und Zeitzeugen oder Begleiterinnen und Begleitern bei Ausflügen fungieren. Gerade weil sie anders sind als die jungen Kolleginnen und Kolleginnen, die an ihre Stelle getreten sind, können sie für Kinder und Jugendliche besonders interessant sein.

Resilienz oder Scheitern als Chance

Der Theaterpädagoge Ingo Scheller hat, wie er selbst feststellt, nie richtig Englisch gelernt. Dass es ihm zum Beispiel sehr schwerfiel, das englische R und Th auszusprechen, lag aber weniger an seiner angeborenen Lippenspalte als vielmehr an seinem Englischlehrer, der ihn „*immer wieder* nach vorne an die Tafel holte“, um an der Aussprache seines Schülers „zu demonstrieren, wie diese Laute *nicht* ausgesprochen werden durften“ (2019, 63). Durch das nur dümmlich oder sadistisch zu nennende Verhalten eines Lehrers zog sich der Junge den Spott seiner Mitschülerinnen und Mitschüler zu und wurde zunehmend ängstlich und widerwillig, sich den Herausforderungen des Englischen zu stellen. Er war nicht resilient. Der Begriff der Resilienz entstand in den 1970er Jahren und hielt danach zügig Einzug in das psychologisch-pädagogische Fachvokabular. Ein Modewort, aber die passende Bezeichnung für ein zentrales Problem, drückt sich darin doch die nötige Widerstandsfähigkeit gegenüber Stress, Krisen und Misserfolgen aus, die zum Schulalltag gehören. Das Wort Resilienz geht auf das lateinische Verb *resilire* zurück, das „abprallen“ meint.

Der Schüler Ingo war leider nicht in der Lage, die Zumutung seines Englischlehrers an sich abprallen zu lassen. Für Schülerinnen und Schüler (aber nicht nur für sie) ist es nur gut, über eine gewisse Portion davon zu verfügen, wie das Beispiel zeigt. Aber wie kann Resilienz erworben werden? Mit Stress und Versagen besser oder schlechter umgehen zu können, auch das hat mit unserer jeweiligen genetischen Grundausstattung zu tun, aber wir sind ihr, wie Rebecca Böhme feststellt, keineswegs hilflos ausgeliefert. Wir können „den Einfluss unserer Erbanlagen durch bestimmte Verhaltensweisen verändern" (2019, 35). Und wie? „Als Resilienz stärkende Fähigkeiten und Eigenschaften bei Kindern gelten: die Fähigkeit, die eigenen Gefühle zu erkennen und zu steuern, Impulse kontrollieren und sich mitteilen zu können, Mitmenschen um Unterstützung bitten zu können sowie ein Gefühl von Sicherheit und sozialer Eingebundenheit" zu entwickeln (ebd., 49). Das ist einerseits ein umfangreiches und anspruchsvolles Programm, aber andererseits so neu auch wieder nicht, als dass sich Menschen nicht schon zuvor darum bemüht hätten. Es akzentuiert die Notwendigkeit der Entwicklung positiver Selbstbilder und durchzieht als ein roter Faden auch das vorliegende Buch. Zu klären ist aber, was Resilienz schwächt beziehungsweise ihre Entwicklung verhindert. Zu nennen sind hier vor allem der Verzicht auf persönliche Begegnungen zugunsten virtueller Kontakte, instabile Bindungen, das Gefühl mangelnder Nützlichkeit und fehlender Verantwortung oder auch der laufende Vergleich mit unerreichbaren Vorbildern. Letzten Endes ist es die Qualität der Beziehungen zu anderen Menschen, die darüber entscheidet, wieviel Wind von vorn man aushält. Resilienz bewies zum Beispiel jene lebenserfahrene Referendarin, die nach Realschulabschluss, Lehre, zweitem Bildungsweg und Studium im Studienseminar an einen deutlich jüngeren Fachleiter geriet, der prinzipiell alles besser wusste, kein gutes Haar an ihrer Arbeit ließ und ihr wenig Möglichkeiten zu eigener Entfaltung ließ. Sie akzeptierte seine guten Ratschläge, wo er recht hatte, widersprach aber, wo sie anderer Meinung war. Und als es einfach nicht mehr weiterging, riskierte sie den Konflikt und bat beim Seminarleiter um einen neuen Betreuer. Mit dem Ergebnis, dass sie ihn bekam, die Ausbildung mit einer exzellenten Note abschloss und heute eine geschätzte Lehrerin ist. Zuweilen hört man in Künstlerkreisen allerdings, das Missraten sei in Wahrheit die höchste Form des Gelingens. Gemeint ist damit das heroische Scheitern angesichts besonders hoher Ansprüche. Samuel Beckett (1906-1989) wird die Aufforderung „Try, fail, try again, fail better“ zugeschrieben. In diesem Sinne stellt der französische Autor und Lehrer Charles Pépin in einem Buch über Nutzen und Wert von Niederlagen fest, viele bedeutende Persönlichkeiten (Charles Darwin, Thomas Alva Edison, Winston Churchill, Charles de Gaulle, J. K. Rowling und Steve Jobs …) seien erfolgreich geworden, weil sie zuvor Misserfolge erlebt hätten. Aus ihnen hätten sie anschließend die richtigen Schlussfolgerungen gezogen. Die Schülerinnen und Schüler des französischen Schulsystems mit seiner zugespitzten Exzellenzforderung für Eliteschülerinnen und -schüler bekämen zum Fehlermachen jedoch kaum Gelegenheit, da sie sich in einer Einbahnstraße befänden. Sie hätten irreversible Entscheidungen in einem Alter zu fällen, in dem sie kaum Gelegenheit hatten, genügend Erfahrungen mit sich zu machen, geschweige denn Erfolge und Misserfolge in anderen Lebensbereichen erlebt zu haben. Danach sei die Möglichkeit zur Neuorientierung lebensgeschichtlich in der Regel vorbei. Anders als die Studierenden, denen Pépin in Boston begegnete, würden gleichaltrige Franzosen über weniger Lebenserfahrung verfügen und spekulierten nach dem Schulabschluss mehrheitlich auf eine lebenslange Karriere im Staatsdienst. „Während die einen von einem Misserfolg aufgeweckt werden, schlafen die anderen nach ihrem kleinen Prüfungserfolg ein“, schreibt Charles Pépin (2016, 18). Trost für unwiederbringlich verpatzte Gelegenheiten hält dagegen das „Book of Heroic Failures“ bereit, das offizielle Handbuch des „Not Terribly Good Club of Britain“, in dem unter anderem „Howe's Law“ zitiert wird, das besagt: „Everybody has his own scheme, which can not work“. Schon der Schriftsteller Robert Louis Stevenson (1850-1894) wusste: „Our business in life is not to succeed, but continue to fail in good spirit“ (Pile 1980, 15). Selbstironie ist der beste Schutz in schwierigen Fällen.

Schlau ist auch anders

Gute Schulleistungen allein machen nicht glücklich. Die Anerkennung in der Klasse ist mitunter wichtiger als die der Lehrperson. „Damit öffnet sich ein

Spannungsfeld, das umso größer ist, je stärker in der Peer-Group eine Art Anti-Schulkultur gepflegt wird. Wenn im Extremfall nur Unterrichtsstörungen, aggressives Verhalten und Leistungsverweigerung zu mehr Prestige bei den Peers führen, dann ist für eine Klasse ein äußerst problematischer Punkt erreicht" (Horstkemper/Tillmann 2018, 46). Schülerinnen und Schüler, die bei solch heftigen Treiben nicht mitziehen wollen oder können, werden von den anderen gehänselt, geärgert, drangsaliert. Erst recht, wenn sie gut im Unterricht sind. Airon war bis zur 6. Klasse ein sehr guter Schüler, dessen Leistungen jedoch später nachließen. Warum, war zunächst unklar. Dann stellte sich jedoch heraus, dass eine Gruppe von Mitschülern Airon das Leben schwer machte und dabei von den Eltern unterstützt wurde. Der motivierte, aktive, freundliche und kluge Junge weigerte sich, die wilden Spiele seiner tonangebenden Klassenkameraden mitzuspielen. Hinzu kam, dass Airons Vater an einer Nachbarschule Lehrer war, sodass dem Sohn nachgesagt wurde, er verdanke seine guten Noten nur dem Vater. Richtig schwierig wurde es, als die Anführer in der Klasse regelmäßig ihre Hausaufgaben von Airon abschreiben wollten, was dieser am Anfang geschehen ließ. Irgendwann aber hatte er die Nase voll davon, dass andere für seine Leistungen gelobt wurden. Danach durfte er in der Pause nicht mehr mitspielen, wurde geschnitten, geschubst, gehauen. Das ganze Programm. Airons Reaktion: Er passte sich an und schaltete im Unterricht ein paar Gänge runter. Seine Noten waren bald nur noch mittelmäßig. Stattdessen verkroch er sich hinter seinen Computer. Später, in der gymnasialen Oberstufe, konnte er aufatmen. Die wilden Jungen waren weg, und er verwirklichte im Kurssystem zusammen mit anderen seine vielseitigen Interessen, studierte später Medizin und ist heute Oberarzt. Ende gut, aber nicht alles gut. Ein bisschen misstrauisch ist er geblieben. Airon war ein sehr guter Schüler, aber wahrscheinlich nicht das, was man hochbegabt nennt. Zwar hatte er sich schon vor Beginn der Grundschule selbst das Lesen beigebracht und rechnete rasant und richtig. Aber er war kein Überflieger, der alles sofort intus hatte und sich anschließend schnell langweilte. Es gibt auch solche Kinder und Jugendliche, die in der Schule zuverlässig Einser in allen Fächern (außer vielleicht in Sport) produzieren und nachmittags nebenbei in Windeseile Chinesisch lernen und Schach mit dem Weltmeister spielen. Sie brauchen solches Extrafutter, denn in der Schule interessieren sie altersgemäße Beschäftigungen kaum. Sie hinterfragen stattdessen die Sachkenntnis ihrer Lehrpersonen, was denen nicht immer gefällt. Obwohl sie mit dem Lernen keine Probleme haben, werden Hoch- und Höchstbegabte ihres Lebens keineswegs automatisch froh, trotz eines Intelligenzquotienten von 130 oder mehr. Manche tun irgendwann nur noch das Nötigste (und das heißt bei ihnen: kaum etwas), um schulisch durchzukommen. Auch Eltern haben unterschiedliche Strategien, mit der Besonderheit ihres Kinds umzugehen. Eine besteht darin, von der Schule nichts weiter zu fordern und dafür das Familienklima mit entsprechenden Aktivitäten zu heben. Im Unterricht langweilt sich so ein Mädchen oder ein Junge jedoch über weite Strecken. Es heißt, der Notenschnitt hochbegabter Kinder und Jugendlicher liege nur bei ca. dreikommairgendwas, da sie keine Lust hätten, in der Schule aufzufallen und die Eifersucht ihrer Mitschülerinnen und Mitschüler hervorzurufen. Man darf froh sein, wenn sie nicht zu hochbegabten Dauerstörern werden, auf Abwege geraten und – wie es ein Schulpsychologe ausdrückte – „hochbegabte Verbrecher" werden. Manche Schulen haben für die Betreuung ihrer Hochbegabten spezielle Lehrerverantwortlichkeiten eingerichtet. Eine solche Lehrperson entwirft ein individuelles Förderprogramm – möglicherweise in Zusammenarbeit mit universitären Schülerakademien. Das ist auch gut für Hochleister, die Spitzenleistungen nur in bestimmten Bereichen bringen, einhergehend mit schwachen Leistungen in anderen Fächern. Albert Einstein (1879-1955) zum Beispiel soll in den Sprachen kein Genie gewesen sein. Heute hätte er immerhin an einer Physikolympiade teilnehmen dürfen. Es gibt Hochbegabteninternate, und einige Gymnasien haben spezielle Klassen eingerichtet, Einrichtungen, die unter erheblich besseren personellen und finanziellen Bedingungen arbeiten und stark auf Wettbewerb getrimmt sind. Jugend trainiert für den Nobelpreis? Es lassen sich auch andere Lösungen mit einem gewissen Schülermix und mehr sozialem Lernen denken. Dass jedoch Hochbegabte auf eigene Weise gefördert werden müssen, sollen sie nicht leiden, dürfte feststehen. Keiner weiß genau, woher die Hochbegabung kommt, aber sicher ist, dass man damit sensibel umgehen muss.

Toleranz ist Stärke

Toleranz stellt kein beliebiges Harmonievermittlungsverfahren mit überwiegend unbefriedigendem Ausgang dar. Sie ist ein unverzichtbares Verständigungsmittel. Sie darf nicht gleichgesetzt werden mit dem Ertragen von Unrecht, genauso wenig wie mit Resignation oder der Rechtfertigung bestehender Verhältnisse aus Unfähigkeit, sie zu ändern. Vielmehr bedeutet sie die Anerkennung des Rechts auf Alterität. In der Schule eröffnet Toleranz Freiheitsspielräume in pädagogischen Beziehungen, per nachhaltigem Kompetenzzuwachs, als Ergebnis von „Verantwortungslernen“ (Wolfgang Edelstein) und was der guten Taten mehr sind. Nicht zu vergessen: in dem, was im Englischen *good regular teaching* heißt. Gelingt die Verwirklichung gegenseitiger Toleranz, so realisiert sich darin die Freiheit des Andersseins. Du kannst damit rechnen, dass ich die Beweggründe deines Handelns zu verstehen versuche, sodass du nicht an meiner Ernsthaftigkeit zweifeln musst. Und wenn dies auch umgekehrt gilt, so schaffen wir die Basis für gute Kooperation und wechselseitigen Vorteil. Wer als Lernender in der Zusammenarbeit unterschiedlicher Menschen Veränderung erlebt, bessere Arbeitsergebnisse und persönliche Zufriedenheit, der erntet die Früchte der Alterität. Daraus entsteht die Chance, dass Bildung von ihren Adressaten als „Teil ihres Glücks“ verstanden wird (Micha Brumlik). Die pädagogisch wahrscheinlich dringlichste Form der Toleranz stellt die Geduld dar, zu der eine gewisse Nervenstärke gehört. „Vielen Dank dafür, dass Sie Marcel die ganze Zeit ertragen haben“, sagt sein Vater bei der Abschlussfeier. „Ich weiß, wovon ich rede.“ Manche Kritiker sprechen allerdings auch von „repressiver Toleranz“, die inhaltlich nicht einlöse, was sie verspreche. Der Begriff stammt vom Philosophen Herbert Marcuse (1898-1979), der darunter eine raffinierte Form der Vorspiegelung falscher Tatsachen zum Zwecke der Unterdrückung verstand. „Freie und gleiche Diskussion“, schrieb er, „kann die ihr zugeschriebene Funktion nur erfüllen, wenn sie *rational* ist – Ausdruck und Entfaltung unabhängigen Denkens, frei von geistigem Drill, Manipulation, äußerer Autorität“ (1966, 104). Wohl wahr, dass zum Beispiel der Voodookult zum Diskurs nicht besonders geeignet ist und deswegen hierzulande keine Toleranz verdient. Recht betrachtet, ist es aber der Pluralismus, der der Rationalität das Feld bereitet, da er eine notwendige Voraussetzung jedes politischen Diskurses darstellt. Toleranz zum Zwecke der Abschaffung von Toleranz ist widersinnig.

Unterrichten à la Lenny

Jamie Bernstein ist die Tochter des großen Dirigenten und Komponisten Leonard Bernstein (1918-1990). Wie ihr Vater, der über Musik sprechen konnte wie kein zweiter und damit auch Kinder und Jugendliche erreichte („Konzert für junge Leute"), beschäftigt sich seine Tochter mit der Musikvermittlung. Am 7. Juni 2018 hielt sie im Wiener Musikverein einen Vortrag über das Thema „Lenny, der Lehrer" (auf YouTube abrufbar). Darin leitete Jamie Bernstein aus der sehr persönlichen Art des Unterrichtens, die ihr Vater pflegte, eine Reihe von einfachen Ratschlägen ab, die hier zusammengefasst und neu sortiert wiedergegeben werden. Sie erfrischen, weil sie in ihrem pragmatischen Duktus und ihrer klaren Sprache gut nachvollziehbar sind. Sie eröffnen einen unkomplizierten Blick, ohne der Adressatin oder dem Adressaten die Entwicklung ihrer/seiner eigenen Vorstellungen zu ersparen. Unterrichten à la Lenny, das heißt,

1. … dass Schülerinnen und Schüler stets respektiert werden („Respect Your Students")
2. … dass man als Unterrichtender/als Unterrichtende möglichst viel versteht von der Sache, um die es geht („Know Your Subject"),
3. … dass man mit offensichtlichem Vergnügen ernsthafte Gegenstände unterrichtet („Serious Fun"),
4. … dass man als Lehrperson bereit ist, selbst dazuzulernen („Keep Learning"),
5. … dass man sein Wissen und Können gern mit anderen teilt („Love of Sharing"),
6. … dass im Unterricht Brücken für alle gebaut werden, nicht nur für eine Elite („Be a Bridge Builder"),
7. … dass die Lernenden in den Prozess aktiv eingebunden werden („Involve Your Students"),

8. … dass die Arbeit mit der Lerngruppe dynamisch vorangeht („Find the Flow"),
9. … dass für Lernende erfahrbar wird, wie wunderbar es ist, am Ende mehr zu wissen und zu können als vorher („Love of Learning"),
10. … „But what is number ten?", Lenny hätte vermutlich gesagt: „Whatever it is, darling, if you don't have what it is, the other lines aren't going to help you very much."

Denken Sie darüber nach, liebe Leserin, lieber Leser.

Verletzungen und Narben

Schön wäre es, wenn jede Schülerin und jeder Schüler allzeit glücklich durchs schulische Leben schweben könnten, selbstbewusst, leistungsstark und von jeglicher Missachtung unbehelligt. Aber so einfach ist das in den seltensten Fällen. Verletzungen durch Missachtung, Beleidigung, Diskriminierung belasten irgendwann die meisten Schülerkarrieren. Oder man hat Angst davor, dass dies geschehen könnte, und verhält sich präventiv unauffällig. Paul ist ein schmächtiger Junge, der in der Grundschule gute Leistungen bringt. Seine Eltern zeigen sich allerdings ein bisschen zu besorgt um ihn, was ihm den Spott seiner Mitschülerinnen und Mitschüler einbringt. „Mamakind", wird er gerufen. Gott sei Dank sind in seiner Klasse ein Junge und ein Mädchen, denen es schon ähnlich gegangen ist. Ihre Lehrerin hat ihnen ein paar Tipps gegeben, was die drei auf dem Schulweg und in der Pause tun und besser lassen sollen. Entsprechend schlägt sich die Dreiernotgemeinschaft wacker durch den Schulalltag. Sandra hat aufgrund einer Erkrankung eine Zeit lang ein dickes Pflaster über dem linken Auge. Das finden einige Klassenkameradinnen ziemlich lächerlich. Sie wollen beim Spielen, wie sie sagen, die „alte Eule" nicht dabeihaben. Ihre Klassenlehrerin schlichtet den Streit, was jedoch einzelne Mädchen nicht davon abhält, Sandra dann und wann weiterhin „alte Eule" hinterherzurufen. Verletzungen hinterlassen Narben mit Nachwirkungen, auch weit über die Schulzeit hinaus. Der Kollege H. flippt öfter aus. Dann verlässt er laut schimpfend den Unterricht, brüllt durchs Schulhaus, setzt sich ins Lehrerzimmer und weigert sich, wieder in die 9a zu gehen. Oder er stapft polternd ins Dienstzimmer des Schulleiters und verlangt, in diese Klasse nicht mehr gehen zu müssen, da sie nur aus Asozialen bestehe. Der Schulleiter stellt dann fest, dass es so natürlich nicht gehe, fordert Herrn H. auf, sich zu beruhigen, und bietet ihm an, mit in die 9a zu gehen, um für einen geordneten Unterricht zu sorgen. Die Klasse verhält sich in Anwesenheit des Schulleiters lammfromm, aber das schließt nicht aus, dass sich bei Herrn H. in absehbarer Zeit erneut etwas aufstaut. Sein Problem besteht hauptsächlich darin, nicht unterrichten zu können. Er ist ein weicher Typ und bekannt für seine Supernoten, die er in der Hoffnung auf gnädige Schülerinnen und Schüler gibt. Zwar sagen seine Fachkolleginnen und -kollegen, dass er eigentlich ein guter Chemiker sei, aber nach eigener Aussage wollte er eigentlich nie Lehrer werden, da er schon als Kind ungern in die Schule ging. Daran hat sich also nichts geändert. Die Narben von damals sorgen bei H. bis heute für Schmerzen.

Werte und Wertewandel

Traditionell wird die Schule als Vermittlerin von Werten angesehen. Und wenn sie dies nicht hinreichend leistet, so wird ihr Versagen attestiert. Zwischen Gut und Böse unterscheiden zu lernen, eine Vorstellung von menschlicher Würde zu entwickeln und das Thema Menschenrechte im Unterricht zu thematisieren, das alles wird den Schulen mit Recht abverlangt. Aber woher beziehen ihre schulischen Vermittler die Werte, die sie lehren sollen? Der Religionssoziologe Hans Joas meint, Werte würden normalerweise längere Zeiträume für ihre Entstehung benötigen und bei den Adressaten ein „Ergriffenwerden", die Entstehung einer persönliche Überzeugung, voraussetzen (2006, 13 f.). Man kann die Sache aber auch so sehen: Um wirken zu können, müssen Werte erarbeitet werden, denn nicht „alles, was sozial, sittlich und edel an uns ist" (Freud), bekommen wir geschenkt. Joas meint deshalb, die Menschenrechte hätten nur eine Chance auf Verwirklichung, „wenn sie institutionell und zivilgesellschaftlich gestützt, argumentativ verteidigt und in den Praktiken des Alltagslebens inkarniert" werden (2011, 281). Denn ihre positiven Werte befinden sich in Opposition zu fragwürdigen, wenn auch möglicherweise einträglichen Praktiken, hinter denen ganz andere Werte stehen: Egoismus, das unbändige Verlangen nach Ruhm, die aggressive Durchsetzung persönlicher Interessen oder nationale Großmannssucht. Wenn unter dem Beifall einer intellektuellen Scheinavantgarde eine Diktatur der Menschenrechte behauptet und damit einem Werterelativismus das Wort geredet wird, so kann dabei für die Schwachen nichts Gutes herauskommen. Menschenrechte sind Schutzrechte. Zeitkritiker wie der ehemalige Verfassungsrichter Udo di Fabio monieren, dass zu wenig getan wird gegen den Schwund an „Bewusstsein für die normativen und praktischen Grundlagen für Freiheit und Wohlstand. Entscheidende Institutionen wie Rechtsstaat, Demokratie, Bürgerstatus, Bildung, Familie, soziale Marktwirtschaft, internationale Zusammenarbeit, tolerante Glaubensgemeinschaften oder Freiheit der Wissenschaft werden als selbstverständlich gegeben angenommen. Von solchen Institutionen wird Leistung verlangt, manchmal zu viel, ohne vernünftiges Augenmaß, während ihre Wertschätzung leidet“ (2015, 7). Die Schule ist ein wichtiger Ort, sich dem entgegenzustellen. Es irrt im Übrigen, wer meint, die Menschenrechte würden einen Konsens repräsentieren, der lediglich die Interessen und Erfahrungen der Europäerinnen und Europäer sowie Nordamerikanerinnen und Nordamerikaner widerspiegle. Wie Joas herausarbeitet, ist die Bedeutung der Menschenrechte weder allein aus jüdisch-christlicher Tradition noch aus der Aufklärung plus Amerikanischer und Französischer Revolution herleitbar. Ihre mediterran-europäischen Entwicklungslinien kreuzen und berühren sich auf vielfältige Weise mit philosophischen Herkünften (zum Beispiel aus der Stoa) und religiös-kulturellen Ableitungen aus ferneren Weltgegenden (vor allem während der von Karl Jaspers „Achsenzeit“ genannten Epoche zwischen ca. 800 bis 200 v. Chr. in China, Indien oder dem Iran). Sie alle spielten bei der Entstehung des Menschenrechtsgedankens eine Rolle, bis es zur „Sakralität der Person“ kam, einer Auffassung vom Menschen, der zufolge jeder einzelne „als heilig angesehen und dieses im Recht institutionalisiert wurde“ (Joas 2011, 18). Erhalten hat sich darin nach Ernst Bloch das Naturrecht als etwas „Ungebeugtes, Aufgerichtetes“, das grundlegend für die „Etablierung des aufrechten Gangs“ war (1972, 12). Fragt sich jedoch, wie sich der laufende Wandel der Werte darauf auswirkt und ob es darin eine Generallinie gibt. Eher scheint es, als würden sich zunehmend unterschiedliche Milieus herausbilden, was die Frage nach dem gesellschaftlichen Konsens aufwirft. Ist die allgemeine Individualisierung (begrifflich ein Widerspruch in sich) der beherrschende Zug der Zeit? Der Soziologe Andreas Reckwitz macht als „Strukturwandel der Moderne“ einen Trend zur Wertschätzung des Besonderen aus. Statt dem Konformismus der nivellierten Mittelstandsgesellschaft zu huldigen, wird der Wert der Eigenart dessen betont, „wie man wohnt, wie man isst, wohin und wie man reist, wie man den eigenen Körper und den Freundeskreis gestaltet“ (2017, 8). Reckwitz bezieht sich bei seiner Betrachtung vornehmlich auf die Trendsetter der akademischen Mittelklasse, die sich auf diese Weise von der Mehrheit der Gesellschaft unterscheiden möchten. Ihre Form der Selbstverwirklichung verläuft freilich anders als bei ihren Vorgängern aus dem 20. Jahrhundert, die ihr Ziel vorzugsweise in alternativen Zirkeln zu verwirklichen suchten. Das „spätmoderne Subjekt“, meint Reckwitz, will beides: „sich selbst entfalten und anerkannt und erfolgreich sein“ (ebd., 289). Und das nähme es auch für seine Kinder in Anspruch. „Trotz häufiger Doppelerwerbstätigkeit der Eltern sind diese Familien in historisch einmaligem Umfang kindzentriert“. In der Praxis laufe dies auf ein „Singularisierungsprogramm des Kindes“ hinaus. Was bedeutet, dass auf ihm eine doppelte Herausforderung lastet: die der Individualisierung mit viel zusätzlicher kultureller und sportlicher Aktivität, vom Malkurs im Museum bis zum individuellen Golftraining einerseits, andererseits der Entwicklung von „Kompetenzen, die schulischen und beruflichen Erfolg sichern sollen“ (ebd., 331 f.). Ein Spagat, der für die Kinder wie ihre Eltern schwer hinzubekommen ist, aber auch in den Schulen zuweilen für schlechte Laune sorgt, weil solche Eltern zum Teil extrem fordernd auftreten. Wertewandel – dazu gehören die Helikoptereltern genauso wie jene, die meinen, die Erziehungsaufgabe frühzeitig an die Ganztagsschule delegieren zu können. Und all jene, die noch nicht recht wissen, wohin ihre Reise gehen soll.

Xeno-, Homo- und andere Phobien

Der Begriff Phobie bezeichnet die Furcht vor Bedrohungen durch Menschen, Tiere, Dinge oder Situationen. Ängste solcher und ähnlicher Art hat jeder, sei es vor Spinnen, Viren, großen Menschenmassen oder anderen bedrohlich wirkenden Wesen und Konstellationen. Ganz unabhängig davon, ob sie einem tatsächlich gefährlich werden oder nicht. Halten sich solche Beeinträchtigungen in einem beherrschbaren Rahmen, so können diese Gefühle unter Umständen sogar nützlich sein, da sie in Gefahrensituationen signalisieren, besser vorsichtig zu sein, statt blind irgendwo hineinzustolpern. In diesem Sinne hat die Angst vor Terroristinnen und Terroristen eine reale Grundlage. Im Gegensatz zur „Furcht vor der Freiheit" (Ernst Fromm) und einer allgemeinen Furcht vor allem Fremden, der vermeintlichen Bedrohung durch das „Weltjudentum", den vorgeblich in jeder Parkanlage lauernden Gefahren durch Homosexuelle und was der eingebildeten Ängste mehr sind. Der persönliche Gewinn solcher Vorurteile besteht für die Verbreiterin oder den Verbreiter von Hassbotschaften in der darauf fußenden positiven Selbstwahrnehmung. „Gut, dass ich nicht so bin", kann sie/er aus ihren/seinen Pauschalierungen erfreut folgern. Der Freizeitfaschist, der einer vorbeiradelnden dunkelhäutigen Germanistin auf der Dorfstraße rassistische Schimpfworte hinterhergrölt, findet sich ganz toll dabei. Bei ihm überwältigt seine dumpfe Fremdenfeindlichkeit die eigenen Minderwertigkeitsgefühle. Dasselbe trifft auf die Verbreiterinnen und Verbreiter eines importierten Antisemitismus zu, von dem der aus dem Iran geflüchtete Politologe Arye Sharuz Shalicar berichtet. Er war als Kind im bürgerlichen Berlin-Spandau wohlgelitten und wurde nach dem Umzug in den früher roten Wedding von den dort die Straßen dominierenden türkisch-arabischen Jugendlichen als Jude zum „Bezirksfeind Nummer eins" erklärt (Cicero v. 25.09.2018). Vorurteile erweisen sich besonders dann als schwer zu knacken, wenn eigene Erlebnisse (oder das, was man dafür hält) sie zu bestätigen scheinen. In der Erzählung „Das Judenauto" beschreibt Franz Fühmann (1922-1984) das Erlebnis eines Jungen, der irgendwann vor dem Zweiten Weltkrieg das Gerücht hört, Juden würden Kinder fangen, um sich anschließend an ihnen zu vergehen. Eines Tages hat er auf dem Schulweg in einer einsamen Gegend den Eindruck, ein Auto würde ihn verfolgen. Voller Panik flieht er vor dem „Judenauto". Als er in der Schule davon erzählt, wird er jedoch ausgelacht. In diesem Augenblick verfestigt sich in dem Jungen sein zunächst nur vager Antisemitismus zur subjektiv empfundenen Gewissheit. Er hat das Judenauto ja selbst gesehen! „Judenjudenjuden. Sie waren dran schuld. Ich hasste sie", lautet der Schluss der Geschichte (1977, 13). Dem Antisemitismus hat auch der Holocaust kein Ende bereiten können. Schon 1946 gab es in Polen erneute Pogrome. Zum Beispiel in der Ortschaft Kielce, wo auf ein bloßes Gerücht hin 40 jüdische Menschen ermordet wurden. 1969 – der Aufbruch vom Mai 1968 war noch nicht lange vorbei – tauchten in Orléans, Reims und anderen französischen Städten Gerüchte auf, aus jüdischen Geschäften seien junge Frauen spurlos verschwunden. Polizei und staatliche Stellen dementierten sofort. Trotzdem wurden Geschäftsinhaber mit anonymen Anrufen, Beschimpfungen und Drohungen bombardiert. Edgar Morin schrieb daraufhin, es handle sich um alte Verdächtigungen und eine neue Form des Antisemitismus. Die jungen Geschäftsinhaber würden in nichts den alten Juden ähneln, den fremden Menschen von ehedem, die „mit einem komischen Akzent" sprachen und denen man ansah, „dass sie nicht von hier sind". Diese Veränderung jedoch würde den „neuen Juden" in den Augen des „neuen Antisemiten" zu einem Wesen mit doppeltem Gesicht machen. „Er versteckt seine mysteriöse, beunruhigenden Andersartigkeit" (zit. nach Altwegg 1986, 365) und erweist sich damit als gefährlicher denn je. In Deutschland wird im Augenblick von Antisemitinnen und Antisemiten das aus der Luft gegriffene Gerücht gestreut, „die Juden" seien momentan dabei, den deutschen Software-Riesen SAP zu übernehmen. Beleg? Es soll dort neuerdings ein Vorstandsmitglied jüdischen Glaubens geben. Solche Verdächtigungen bereiten im Einklang mit Verschwörungstheorien den Nährboden für antisemitische Straftaten, wie sie momentan in wachsender Zahl zu beklagen sind. 2019 haben sie in unserem Land um 13 % auf über 2000 Fälle zugenommen (dpa v. 28.05.20). Nein, der Antisemitismus ist nicht tot, wie in Texten aus der deutschen Gangsta-Rap-Szene deutlich wird, aus denen unverhüllt Judenhass genau wie Homosexuellenfeindbilder und Gewaltverherrlichung sprechen. Sie heizen Übergriffe und Anschläge gegen Flüchtlinge und andere Minderheiten an und sind Ausdruck einer verbreiteten Ungleichwertigkeitsideologie, die missliebigen Fremden und der mit ihnen angeblich im Einklang befindlichen Politik den Willen zu Überfremdung, Entmoralisierung, Kriminalität und Bereicherung unterstellen. Von Vorurteilen verkleisterte, mit Feindbildern besetze Köpfe befeuern den neuen-alten Rassismus. Hinzu kommen Anfeindungen gegen schwul, lesbisch, bisexuell oder transsexuell orientierte Menschen. Solche Schülerinnen und Schüler haben es meistens schwer in ihrem schulischen Umfeld. Zwar gibt es einzelne, die umstandslos akzeptiert werden, andere jedoch meidet oder verspottet eine Mehrheit. „Schwule Sau“ ist das Schimpfwort, mit dem sie bedacht werden, wenn sie kein Geheimnis aus ihrer sexuellen Vorliebe mehr machen. Nicht alle schließen sich solchen Verhaltensweisen an, und manche Mädchen finden schwule Mitschüler „besonders süß“. Schwule Lehrer verstecken sich immer noch oft, berichten Betroffene, oder sie brauchen zumindest eine gewisse Zeit, bis sie dazu stehen. Allerdings stellen manche danach fest, nach dem Coming-out sei ihnen nichts Negatives widerfahren. Beim Christopher Street Day sind Lehrerinnen und Lehrer allerdings nur selten in der ersten Reihe zu finden. Schülerinnen und Schüler veranstalten während der Karnevalszeit ein Klassenfest, in dessen Verlauf sie eine Polonaise starten und um ihren Lehrer F. herummarschieren. Urplötzlich hebt jemand den rechten Arm, brüllt „Heil“. Ruckzuck schließen sich die anderen an und lachen sich darüber kaputt. F. bereitet dem Spuk schnell ein Ende und sagt ihnen, warum. Am Tag danach thematisiert er in der Schule noch einmal den Vorfall, und die meisten der Schülerinnen und Schüler zeigen sich einsichtig. Aber nicht alle sehen es so. Sie hätten doch im Unterricht Chaplins Film „Der große Diktator“ angesehen, sagt ein Mädchen, und darüber gelacht. „Sie auch.“ Herr F. fordert sie daraufhin auf, ihre Eltern und Großeltern zu fragen, wie viele Familienangehörige in dem von Hitler und den Nazis angezettelten Krieg gestorben, vertrieben oder ausgebombt worden seien. Die hohe Zahl erstaunt am nächsten Morgen alle. Die Schülerinnen und Schüler, die auf dem Klassenfest den Arm zum Hitlergruß erhoben haben, sind keine Nazis, und sie lernen aus dem Vorfall vermutlich, wie leicht die Lust an der Tabuverletzung zum Politikum wird.

Yin und Yang

Fast jeder dürfte das kreisförmige Symbol kennen, in dem sich eine schwarze und eine weiße Hälfte, obwohl S-förmig geteilt, aneinanderschmiegen. Es ist steinalt. Möglicherweise datieren seine Ursprünge aus dem China des 3. Jahrhunderts n. Chr. Zugrunde liegt dem Sinnbild nach Auskunft der Symbolforschung die Vorstellung von einem „kosmischen *Dualsystem*". Der äußere Kreis repräsentiert das „Ur-Eine *(tai-tchi)*, aus der die Polarität Yin-Yang hervorgegangen ist". Beide Hälften sind einander entgegengesetzt, aber auch ineinander verschlungen. Sie weisen außerdem in ihrem Inneren jeweils einen kleinen Kreis in der Farbe der anderen Hälfte auf, schwarz beziehungsweise weiß. „Damit soll gezeigt werden, dass es sich nicht um einen Widerstreit zwischen Licht und Dunkelheit mit angestrebter Vorherrschaft eines der beiden Prinzipien handelt, sondern eher um den Ausdruck des Strebens nach komplementärer Ergänzung des einen durch das andere" (Biedermann 1998, 495 f.). Was symbolisieren die beiden Hälften? Yin, der dunkle Teil, steht unter anderem für ein ruhiges und schattiges Tal, die Erde, Stabilität und Weiblichkeit. Umgekehrt repräsentiert der helle Teil eine belebte sonnige Anhöhe, den Himmel, Wechsel und Männlichkeit. Darin steckt (nicht nur, aber auch mit Blick auf die Frage, was männlich und weiblich ist) eine gehörige Portion Dialektik, wie Brecht in den politisch-historischen Chinoiserien seines „Me-ti. Buch der Wendungen" herausarbeitet: „Alles, was ist, ist nur dadurch, dass es auch nicht ist, d. h. dadurch, dass es wird oder vergeht. Im Werden ist es *Sein* und *Nichtsein*, ebenso im Vergehen. Das *Werden* geht über in ein *Vergehen* und das *Vergehen* in ein *Werden*. Aus dem vergehenden Ding wird ein anderes Ding, in dem werdenden Ding vergeht ein anderes. So ist keine Ruhe in den Dingen, noch im Betrachtenden. Schon im Reden änderst du, Redender, dich und es ändert sich das, worüber du redest" (Brecht 1967, Bd. 12, 526 f.). Soll heißen: In der Interpretation von Leben und Welt stellt die Alterität den Normalzustand dar, der freilich wie alles dem Wandel unterliegt. Das Anfängliche bleibt nie das Letztendliche. Ja, einen endgültigen Zustand (das Paradies einer klassenlosen Gesellschaft etwa) wird es nicht geben, da Werden und Vergehen und neues Werden sich als Prinzip von Leben und Geschichte erweisen. Es fließt jedoch nicht alles nur so vor sich hin. Eingreifendes Denken ist möglich. Yin-und-Yang-Dualität und -Integrität lassen sich auch auf die Arbeit der beiden Gehirnhälften beziehen, die einander bedürfen. Ähnlich wie Spannung und Harmonie, Sinn und Spiel, Dauer und Wandel im Fortgang der Musik zum Tragen kommen. So erkennt etwa ein Interpret von Gustav Mahlers – chinesischem – „Lied von der Erde" in Gegensatz und Zusammenspiel von Yin und Yang das Strukturprinzip des Werks, dessen „Prinzip der bipolaren Ausrichtung direkt in die formale Anlage“ dringe (Schulz 2001, 253). Und um noch einen Vergleich heranzuziehen: Goethe sah im Ginkgobaum (von dem Botaniker sagen, er sei mit dreihundert Millionen Jahren der älteste der Welt) ein natürliches Yin und Yang zwischen Zwiefalt und Einheit. Die Silberaprikose, wie der Ginkgo auch genannt wird, zeigt nämlich Nadeln auf Laubbaumblättern, und gehört weder zur Familie der Nadelhölzer noch zu der der Laubhölzer. Deshalb fragte Goethe (1749-1832) in einem Gedicht: „Ist er ein lebendig Wesen, / Das sich in sich selbst getrennt / Sind es zwei, die sich erlesen, / Dass man sie als *Eines* kennt?“ (1998, Bd. 2, 66). In der Schule begegnen Yin und Yang einem laufend. Als Mandala für die Kleinen, das während Vertretungsstunden auszumalen ist, kommt es genauso vor wie auf Anhängern von Ketten, die sich junge Leute um den Hals hängen. Und nicht zu übersehen ist es als Tattoo, das sie sich sonst wohin stechen lassen. Kein schlechtes Zeichen, wenn es als Symbol für den Wert des Andersseins begriffen wird.

Zusammen, obwohl verschieden

„Es gibt keine Erfüllung außerhalb der Beziehungen zu den anderen: Fürsorge und Anerkennung, Zusammenarbeit und Nacheifern, der Wettstreit und die innige Verbundenheit mit anderen können als Glück erlebt werden“, schreibt Todorov (1998, 171). Ziel des Daseins sei nicht „Ich *oder* der andere“, sondern „Ich *und* der andere“. In solchen Beziehungen versichern wir uns der Bedeutung unserer Mitmenschen und des Werts unseres eigenen Daseins. Das ist ein komplizierter Prozess, der mit jedem Menschen und in jeder Gruppe anders verläuft, und doch eint. Gelingende Kooperation zeigt, dass sich das eigene Engagement für Gegenstand und Ziel der Zusammenarbeit übertragen hat. Auf diese Weise meldet der Erfolg der eigenen Bemühungen zurück, dass man auf dem richtigen Weg ist. Der amerikanische Anthropologe Michael Tomasello, der am Max-Planck-Institut in Leipzig das soziale Verhalten von Menschenkindern im Vergleich zu Primaten erforscht, kommt zu dem Schluss, Helfen, Informieren und Teilen seien spezifisch menschliche Eigenschaften. Es liege in unserer Natur, anderen bei der Lösung von Problemen helfen zu können, eine Fähigkeit, die schon „im Alter von 14 bis 18 Monaten einsetzt" (2010, 22). Empathie und Mitgefühl sind Tomasellos Forschungsergebnissen nach „Ausdruck der natürlichen Neigung des Menschen" (ebd., 26). Altruistische Kompetenzen wie Großzügigkeit, Teilen, Informationsweitergabe, Hilfsbereitschaft sowie die Fähigkeit, sich in Denken und Fühlen des Nächsten hineinzuversetzen, bedürften allerdings zusätzlicher sozialisierender Unterstützung und Bestärkung, um nachhaltig zu wirken. Weshalb eine Erziehung, bei der Eltern sowie Erzieherinnen und Erzieher mit Kindern „über die Auswirkungen ihrer Handlungen auf andere und den Sinn kooperativen Verhaltens sprechen", die Wirksamkeit sozialer Normen und Werte befördere (ebd., 47). Pädagogische Hoffnung vermittelt darüber hinaus die Erkenntnis, dass Kinder „denjenigen häufiger helfen, die sich vorher besonders hilfreich ihnen gegenüber gezeigt haben" (ebd., 37). Umgekehrt, so fügt Tomasellos Kollegin Carol S. Dwack hinzu, können „die natürlichen altruistischen Tendenzen durch Misshandlungen gelöscht werden". Misshandelte Kinder ziehen daraus die Konsequenz, „dass Menschen einander im Allgemeinen nicht helfen, wenn sie in Not sind" (ebd., 99 f.). Es braucht also die Erziehung zu humanem Handeln, zu Hilfsbereitschaft und Empathie, zum Mitleid, um unsere menschliche Disposition zu solidarischem Verhalten zu erhalten. Den Menschen ist im Prinzip alles zuzutrauen. Auch, dass sie in Vernunft und Verantwortung gemeinsam das Richtige tun.

*

Möglich, dass Sie, liebe Leserin, lieber Leser, nach dem Studium diese Kapitels fragen: „Ja, und nun?" Die Antwort des Verfassers lautet: Lesen Sie einfach weiter. Es gibt noch viele andere Aspekte des Andersseins, die zu bedenken sind und an manches anknüpfen, was in diesem Abc angesprochen wurde.

Kapitel 3 – Jung und am Anfang fremd. Eine Betrachtung von bleibender Aktualität

Das Anderssein hat auch seine ethnische Variante, die allerdings uns alle miteinander betrifft, die neu Hinzugekommenen genauso wie die Alteingesessenen. Theoretisch wird das zwar manchmal bestritten, aber theoretisch sind die damit verbundenen Probleme sowieso nicht zu lösen. Praktische Hilfe jedoch bedarf einiger Vorüberlegungen, die notwendigerweise pädagogischen wie politischen Charakters sind und keineswegs nur von vorübergehender Aktualität.

Die Debatte um die multikulturelle Gesellschaft ist in Deutschland lange nur halbherzig und oberflächlich geführt worden. Bezeichnend dafür war die „rechte" Ignoranz gegenüber der Frage, ob Deutschland ein Einwanderungsland sei (obwohl es das längst war). Genauso wenig jedoch führte die „linke" Totalverweigerung der Diskussion um den Begriff Leitkultur zu Fortschritten in der Sache (da es vorwiegend ums Rechthaben ging). Beides rächte sich später angesichts unleugbarer Integrationsprobleme und Platz greifender populistischer Bewegungen, denen die ganze Richtung nicht passt. Gefährlich sind vor allem die weithin verbreiteten Zuschreibungen, mit denen Migration sowie Migrantinnen und Migranten als Ursache all dessen ausgemacht werden, was in Staat und Gesellschaft schiefläuft. Aber auch in der Migrantenszene gibt es radikale Bewegungen, die davon träumen, hierzulande alles in ihrem Sinne umzukrempeln.

Migration – so viel steht fest – stellt keine leidige Tatsache dar, die sich schon bald zugunsten des Gewohnt-Geläufigen wieder erledigt haben wird. Aufgrund der Globalisierung von Verkehr, Wirtschaft und Tourismus zusammen mit Staatsbankrotten, der Zuspitzung von Konflikten in zuvor fernen Weltgegenden und ihrer kriegerischen Internationalisierung werden wir es auch zukünftig mit großen Fluchtbewegungen, also mit einer neuen Dimensionen der Integrationsaufgabe zu tun bekommen.

Völlig überraschend geschah das Ganze nicht. Dass die Armen der Welt irgendwann kommen und die Stätten des Reichtums auf der Festung Europa stürmen könnten, welcher denkende Mensch hätte sich das nicht schon einmal ausgemalt? In Westeuropa hatte sich der Anteil von Migranten und Migrantinnen der Bevölkerung schon in den Jahren 1965 bis 2000 verfünffacht (Scheffer 2007, 113). Heute beträgt der Anteil von Menschen mit Migrationshintergrund an der Wohnbevölkerung Deutschlands – die Angaben schwanken etwas, da sie schwer zu erheben sind – gut 20 %. Unter den Kindern sind es sogar – laut Datenreport des Statistischen Bundesamts 2018 – mehr als 30 % (www.destatis.de/datenreport). In Wirklichkeit werden es noch mehr sein, da die Zahl der illegal in der Europäischen Union lebenden Migrantinnen und Migranten auf sieben bis zehn Millionen Menschen geschätzt wird (Münkler 2016, 36).

Zukunft Integration

Die Frage nach der Zukunft Europas macht sich nicht zuletzt an der Entwicklung der Wanderungsbewegung zwischen den Kontinenten fest und daran, wie sich die Wohlstandsinseln einerseits und die große Zahl von armen Länder andererseits weiterentwickeln. Überall auf dem europäischen Kontinent gibt es zurzeit heftig ausgetragene Konflikte über die Frage, wie die Zukunft der Migration und Integration aussehen soll. Beziehungsweise darüber, ob Migrantinnen und Migranten hier eine Zukunft haben sollen. Sie geben die Feindbilder für Populistinnen und Populisten sowie radikale Kräfte von rechts außen ab und sorgen für Unruhe und Verwirrung unter den Menschen hierzulande. Die sogenannte „Alternative für Deutschland“ (AfD) zum Beispiel versucht, den Eindruck zu erwecken, das Asylrecht ließe sich auf einige wenige Fälle mit dem Tode bedrohter Oppositioneller aus brutalen Diktaturen beschränken. Deren völkischer „Flügel“ verfolgt die noch viel weiter gehende Idee ethnischer Homogenisierung. Bündnisse ist die AfD mit ähnlichen europäischen Parteien im EU-Parlament eingegangen. Sie eint die Ablehnung einer weiter gehenden Integration, ihre Islamfeindschaft, Xenophobie, Antiliberalismus und der Hang zu Verschwörungstheorien. Zugutekommen solchen Parteien und Gruppierungen Gewalttaten, die von Eingewanderten begangen werden, die Entwicklung sozialer Brennpunkte, die Existenz sich augenscheinlich abschottender Migrantenmilieus und ein sinkendes Vertrauen gegenüber Staat und Gesellschaft. Auf diese Weise stehen die stabile politische Orientierung und die gesellschaftliche Identität auf dem Spiel, das verwurzelte Gefühl von Zugehörigkeit, das persönliche Sicherheit vermittelt und die Möglichkeit der Anerkennung von Alterität gegenüber dem Fremden verschafft.

Nicht verwechselt werden darf eine solche xenophobe Orientierung mit der skeptischen Beurteilung gesellschaftlicher Veränderungen in konservativen Kreisen. Es stimmt ja, dass sich Gewohntes verändern und Geschätztes an der eigenen Kultur verloren gehen kann. Und zweifellos stellt die Integration den Hintergrund eines hohen öffentlichen Investitionsbedarfs dar. Umgekehrt jedoch kommen Arbeitskräfte nach Deutschland, die angesichts sinkender Bevölkerungszahlen gebraucht werden. Sie bereichern das Land im besten Falle beträchtlich. Liberale Migrationsforscher wie der niederländische Soziologe Paul Scheffer und der britische Ökonom Paul Collier warnen gleichwohl vor einer ungeregelten Zuwanderung, denn: „Je mehr Einwanderer in einer Gemeinschaft leben, desto geringer wird das Vertrauen nicht nur zwischen den einzelnen Gruppen, sondern auch *innerhalb der Gruppen*“, schreibt Collier. Aber auch unter Migranten sinke potenziell die Hoffnung auf ein besseres Leben, falls der Zustrom anhalte (2014, 81).

Lehren von gestern für heute

Integrationsprobleme stellen sich in der deutschen und europäischen Geschichte nicht zum ersten Mal, aber verbunden damit sind keineswegs nur Geschichten von Blut, Schweiß und Tränen. Die Exodusrichtung war im Vergleich zu heute allerdings lange umgekehrt. Zwischen dem 16. und 20. Jahrhundert gab es die Hunger- und Arbeitsmigration fort aus Deutschland, sowohl innerhalb Europas (Donauschwaben, Wolgadeutsche …) als auch in der Form der religiös und/oder politisch motivierten Auswanderung nach Nord- oder Lateinamerika. Umgekehrt kamen die polnischen Arbeiter im 19. Jahrhundert und strömten innerhalb des preußischen Staats auf der Suche nach Beschäftigung vor allem ins Ruhrgebiet. Im 20. Jahrhundert kehrten in den Jahren nach 1945 Heimkehrer aus Krieg oder Exil nach Deutschland zurück und bekamen es mit einer im Laufe der Jahre gründlich verwandelten alten Heimat zu tun. Mit Menschen, die sie keineswegs mit offenen Armen empfingen. Vor allem die Rückkehr der von den Nazis Vertriebenen, die um den Preis des Überlebens gezwungen gewesen waren, sich in die entlegensten Weltecken zu flüchten, gestaltete sich schwierig und war nur selten von Dauer. Sie bietet bis heute vielfachen Grund zur Scham, die ihnen die Mehrheit der Zurückgebliebenen jedoch verweigerte. Insgesamt machten Rückkehrer und Entwurzelte im Sommer 1945 mehr als die Hälfte der in den vier Besatzungszonen Deutschlands lebenden 75 Millionen Menschen aus. Darunter zahlreiche Verschleppte, ehemalige Kriegsgefangene und nach KZ-Haft, Gefangenschaft oder Zwangsarbeit Gestrandete diverser Nationalitäten. Hinzu kamen 12,5 Millionen Vertriebene aus den früheren deutschen Ostgebieten (Jähner 2019, 61).

Was die Kinder der sogenannten Stunde Null betrifft, so waren sie, egal, ob vertrieben oder eingeboren, keineswegs durchweg kreuzbrave und gut erzogene Mädchen und Jungen. „Kinder plünderten und klauten" und zeigten sich bei Schmuggel, Kohleklau sowie auf dem Schwarzmarkt oft besonders gewieft, stellt der Autor Harald Jähner in seinem Buch über die Jahre 1945 bis 1955 fest. Trotzdem wurden die zur Kindergeneration der Kriegs-, Trümmer- und Hungerjahre Gehörigen später „geradezu übermäßig strebsame, aufstiegsorientierte" Jugendliche und junge Erwachsene (ebd., 153). In diesem Sinne wird bei allem Leid der Betroffenen heute gesellschaftspolitisch von einer Erfolgsgeschichte gesprochen.

Auch in den Jahren nach dem schweren Anfang kamen Menschenkinder anderer nationaler Herkunft in deutsche Schulen, die Sprösslinge der sogenannten Gastarbeitergeneration vor allem, aus Italien, Spanien, Griechenland, dem ehemaligen Jugoslawien, Portugal und anderen Ländern. Zunächst waren es nur Männer, die kamen, vornehmlich mit dem Vorsatz, mit dem verdienten Geld bald wieder in die alte Heimat zurückzukehren. Deren Integration verlief vergleichsweise unkompliziert, da die Gastarbeiter Genannten in der Regel schon über Arbeitsverträge verfügten, bevor sie ins Land kamen. Außerdem sorgten die anfangs als „Spaghettifresser" Beschimpften ähnlich wie Jugoslawen und Spanier für eine nachhaltige Bereicherung auf den deutschen Tellern, was schon bald dankbar aufgenommen wurde. Türkinnen und Türken wurden weniger freundlich begrüßt. Zwar stellen auch sie Arbeitsmigranten dar, bildeten aber eigene Zentren (das erste und bekannteste im Berliner Bezirk Kreuzberg). Sie erschienen den Deutschen fremder und kamen einschließlich Frauen und Kindern. Darauf vorbereitet hatte Deutschland sich nicht, und die deutschen Schulen waren erst recht nicht ausreichend darauf eingerichtet. Genauso wenig wie auf den Fall des Eisernen Vorhangs, der Europa nach dem Zweiten Weltkrieg getrennt hatte. In der Folge änderte sich die Lage in der Europäischen Union völlig. In Deutschland kamen Aussiedlerinnen und Aussiedler aus Rumänien sowie Russland hinzu, die vergleichsweise schnell Arbeit fanden. Seit dieser Zeit gibt es in Deutschland auch wieder Jüdinnen und Juden in größerer Zahl.

Fragte man schon in den 1970er/1980er Jahren in seiner Schulklasse nach der familiären Herkunft, so wunderte man sich bereits damals, wie viele es waren, sprachlich und sozial fest verankert in ihrem schulischen Umfeld, wie sie waren. In vielen Fällen zeigten Eltern einen hohen Bildungsehrgeiz, da sie erkannt hatten, dass ein sozialer Aufstieg ihrer Kinder davon abhing. Ob das auch für die Mehrheit der Flüchtlinge gelten kann, die nach Angela Merkels mutiger Entscheidung für die Menschlichkeit 2015 nach Deutschland kamen, ist – allen Kassandrarufen hier und allem Zweckoptimismus dort zum Trotz – endgültig nicht entschieden.

Bildung ist der Schlüssel

Die Lehre aus der Vergangenheit kann nur lauten: Die öffentliche Schule muss sich, um die Integration zu fördern, jungen Migranten gegenüber so offen wie möglich zeigen und sich allen ethnozentrischen Betrachtungs- und Verhaltensweisen entgegenstellen, von wem auch immer sie ausgehen. Das heißt nicht, dass sie zukünftig an Weihnachten keine Tannenbäume mehr im Foyer aufstellen und die christlichen Feiertage abschaffen sollte. Wohl aber müssen sich

Schülerinnen und Schüler dort als Menschen gleich welcher Herkunft in ihrem jeweiligen Anderssein anerkannt fühlen. Die Integration wird scheitern, wenn in der Schule das Trennende über das Gemeinsame gestellt wird. Als verwerflich muss das Verhalten jener deutschen Schulen bezeichnet werden, die sich der Förderung von Kindern und Jugendlichen anderer nationaler Herkunft mit Tricks und Lügen zu entziehen suchen, um möglichst deutsch zu bleiben („Keine Aufnahmemöglichkeit, leider, leider! Schule überfüllt. Tut uns leid." – Stimmt aber gar nicht.). Solches Handeln läuft auf eine unterlassene Hilfeleistung hinaus, gegenüber den Betroffenen, aber auch gegenüber jenen Schulen, die die Kinder am Ende trotz eigener Sorgen aufnehmen. Dabei bieten Schulen mehr Anregung, wenn sie keine nationalen Monokulturen darstellen. Zur pädagogischen Bewältigung der Herausforderung ethnischer Diversität ist es nötig, im Unterricht das Unbekannte und Ungewohnte als Anreiz und Bereicherung zu sehen. Wer viel erlebt hat und die Welt kennt, kann viel zum gemeinsamen Lernen beitragen, in kultureller, geografischer, politischer, menschlicher Hinsicht. Gewiss braucht es große Sensibilität im Umgang mit Fremden im Unterricht, vor allem wenn Gewalt- und Fluchterfahrungen im Hintergrund lauern. Dass es allerdings schon ein Zeichen von Fremdenfeindlichkeit sein soll, Menschen mit aller Vorsicht zu fragen, woher sie stammen, ist nicht einzusehen. Genauso gut lässt sich der Verzicht auf diese Frage als Desinteresse an ihrer Person auslegen, denn ihre Geschichte macht sie aus. Der Auftrag der Schule besteht darin, Weltwissen zu vermitteln. Am besten gelingt ihr das in der Begegnung mit Menschen. Man kann es auch so sagen: „Greift nur hinein ins volle Menschenleben! / Ein jeder lebt's, nicht vielen ist's bekannt, / Und wo ihr's packt, da ist's interessant" (Goethe 1998, Bd. 3, 13). Der Dichter meinte damit die Faszination des Andersseins. Allerdings kann man es damit – wie mit allem – auch übertreiben. Neil Postman (1931-2003), US-amerikanischer Pädagoge mit einschlägigen Schulerfahrungen, stellte mit Blick auf Schulprofile und Curricula im Einwanderland USA schon 1975 fest: „Es kann nicht die Aufgabe der öffentlichen Schule sein, Schwarze zu Schwarze zu machen, Koreaner zu Koreanern oder Italiener zu Italienern". Dieser Weg führe zur Auflösung statt zur Integration. „Ein afrozentrischer Lehrplan für Afro-Amerikaner? Warum nicht ein sinozentrischer Lehrplan für die Chinesen? Ein hebrozentrischer Lehrplan für Juden? Ein germanozentrischer Lehrplan für Deutsche? Ein graecozentrischer Lehrplan für Griechen? Dieser Weg macht die Schaffung eines öffentlichen Bewusstseins, eines Gemeinsinns ganz unmöglich. Das Thema der Schulbildung wäre Entzweiung und Trennung, nicht Einheit, und es würde unweigerlich Hass wecken" (1995, 81 f.). Im Zentrum der Integrationsarbeit muss notwendigerweise das Lernen der Sprache stehen, die in der neuen Heimat gesprochen und geschrieben wird. An Instrumentarien zum Lernen fehlt es dabei nicht (Hartung u. a. 2013). Es muss durchaus nicht beim bloß formalen Sprachbimsen fern des Lebens bleiben. So lässt sich der Sprachunterricht, wie schulische Vorbilder zeigen, mit interkultureller Bildung einschließlich Demokratieerziehung verbinden. Beides ebenfalls notwendigerweise zu bespielende Lernfelder. Mit falscher Großzügigkeit über die Sprachschwierigkeiten der Adressatinnen und Adressaten hinwegzugehen, rächt sich, und die Betroffenen müssen die Zeche zahlen. Die Sprache ist das Fenster, durch das der freie Blick auf die neue Heimat möglich wird. Und gleichzeitig die Tür, die sich zum gesellschaftlichen Leben öffnet. „Relativiert man die Bedeutung der Landessprache, so kann das leicht zu einer ganz speziellen Form der Ausgrenzung kommen", schreibt Paul Scheffler. „Sprache enthält Informationen über Konventionen, Umgangsformen, emotionale Nuancen; sie schlägt Brücken zur Vergangenheit. Wer die Sprache einer Gesellschaft nicht spricht, kann sich nicht als mündiger Bürger bewähren" (2007, 174).

Ihren Teil zu der Schieflage tragen schließlich Schulen bei, in denen Deutsch nicht Lingua Franca ist, darunter obskure Lehranstalten religiöser und/oder nationalistischer Art, in denen Segregation nicht die Ausnahme ist, sondern die Absicht. Wo immer es möglich ist, sollte der Betrieb von solchen Lehranstalten unterbunden werden, in denen die Motivation für ein Leben in unserer Gesellschaft gar nicht beabsichtigt ist. Zu bekämpfen ist eine Haltung, für die die Bewährung von Migrantinnen und Migranten im Alltag der sie umgebenden Gesellschaft nicht das entscheidende Kriterium ist. Wie bedeutsam das Lernen der Sprache des neuen Lands für die Eingewanderten ist, belegen Erfahrungen aus dem Einwanderungsland Nummer eins, den USA. Negative Ergebnisse wie die gut gemeinte, aber falsche sprachliche Hilfe für Hispanos im öffentlichen Leben, wo ihnen das gründliche Englischlernen dadurch erspart wird, dass sie an allen Ecken und Enden, in der U-Bahn zum Beispiel, zweisprachige Inschriften vorfinden. Aber es gibt auch positive amerikanische Erfahrungen. So fußte die Integration jüdischer Einwandererinnen und Einwanderer aus Europa, wie man auf Stadtrundgängen des Lower East Side Tenement Museums in New York lernen kann, nicht zuletzt auf der effektiven Sprachförderung, die in den liberalen jüdischen Gemeinden selbst organisiert wurde. Erfolgreiche Einwanderung beruhte danach auf zwei Elementen: erstens auf dem sozialen Zusammenhalt, der den Einwanderern aus Europa geboten wurde. Hinzu kam jedoch zweitens die schnellstmögliche Sprachlernchance mittels Sprachlernkursen und Sprachlerncamps. Language first. Den Gegensatz dazu stellen die Verhaltensweisen orthodoxer jüdischer Sekten in Brooklyn dar mit ihrer selbst gewählten Isolation einschließlich Jiddisch als ihrer Verkehrssprache (s. Feldman 2016).

Im Übrigen ist die Sache in Deutschland kein aussichtsloses Unterfangen. Im Zuge der „stillen Integration“ haben inzwischen zwei von fünf jungen Männern mit „Migrationshintergrund“ das Abitur gemacht und in besonders engagierten Schulen sind es noch bedeutend mehr (Münkler 2016, 255). Und nach einer Studie des Bundesinstituts für Berufsbildung und der Bundesagentur für Arbeit hatten 31 % der jungen nach 2015 Geflüchteten bereits 2018 eine duale Ausbildung begonnen (Erziehung und Wissenschaft, 12/2018, 17). Nach kurzer Zeit befanden sie sich also schon auf der Erfolgsspur. Bildung ist der Schlüssel für das neue Leben.

Seitenblick auf eine engagierte Schule

Die Anne-Frank-Schule ist eine Mittelstufenschule auf dem hier nicht besonders flachen Land. 800 Schülerinnen und Schüler treffen Tag für Tag in dem erfreulich gut erhaltenen Gebäude aus den 1970er Jahren ein, größtenteils per Bus, denn die Schule befindet sich in einer Kleinstadt mit vielen Dörfern drum herum. Eine gut geführte Schule mit einem engagierten Kollegium und aktiven Eltern, angenehmem Klima und bunter Schülerinnen- und Schülerschaft. Sie hat auch magere Jahre durchmachen müssen, aber seit einiger Zeit profitiert sie von dem neuen Schwung, der mit dem Wechsel in einigen Schulleitungspositionen eingetreten ist. Das Thema Integration beschäftigt sie sehr, denn in der Nähe befindet sich ein früheres Feriendorf, das zur Unterkunft für Flüchtlingsfamilien geworden ist. Deren Kinder gehen größtenteils auf die Anne-Frank-Schule. Menschliche Dramen scheinen sich hier nicht abzuspielen. Überfalle und Randale hat es nicht gegeben. Was natürlich nicht bedeutet, dass es nie Probleme gibt. Die Stufenleiterin Birgit H. macht den Besucher in der großen Pause mit Achmed bekannt, einem Schüler der 9. Klasse, der mit seiner Familie nach schrecklichen Erlebnissen auf der Balkanroute aus dem Irak nach Deutschland kam, in weitgehender Unkenntnis der neuen Heimat und ohne jegliche Deutschkenntnisse. Er entwickelte sich in der Schule sehr positiv, lernte die Sprache schnell und möchte eine Lehre zum Elektroniker machen. Seine Noten lassen das zu, und er hat schon ein Praktikum in diesem Beruf gemacht. Der Betrieb würde den fleißigen Jungen gern nehmen. „Deutschland ist gut", sagt Achmed. „Ich will hierbleiben. Ich habe hier viele Freunde." Und läuft dann über den Schulhof zu ihnen. Das Problem jedoch, das Frau H. anschließend schildert, besteht darin, dass Achmeds Familie vorhat, weiter nach Belgien zu ziehen, da dort neuerdings Familienangehörige wohnen, die behaupten, bei ihnen sei alles besser. Achmeds Vater, der in Deutschland bis heute nicht richtig Fuß gefasst hat, glaubt ihnen. Sein Sohn und die beiden jüngeren Geschwister jedoch wollen hierbleiben. Die Mutter – sie putzt illegal in deutschen Haushalten – steht hilflos dazwischen. „Ob Achmed ein erneuter Sprachwechsel guttut, bezweifle ich", sagt Frau H. „Französisch spricht er nicht, Flämisch auch nicht, und er ist in einem Alter, in dem es wichtiger wäre, wenn auch seine Eltern an seine berufliche Zukunft dächten. Er selber tut es ja durchaus. Wir bearbeiten den Vater momentan mit dem Ziel, dass er und seine Familie hierbleiben. Ob er's tut, hängt davon ab, ob die Familie überhaupt nach Belgien übersiedeln darf. Nächste Woche bin ich mit dem Ausländeramt verabredet, um Achmed zu helfen und den Erfolg unserer Integrationsarbeit nicht zu gefährden. Aber der Behörde ist es vielleicht nicht unrecht, wenn Achmeds Familie aus Deutschland fortzieht."

Rolf B. ist Direktor der Anne-Frank-Schule. Die kleinstädtisch-ländliche Umgebung seiner Schule hält er für einen Vorteil bei der Integrationsarbeit. „In der Großstadt ballen sich die Probleme. Hier ist es übersichtlicher. Man kennt sich, und die Wege sind kurz. Wir kennen viele Unterstützer, die Kirchengemeinden, Betriebe. Davon hängt viel ab." Schulleiter B. liegt die Integration besonders am Herzen, was sich schon daran zeigt, dass er seit vier Jahren Arabisch lernt. „Aber nun stellt sich heraus, dass wir mittlerweile überwiegend Kurden haben, und die verstehen mich gar nicht", lacht er. Wo liegen die Probleme mit der Integration in seiner Schule? B. nennt drei Punkte:

Erstens: Was die Flüchtlinge anbetrifft, so bestehe die Hauptschwierigkeit in ihrer Heterogenität. Einige Neuschülerinnen und -schüler hätten, als sie ankamen, noch nie eine Schule von innen gesehen – obwohl sie schon in einem vergleichsweise fortgeschrittenen Alter waren. Entsprechend verwirrt seien sie gewesen. Andere dagegen standen voller Lerneifer schon morgens früh vor der Schultür.

Zweitens: Es gebe zuweilen zu viel Fluktuation, um langfristig planen und arbeiten zu können, bedingt durch abwandernde und neu hinzukommende Familien, mit der Folge, dass Klassen nicht zur Ruhe kommen.

Drittens: Am Anfang habe es arabische Familien gegeben, die nur schwer eine Einstellung zu den Erfordernissen eines entwickelten Bildungssystemsbekamen. Das sei heute – Gott sei Dank – weniger der Fall, aber bei neu Ankommenden jederzeit möglich. In solchen Fällen müsse man immer wieder erklären, dass ihre Kinder tatsächlich täglich zur Schule zu kommen haben und nicht nur hin und wieder, wenn es gerade passt.

Manchmal trifft Rolf B. auf Eltern, die ihre Lage falsch einschätzen, und meinen, die Familie gehe demnächst sowieso nach Syrien oder wohin auch immer zurück. Deswegen bräuchten ihre Kinder in Deutschland eigentlich gar nicht zur Schule zu gehen. „Aber die Familie, die mir damit lange in den Ohren lag, ist immer noch da." Ihr Sohn komme hin und wieder in seiner alten Schule vorbei. Er bereite sich zurzeit auf seine Gesellenprüfung als Bäcker vor. „Ein prima Junge. Ihm steht ein freiwilliger Helfer aus der Flüchtlingshilfeinitiative beiseite. Den Vater allerdings kannst du vergessen. Der schafft nichts und hakt seinem Sohn das Geld ab."

Wie steht B. zu Willkommens-, Sprachlern- oder Intensivklassen – die Terminologie ist je nach Bundesland unterschiedlich? „Ohne sie kommen wir nicht aus. Einige Bundesländer verzichten zwar darauf, wie ich weiß. Aber das hat nach unserer Erfahrung zur Folge, dass sich am Anfang entwicklungsmäßig zu wenig tut. Das aber wirkt entmutigend. Gerade zu Beginn kommt es auf Lernerfolge an.“ Der Wechsel aus einer solchen Spezial- in eine Regelklasse sei allerdings pädagogisch gut vorzubereiten. Er sollte möglichst früh, aber nicht zu früh erfolgen. „Wir planen von Anfang an Fächer- und Klassenkombinationen in unser flexibles Modell ein“, berichtet Rolf B. „Zum Beispiel Sport und die musischen Fächer. Damit sich die Schüler mit ihren vorhandenen Fähigkeiten akklimatisieren, aber auch Fachausdrücke lernen. Gelingt der Übergang, so entwickelt sich das sprachliche Vermögen oft rasant.“

Obwohl die Schülerinnen und Schüler aus einem ganz anderen Kulturkreis kommen, mit anderen Religionen aufgewachsen sind, Sprachbarrieren überwinden müssen, andere Formen der Konfliktaustragung gewohnt waren und eventuell schwierige Fluchterfahrungen mitbringen, gelingt die Integration besser, als zu befürchten war, wie B. feststellt. Eine Reihe von Flüchtlingskindern, die mit der ersten großen Welle eintrafen, hätten schon nach drei, vier Jahren ihre deutschen Schulabschlüsse geschafft. Ein Grund zum Erstaunen und zum Freuen. „Allerdings gibt es“, sagt Rolf B., „auch problematische Fälle. Das sind meistens Ältere, die nicht wirklich lernen wollen. Sie landen – wenn klar ist, dass es für einen Abschluss in einer allgemeinbildenden Schule nicht reichen wird – in speziellen Maßnahmen an Beruflichen Schulen. Da kriegen sie manchmal dann doch noch die Kurve in den Beruf. Aber ich weiß von zwei Jugendlichen, die vorher bei uns waren und später ins kriminelle Milieu abgerutscht sind.“

Zusammenfassend stellt B. fest, dass Zuwandererkinder natürlich manchmal Probleme verursachen würden „aber die sind nicht sehr viel anders als das, was hiesige Kinder und Jugendliche anstellen. Dass ein Migrantenjunge zum Beispiel mit einer gefakten Pistole hantiert, wie neulich geschehen, das kommt ja auch unter Deutschen schon mal vor. Und Jungen, die meinen, sie könnten auf Lehrerinnen heruntersehen, die lernen von den Kolleginnen sehr schnell, dass das nicht läuft. Ganz furchtbar allerdings fand ich die Geschichte zweier afghanischer Schülerinnen, die bei uns schnell und gut lernten und letztes Jahr ihren Realschulabschluss machten. Kurz danach aber wurden sie mit älteren Männern verheiratet. Beide. Und wir haben anschließend gehört, ein deutscher Schulabschluss wirke bei einer solchen Ehe *wertsteigernd.* Das macht mich bis heute wütend."

Die Anne-Frank-Schule macht trotzdem weiter mit ihrer Integrationsarbeit. Was bleibt ihr anderes übrig, könnte man sagen. Aber ihre Schulgemeinde stützt sie, und das ist die beste Voraussetzung für den Erfolg.

Rückzug ins Getto oder ein neues „Wir"

Die meisten Migrantinnen und Migranten leben getrennt von der Mehrheitsgesellschaft. Sie suchen am Anfang verständlicherweise die Sicherheit versprechende Nähe ihrer Landsleute. Dabei bleibt es jedoch oft, und die Gettoisierung setzt sich fort. Mit negativen Folgen für die Chance, in der neuen Heimat anzukommen und nicht nur am Rand. Migrantinnen und Migranten siedeln sich zudem bevorzugt in großen Städten an. 80 % der ausländischen Bevölkerung in Deutschland leben dort. Zum Vergleich: unter den Deutschen sind es nur 58 %. Nach Meinung von Experten ist jedoch die Integration in Klein- und Mittelstädten einfacher als in Metropolen (Münkler 2016, 74). Aber offenbar versprechen sich Migant/-innen von der Ansiedlung dort billigeren Wohnraum und/oder glauben, schneller an Arbeit zu kommen. Ganz abgesehen davon, dass manche Schlepperbanden darüber entscheiden, wo Geflüchtete landen. Sie kassieren nicht nur auf der Flucht, sondern halten manche der von ihnen Eingeschleusten in bleibender Abhängigkeit, im Drogenhandel oder beim käuflichen Sex. „Die Großstadt ist der Raum, wo die Fremde und das Fremde sich dauerhaft fremd bleiben können, wenn sie es wollen" (ebd.). Allzu viele wollen genau das. Für die Integration islamischer Frauen in den deutschen Arbeitsmarkt, die Entwicklung weiblichen Selbstbewusstseins und auch für die Veränderung des traditionellen Selbstverständnisses der Söhne ist die Isolierung im Familienkreis jedoch kontraproduktiv. Hinzu kommt die Gefahr, dass sich im multikulturellen Gemenge der Stadt unterschiedliche Gruppen untereinander verachten und bekämpfen, sobald sie sich zu nahekommen. In Frankreich ist von heftiger werdender Diskriminierung von Afrikanern durch Araber zu hören. Ein bezeichnender Fall, der ausgerechnet im Secondhandladen eines Hilfswerks stattfindet: Eine arabische Frau wirft eine

Bluse wütend auf den Boden, nachdem sie zuvor von einer Afrikanerin angefasst worden war. Die dabeistehende Helferin empört sich darüber, woraufhin die Araberin das Geschäft schimpfend verlässt. Sie sah sich im Recht. Beide Frauen sind arm.

Für Migrantinnen und Migranten ist die Sicherung ihrer materiellen Reproduktion die entscheidende Aufgabe. Verlassen sie sich langfristig auf die Gewährung staatlicher Transferleistungen, ohne eigene Anstrengungen zu unternehmen, so kann von einem ernsthaften Willen zur Integration keine Rede sein, und Weiterentwicklung findet weder individuell noch gesellschaftlich statt. Stattdessen grassiert eine verhängnisvolle Versorgungsmentalität. Damit benachteiligen sich die Betroffenen selbst und setzen ihre Zukunft aufs Spiel. Die Islamisierung türkisch-arabisch-afrikanischer Migrantinnen und Migranten lässt sie auf dem Satus quo verharren, und die Vorstellung, man könne in Deutschland auf Dauer ein Leben ohne größere persönliche Mühewaltung und unter Ablehnung der Integration führen, nimmt ihren Kindern eine sichere Zukunft. Sie sind die Hauptleidtragenden eines solchen Lebensentwurfs: die Jüngeren, die den Käfig nicht verlassen sollen. Es gibt auch Emanzipationsgeschichten, aber Jungen verwickeln sich öfter in Revierkämpfe und/oder feiern ihr Anderssein als Überkompensation: stolz, aber ignorant und manchmal auch aggressiv. Statt eines mühsamen Aufstiegs durch Bildung lockt nicht wenige das schnelle Geld, während die Mädchen unter dem Kopftuch, statt um ihre Zukunft zu kämpfen, nicht selten schnell resignieren und sich ihrem Schicksal ergeben. Hier entsteht möglicherweise eine verlorene Generation als Ergebnis von Abstoßung und eigener Abgrenzung.

Dass in Deutschland angekommene islamische Migrantinnen und Migranten den Weg in die Moschee suchen, liegt auf der Hand. Wer alles verloren hat, hält sich an das, was ihm geblieben ist, seinen Glauben und die Tradition. Dieser Weg kann aber auch in die Irre führen. Der Arabisch sprechende Journalist Constantin Schreiber hat in Deutschlands Moscheen acht Monate lang Freitagsgebete besucht, mit Imamen gesprochen und ihre Predigten ausgewertet. Ergebnis: Die „Warnung vor dem Leben in Deutschland“ stellt darin einen roten Faden dar. Unüberhörbar sei die Aufforderung, „sich abzukapseln und unter sich zu bleiben“. Diese Aufforderung deckt sich mit der Botschaft des türkischen Präsidenten, die er regelmäßig aussendet. Setzt sich diese Linie durch, so werden abgeschottete Subsysteme zum Dauerzustand. Mit den bekannten Folgen, die der niederländische Migrationsexperte Paul Scheffer so beschreibt: „Übertragung der Armut von Person zu Person und Generation zu Generation. Ungeachtet ihres Talents oder ihrer Persönlichkeit werden Menschen, die in Gegenden mit dauerhafter Armut leben, eher in jungen Jahren Kinder bekommen, vorzeitig die Schule abbrechen und niedrige Einkommen haben" (1997, 79).

Nötig ist es stattdessen, so viele Verbindungen wie möglich zwischen Alt und Neu, Jung und Alt, Bekannt und Unbekannt zu entwickeln, sodass gemeinsame Perspektiven entstehen, Visionen und Modelle des Zusammenlebens unter den Mitgliedern einer offenen Gesellschaft, Zukunftsprojekte in Geben und Nehmen. Paul Collier kommt zu dem Ergebnis: Nur wenn sich die Kulturen näherkommen und anfangen, sich zu mischen, kann sich ein neues „Wir" herausbilden. „Das Bewusstsein, voneinander abhängig zu sein, muss wachsen" (2019, 488). Dazu ist Toleranz nötig, und die hat die Erkenntnis zur Vorbedingung, dass die Summe einer Gesellschaft mehr ist als die Addition von Kulturen, Subkulturen und Milieus. Nur auf dieser Basis ist die Identifikation gemeinsamer Interessen möglich, wozu die allgemeine Sicherheit zählt (statt privater Bewaffnung), genauso wie die Gesetzlichkeit staatlichen Handelns (statt des Gewohnheitsrechts auf Korruption), das staatliche Gewaltmonopol (statt der Vorherrschaft von Clans und Gangs), die angestrebte Gleichheit der Lebensverhältnisse (in unterschiedlichen Landesteilen und Stadtquartieren) sowie der gleiche Zugang zu Bildungseinrichtungen (statt schulischer Segregation).

Das Autorenpaar Herfried und Marina Münkler beschreibt den deutschen Status quo nach der Flüchtlingswelle so: „Während die einen dankbar dafür sind, wie gut es ihnen geht, und diese Dankbarkeit in die Bereitschaft umwandeln, den Unglücklichen zu helfen, fühlen sich andere durch die ungebetenen Gäste gestört und hoffen, dass sie so schnell wie möglich wieder verschwinden" (2016, 7). Wir schaffen das? Fest steht, dass es mit dem Aufbau von Arbeitsplätzen für die Zugewanderten allein nicht getan ist. Es geht um die Herausbildung einer neuen kollektiven Identität. Identitätsbildung aber braucht – erstens – Zeit, und hängt in ihrem Verlauf – zweitens – von den Umständen ab, unter denen sie stattfindet. Das heißt: von der wirtschaftlichen Prosperität in Deutschland und Europa, die genauso offen ist wie die Zukunft Afrikas und der arabischen Welt, deren Auswirkungen Europa mittlerweile direkt betreffen.

Von zentraler Bedeutung bleibt zudem die Qualifikation der nachwachsenden Generation. Dafür aber braucht es gute Schulen und gute Lehrkräfte, die sich der Integrationsaufgabe stellen – in einem Klima der Toleranz, das zu schaffen und zu erhalten auch ein pädagogisches Ziel ist. Und außerdem beruht die Hoffnung auf der wunderbarsten Form des Andersseins, der großen anarchischen Kraft der Liebe zwischen Menschen unterschiedlicher Herkunft, die alle Dämme sprengt und umwirft, was sich ihr in den Weg stellt. Es gibt sie nicht nur in Soap-Operas und manchmal bahnt sie sich schon in der Schule an. Sie verlangt denjenigen, die sie erfasst, manchmal viel Durchhaltevermögen ab, belohnt sie am Ende aber umso reicher. Bauen wir also hoffnungsfroh auf eine neue Generation, die beiträgt zu einer wechselseitigen „Ent-Fremdung“ und zur Identifikation mit unserem gemeinsamen Land. Vielleicht schaffen es ja diejenigen, die heute noch fröhlich miteinander über den Schulhof kreischen.

Geflohen nach Andorra?

In Max Frischs im Deutschunterricht früher viel gelesenen Drama „Andorra“ wird gezeigt, wie der Junge Andri verraten und umgebracht wird, weil man ihn für einen Juden hält. Wobei es keine Rolle spielt, dass er es in Wirklichkeit gar nicht ist. Es reicht, dass er den anderen so erscheint und dass Andri die Rolle später selbst annimmt. In einer Tagebuchnotiz schreibt Max Frisch über ihn: „Es gelang ihm nicht, so zu sein wie alle anderen, und nachdem er es umsonst versucht hatte, nicht aufzufallen, trug er sein Anderssein sogar mit einer Art von Trotz“ (1985, 36). Zur Grundkonstellation des Stücks stellt der Autor fest: „Die meisten Andorraner taten ihm nichts. Also auch nichts Gutes“ (ebd.). Bis sie ihm doch etwas antaten, das Äußerste. Getötet wird Andri, weil an seinen Mitbürgerinnen und Mitbürgern der Mechanismus ihrer Vorurteile seine mörderische Wirkung tut und der allgemeine Mangel an Zivilcourage die Solidarität mit dem Opfer verhindert.

Deutschland heute ist ein Land, in das Menschen fliehen, anders als in der Vergangenheit, als Deutsche vor Deutschland flohen. Gleichzeitig aber blüht in manchen Kreisen wieder der Hass, und allzu viele nehmen hin, was sich da zusammenbraut. Es wäre fatal für uns alle, wenn Migrantinnen und Migranten aus dem erstarkenden Rechtsradikalismus zusammen mit dem in manchen Moscheen Gepredigten den Schluss zögen, sich von der Gesamtgesellschaft abzuwenden, da sie hier doch nicht die nötige Anerkennung für ihr Anderssein finden. Nicht dass sie am Ende den Eindruck haben müssen, nach Andorra geflohen zu sein.

Kapitel 4 – Das andere Anderssein. Ein Versuch über das Böse in jungen Jahren

Anderssein kann auch böse sein. Aus dem Wunsch heraus, sich abzusetzen vom Langweilig-Alltäglichen, lockt das ganz andere, das radikale Gegenbild zum Üblichen, das Verrufene, das Gewagte, das Verbotene, das Böse. Es existiert und reizt und wird weiterhin als Versuchung und Verlangen in allen möglichen Schattierungen seine Wirkung tun. Es entspringt den Taten von Einzelnen, Aktionen von Gruppen und Strukturen von Systemen. Individuelle Strebungen können dafür verantwortlich sein oder auch kollektive Stimmungen, Hass, Gier und Neid. Das Anderssein ist ihre Zielscheibe, aber es kann auch die Ursache des Übels sein. So oder so – potenzielle Täter haben die Wahl, sich für oder gegen das Böse zu entscheiden, ihre Opfer dagegen nicht. In diesem Kapitel reden wir von der Gewalt und der Schule, im Kleinen wie im Großen, von der unüberlegten Missachtung im Alltag, Anfeindungen in angeblich sozialen Medien, einem aufsehenerregenden Schulskandal und über den Massenmord an Kindern, den es in Deutschland und Europa vor nicht allzu langer Zeit gab und den heute einige schon wieder nicht mehr wahrhaben wollen.

„Schreckliche Leute!“, sagt die Giraffe Leopold in Erich Kästners pazifistischer Fabel „Die Konferenz der Tiere“ über die Menschen, und kopfschüttelnd fährt sie fort: „Und dabei könnten sie’s so hübsch haben. Sie tauchen wie die Fische, sie laufen wie wir, sie segeln wie die Enten, sie klettern wie die Gämsen, und sie fliegen wie die Adler. Und was bringen sie mit ihrer Tüchtigkeit zustande?“ Worauf ihr der Löwe Alois lakonisch antwortet: „Kriege.“ Und Oskar, der Elefant, fügt hinzu: „Mir tun bloß die Kinder leid, die sie haben. So nette Kinder“ (Kästner 1949, o. S.).

Im Gegensatz zum Traum vom Ende der Gewalt, den der Kinderfreund Kästner träumte, existiert das Böse bis heute, wie überall auf der Welt nicht zu übersehen ist. Sein Wurzelgrund besteht aus einem Geflecht von Veranlagung und Neigung, Verblendung und Verführung, Gier, Neid, Vorurteil, Verachtung, Rücksichtslosigkeit, Manipulation, individuellem und kollektivem Macht- und Bereicherungsstreben, „struktureller Gewalt" (Johan Galtung) und einer verbreiteten Lust am Untergang. An die Seite des Bösen kann eigene Willkür führen, Übermut, der Drang zum Abenteuer oder die Lust am Spiel mit dem Feuer. Die Versuchung zum Bösen ist in jedem von uns präsent, von den ersten Zeichen kindlicher Bosheit bis zum Altersstarrsinn. Die böse Tat kann vom Hunger nach Ruhm ausgehen, dem Streben nach Reichtum oder der Lust an der Provokation. Scheinbar seriöse Manager verfallen diesem Mechanismus genauso wie jugendliche Leichtsinnstäter.

Kann auch sein, dass man, ohne es zu wollen, Böses tut. Möglicherweise überblicken wir die Lage nicht ausreichend oder möchten nichts Näheres darüber wissen, und schon geschieht das Böse, und bald stellt sich die Frage nach der eigenen Schuld. Die Literatur ist voll von solchen mehr oder weniger tragischen Verkettungen. Vom Faust bis Homo faber.

Menschen sind einerseits zu außerordentlichen Akten der Güte fähig. Sie helfen in gefährlichen Situationen und riskieren manchmal sogar ihr eigenes Leben, um andere zu retten. Andererseits stehen Gefühlskälte und Sadismus, Habgier, Rachsucht und Machtstreben für die Rückseite des Andersseins, für Rohheit, Gewalt und die Lust daran. Der Mensch ist gut, aber er kann auch anders.

Johnny und Frau B.: Pädagogisch beseelte Menschen träumen manchmal davon, mit ihrer Arbeit das Böse (oder zumindest den Teil davon, mit dem sie es zu tun haben) aus der Welt zu schaffen. Man hatte sich so viel Mühe mit Johnny gegeben, und nun stellt sich heraus, dass er zusammen mit ein paar Kumpanen einer alten Frau im Park die Geldbörse weggerissen hat. Tiefes Nachdenken bei seiner Klassenlehrerin, Frau B. Mit Rückschlägen ist zu rechnen, sagt sie sich und hat damit sicherlich Recht. Johnny ist nicht richtig böse, meint sie weiter. Er hat ja der alten Frau keine direkte Gewalt angetan, nur ein bisschen an ihr herumgezerrt. Wahrscheinlich wurde er von seinen Mittätern verführt. Eine ziemlich blöde Tat bleibt es allerdings, denn es gab genügend Zeuginnen und Zeugen. Außerdem wurde sie nicht weit von der Schule entfernt verübt, sodass die Täter schnell gefasst waren. Klassenlehrerin B. wird sich trotz alledem noch einmal für Johnny einsetzen, beschließt sie. Denn wer sollte es sonst tun? Und außerdem – zu ihr war er fast immer nett. Johnny jedoch überfällt wenig später während der Schulzeit einen kleinen Bäckerladen, flieht mit dem Fahrrad, kommt aber nicht weit und wird geschnappt. Noch blöder. Dabei war Frau B. gerade dabei, ihm eine Lehrstelle zu besorgen. Damit aber ist jetzt Schluss, meint sie schwer enttäuscht. Obwohl: Erst einmal abwarten, was bei den Ermittlungen herauskommt. Und wenn er sie lieb bittet – eine Fähigkeit, die Johnny auch besitzt, wenn er will – wird Frau B. ihm vielleicht doch weiter helfen. Sie kann eigentlich niemandem richtig böse sein. Ach, Frau B.

Nicht erst seit gestern: Mal ganz abgesehen von Johnny – dass das Böse unter den Menschen ist, kann bereits frühen Weltentstehungsmythen und -mysterien entnommen werden. Die Geschichte vom gefallenen Engel Luzifer, von der Vertreibung aus dem Paradies („Ihr werdet sein wie Gott und wissen, was gut und böse ist", lockt die falsche Schlange.) samt der darauffolgenden Gewalt zwischen den Brüdern Kain und Abel, dem Turmbau zu Babel mit dem Ergebnis von Zerstreuung, Sprachverwirrung und Nichtverstehen – ein Ende hat die alte Erzählung vom Bösen, das in die Welt kommt und zwischen die Menschen tritt, auch durch die Zehn Gebote, die Bergpredigt oder die goldene Regel von der Notwendigkeit der Nächstenliebe nicht gefunden. Es setzt sich fort in immer neuen Konstellationen des Scheußlich-Schmerzlichen. Zwar können Friedensbotschaften individuelle Motivation zu gewaltfreiem Verhalten stiften. Aber trotz Kants Vision vom ewigen Frieden oder der Selbstverpflichtungen aller UN-Mitglieder in der Menschenrechtserklärung von 1948 fällt Frieden nach wie vor schwer. Bilder und Berichte über alle möglichen Schandtaten pflegen wir schon mit dem Morgenkaffee zu uns zu nehmen.

Schreckliche Leute? Hat also die Giraffe Leopold recht? Sind die Menschen wirklich schreckliche Leute? Selbst der gute alte Neandertaler hat sich ja mittlerweile als Menschenfresser herausgestellt. Der Experimentalpsychologe und Kognitionswissenschaftler Evolutionspsychologe Steven Pinker stellt demgegenüber fest: Weltgeschichtlich gesehen, dürften wir „heute in der friedlichsten Epoche leben, seit unsere Spezies existiert. Die Gewalt ist über lange Zeiträume immer weiter zurückgegangen" (2013, 11). Die Massenvernichtungswaffen, über die die Welt verfügt, können jedoch im Gegensatz zu früheren Zeiten die Menschheit gleich mehrmals vernichten. Noch so viel guter Wille, Pädagogik, Beratung allerorten und von Zeit zu Zeit ein Happen Therapie schaffen das Böse offenbar nicht aus der Welt. Es beruht nicht nur auf einem großen Missverständnis. Dafür sind viel zu viele Interessen mit im Spiel, wenn es um Krieg, Raub oder Finanzbetrug mit Todesfolge geht. Die Rechtspsychologin Julia Shaw spricht von „Abgründen" in uns Menschen, vom „Dark-Faktor" der Persönlichkeit und stellt fest, wir seien „zu Furchtbarem fähig". Umso merkwürdiger muss es anmuten, wenn Shaw ernsthaft meint, Rassismus und Sexismus ließen sich zügig aus der Welt schaffen, wenn man Rassisten und Sexisten nur gründlich genug zu verstehen gibt, „welches Weltbild hinter solchen Aussagen steht". Wird sich der hartnäckige Neonazi tatsächlich mit Shaws entwaffnender Frage „Was glauben Sie eigentlich wirklich?" umbiegen lassen? Und bekehrt sich der hartnäckige Intensivtäter nach ihrer einladenden Feststellung: „Wir glauben doch eigentlich beide, dass man alle Menschen gut behandeln sollte" (Interview mit der Welt am Sonntag, 27.01.2019)? Wäre dies möglich, so wäre Freud im Unrecht, und Schulen hätten es leichter. Experten stellen zwar fest, dass die physische Jugendgewalt nicht zuletzt wegen vieler pädagogischer Bemühungen um Prävention zurückgeht. Allerdings hat die Zahl der von Jugendlichen begangenen *schweren* Gewalttaten zugenommen – ebenso der Anteil der Täterinnen. Nicht zu reden von der psychischen Gewaltausübung (zumeist Online-Gewalt), die nach wie vor anwächst (Erziehung und Wissenschaft 09/2017).

Geschlagen, missbraucht, ermordet

Kinder sind die geborenen Opfer. Sie werden an vielen Stellen der Welt missachtet, geschlagen, vernachlässigt, verschleppt, versklavt, sexuell missbraucht, als Kindersoldatinnen und -soldaten ausgebeutet, dem Hungertod überlassen und kaltblütig ermordet. Bis heute beziehen politische Verbrecher Kinder und Jugendliche in ihr Feindbild ein, wenn sie zum Beispiel in Afghanistan, Syrien, dem Irak oder Jemen Angriffe und Attentate auf Schulen, Kindergärten und Krankenhäuser verüben und dabei Kinder umbringen, egal, welchen Glaubens sie sind. Mächte und Interessen, derer man nicht Herr wird, spielen bei der politischen Instrumentalisierung von Heranwachsenden eine Rolle, zugelassen oder veranlasst von autoritären Regimen, Waffenlobbys, Drogenhändler- und anderen Verbrecherkartellen. Gemeinsam war und ist ihnen, was der frühere französische Justizminister Robert Badinter so formulierte: „Ob ein jüdisches Kind, das vergast wird, oder ein Kind der Tutsi-Minderheit, dem man die Kehle durchschneidet – sie werden getötet, weil die Täter ihnen die Zugehörigkeit zur Menschheit aberkennen" (zit. nach Maison d'Izieu, 2016, 169).

Schutz vor Missbrauch: Die Auseinandersetzung mit dem Bösen bleibt auch Schulen hierzulande nicht erspart. Für manche der uns Anvertrauten ist es schmerzliche Realität, ausgeübt von sozialen Verhältnissen, Gleichaltrigen oder brutalen Erwachsenen. Kindesmisshandlung verletzt heute und prägt über den Tag hinaus. „Es ist in der Organisation unseres Gehirns so angelegt, dass sich unser Blick immer wieder auf all das Schreckliche und Grausame richtet, was Menschen einander zufügen", stellt Gerald Hüther fest. Wird ein Kind „missbraucht, verprügelt und gedemütigt und findet es auch später niemanden, der ihm zeigt, dass es möglich ist, liebevoll und unterstützend miteinander umzugehen, so wird es für normal halten, dass Menschen einander betrügen, hintergehen, missbrauchen und demütigen" (2019, 110 f.).

Der gute Umgang mit Menschen wirkt beschützend. In erster Linie wäre es an den Familien, dies zu gewährleisten, aber manche von ihnen sind nicht in der Lage, ihren Kindern den nötigen Schutz zu gewähren. 2018 stellten deutsche Jugendämter bei rund 50 400 Kindern und Jugendlichen eine Gefährdung des Kindeswohls fest. Mit steigender Tendenz. In gut 6000 Fällen wurde elterliche Vernachlässigung von Kindern und Jugendlichen konstatiert. Mehr als 7000 hatten zur Folge, dass Kinder nach Misshandlung durch die Eltern in Obhut genommen werden mussten (Pressemitteilung des Statistischen Bundesamts v. 06.09.2019).

Sexueller Kindesmissbrauch – in der letzten Zeit im Fokus der Öffentlichkeit – geschieht sehr viel häufiger, als aktenkundig wird. In Deutschland wurden 2018 12 321 Verbrechen dieser Art in der polizeilichen Statistik erfasst (Der Spiegel v. 30.11.2019). Und auch hier steigen die Zahlen. Inzwischen gibt es Kindersex-Chatgruppen, die über Facebook und über andere Medien in kriminellem Kontakt sind. Ein großes Presseecho fand ein Prozess in Freiburg im Breisgau, in dem es um den Missbrauch an einem damals Neunjährigen ging, der von seiner eigenen Mutter und dem Stiefvater im Internet gegen Bezahlung vermittelt wurde. Der größte Teil des alltäglichen sexuellen Missbrauchs findet in Familien statt.

Missbrauch als häusliches Schicksal hat Auswirkungen auf das schulische Aufwachsen. Auch Kinder von sadistischer Eltern besuchen öffentliche Schulen. Das Mindeste, was die Schule für die Betroffenen tun kann und muss, besteht darin, aufmerksam zu registrieren und sensibel zu reagieren, wenn Kinder unglücklich, lustlos, abgelenkt und mit ganz anderen Dingen als den Gegenständen des Unterrichts beschäftigt wirken. Nur persönliches Vertrauen verschafft Kindern die Chance, sich zu öffnen und über das Unheil, das sie erleben, zu reden. Informationen über das Erlittene müssen an Institutionen, die damit professionell befasst sind, zur Beratung und Überprüfung und zum Eingreifen weitergegeben werden. So empfindsam gegenüber den Opfern wie möglich.

Das Böse, gewollt

Auch Kinder und Jugendliche besitzen gewalttätige Potenziale, die unter Umständen zum Ausbruch kommen. Diffuse aggressive Stimmungslagen, dunkle Gedanken gefolgt von verbalen und möglicherweise handgreiflichen Auseinandersetzungen sind ihnen nicht fremd. Manche legen ihre Unschuld früh ab und gehen einen Weg, der sie und andere in Gefahr bringt. In seinem Roman „Patria" (gleichzeitig eine Art Reportage) erzählt der spanische Autor Fernando Aramburu die Geschichte eines jungen baskischen Terroristen (2019). Als Kind extrem verwöhnt, die Mutter fanatisch-nationalistisch, der biedere Vater zunächst stolz auf seinen vitalen Sohn, später hilflos dessen Radikalisierung gegenüberstehend, kennt der jugendliche Joxe Mari in seinem Wahn bald keine Grenzen mehr. Er schießt um sich, wirft bei Demonstrationen Steine, dann Molotowcocktails und ist bereit, alles zu opfern für den Sieg der kommunistisch-nationalistischen Terrororganisation ETA. Seine Entwicklung lässt ihn schließlich selbst zum Attentäter werden. Als großes Vorbild bewundern er und seine jungen Gesinnungsgenossen die Rücksichtslosigkeit eines Kommandos, das nicht davor zurückschreckte, ein Mietshaus in die Luft zu jagen – gerade weil sich darin auch Kinder befanden.

Angst haben muss man auch hierzulande, wie die letzten Jahre gezeigt haben, vor Rechts- wie Linksterroristen, islamistischen Selbstmordattentäter, Amokläufern, Verwirrten und hochgradig Frustrierten. Das Böse ist, wie sich zeigt, nicht nur ein Sammelbegriff für allerlei Psychisches oder ein Konstrukt, dazu erfunden, um uns in den eingefahrenen Gleisen althergebrachter Moral zu halten. Es stellt keine ansteckende Krankheit dar, der man willenlos zum Opfer fällt, und man muss auch nicht zum Bösewicht geboren sein, um ihm anheimzufallen. Als Möglichkeit aber ist es stets präsent. Im Falle einer Entscheidung dafür schreckt am Ende weder die Angst vor Strafe noch die Aussicht auf den Sturz ins Bodenlose. Allzu sehr lockt die Lust am individuellen Gewinn, materiellem und/oder emotionalem Vorteil. Eine Durchgangsstation auf dem Weg in die Gewalt ist manchmal die „Tyrannei der Gleichaltrigen" (Hannah Ahrendt). In diesem Zusammenhang wird heute verharmlosend vom „Dissen" gesprochen, womit Schmähung, Verächtlichmachung, Beleidigung und mehr gemeint ist. Klingt freundlich, ist aber gefährlich.

Gewalt – Entstehung und Wirkung: Hirnforscher sowie Psychologen stellen fest, bei vielen Verbrechern würden sich zwei neurologische Phänomene gegenseitig verstärken. Einerseits seien diese Menschen nicht in der Lage, ihre aggressiven Impulse zurückzudrängen. Anderseits sei in ihrem Gehirn das Zentrum von Emotionen und Erregung besonders rege. Mit der Folge, dass diese Täter leicht außer sich geraten. Niemand jedoch wird aus genetischen Gründen zum Verbrecher, Erlebtes spielt dabei immer eine Rolle, emotionale Defizite, Minderwertigkeitsgefühle, die übersteigert kompensiert werden, die Erfahrung von Ablehnung, Kränkungen und Demütigungen.

Jan Philipp Reemtsma bringt aus seiner Erfahrung als Entführungsopfer das Motiv von Gewalttätern auf eine einfache Formel: Sie räumen andere Menschen aus dem Weg, wenn sie ihnen für die Realisierung ihre Ziele hinderlich sind. Sie bedienen sich ihrer als Werkzeug zur Erreichung ihrer Ziele. Als Menschen sind sie ihnen egal. Dabei verselbstständigt sich – so Reemtsma – die Erfahrung eigener Macht, sodass sich die Täter am Leiden ihrer Opfer und an der eigenen Willkür weiden. Sie schänden andere, indem sie ihr Wertesystem auf gewaltsame Weise umstülpen. Es kommt zur Umdeutung aller Werte, entstehend aus der Erfahrung des Ausgeliefertseins, der eigenen Machtlosigkeit hier und der Ausübung absoluter Macht dort. „Es ist aber einfacher, ein Unrecht hinzunehmen als eine Welt, die gar nicht nach Maßstäben von Recht und Unrecht oder wenigstens Richtig und Falsch eingerichtet ist" (1998, 192).

Manchmal ist bei Tätern Naivität festzustellen oder ein Mangel an charakterlicher Festigkeit, an Selbstreflexion und Selbstdisziplin. Im bösen Spiel kann darüber hinaus Suchtabhängigkeit sein, auch Langeweile oder Herzensdummheit. Auch eine psychische Krankheit kann eine Rolle spielen, wenn sie persönlichkeitsverändernd wirkt. Wobei die Abgrenzung zwischen normal und krank schwierig ist. Zum Beispiel in Fällen von Narzissmus. Die Sucht nach Anerkennung wird in bestimmten Fällen zur Droge, die nach immer höheren Dosierungen verlangt. Mit möglichen Nebenwirkungen, die den Narziss zur Befriedigung seines egoistischen Triebs auch Gewaltanwendung akzeptieren lässt.

In schweren Fällen psychischer Erkrankung werden die Betroffenen von ihrer Umgebung nicht mehr verstanden, woraufhin es zu gefährlichen Spiralen kommen kann. Betroffene verletzten in ihrer Not Mitmenschen und/oder sich selbst, um sich ihrer eigenen unsicheren Existenz zu versichern. Es gibt extreme Existenzen, die schon in jungen Jahren zu Psychopathinnen und Psychopathen werden, die Mitschülerinnen und Mitschüler quälen, ihre Eltern sowie Lehrerinnen und Lehrer terrorisieren und denen selbst der Knast nicht gewachsen ist.

Das Böse ist in bestimmten Entscheidungssituationen nicht immer kenntlich, zumal wenn es sich hinter großen Worten verbirgt. Das Risiko des Irrtums samt der folgenden vielleicht sogar tragischen Verstrickungen ist deshalb nie auszuschließen, vor allem in jungen Jahren. Die Schriftstellerin Christa Wolf (1929–2011) war in ihrer Jugend und bis in ihre Lebensmitte hinein eine glühende Kommunistin, die auch vor der Selbstverpflichtung gegenüber der Stasigewalt nicht zurückschreckte. Später vergaß sie diese Episode ihres Lebens, um am Ende – mittlerweile selbst zum Opfer geworden – von ihr eingeholt zu werden. „Heillos" (so ihre eigene Formulierung) haderte sie fortan mit sich sowie mit der alten wie der neuen Gesellschaft um sie herum, dankbar für jede Entlastung, wo immer sie sie fand, und in der Tiefe ihrer Seele unversöhnt (nachlesbar in ihrem Buch „Stadt der Engel" von 2010). Ihr Kollege Günter Grass (1927–2015), verdingte sich kurz vor Ende des Kriegs als Jugendlicher bei der Waffen-SS und hielt die empfundene Schande jahrzehntelang nieder, bis er am Ende seines Lebens doch – höchst eindrucksvoll – darüber schrieb: „Was ich mit dem dummen Stolz meiner jungen Jahre hingenommen hatte, wollte ich mir nach dem Krieg aus nachwachsender Scham verschweigen. Doch die Last blieb" (Grass 2006, 127).

Jung, wie sie waren, machten Wolf und Grass von ihrer menschlichen Wahlfreiheit Gebrauch und gerieten auf die falsche Strecke. Sie waren nicht vorbereitet auf eine solche Wahl, weil ihnen niemand Alternativen erläutert hatte, weil sie in Diktaturen lebten. Das Böse stellt den „Preis der Freiheit" (Safranski 2011, 24) dar. Ohne seine Existenz bliebe der Mensch Anhängsel von Mächten außer ihm. Vielleicht von Zweifel unangefochten, aber moralisch unselbstständig und lebenslang versklavt.

Die Frage nach dem richtigen Verhalten ist auch unter den Bedingungen einer befriedeten Gesellschaft unser täglicher Begleiter. Die Wahl des Richtigen bringt gegebenenfalls Nachteile mit sich. Zum Beispiel allein gelassen zu werden in seiner Opposition, nicht mitgenommen zu werden auf dem Weg der Mehrheit, der zum einzig angemessen erklärt wird. Folgen wir – blind oder sehenden Auges – der Drift zum Bösen, so bekommen wir es später möglicherweise irgendwann mit der Stimme des Gewissens zu tun, die sich zwar kurzfristig herunterfahren, aber normalerweise nicht auf Dauer stumm schalten lässt.

Satanische Versuchungen: Die Versuchung, der irrenden Mehrheit zu folgen, ist angesichts der üblichen Entwicklungsunsicherheit junger Jahre besonders groß. Auch ein Minderheitenstatus bringt aber zum Teil merkwürdige Verkehrungen in Wahrnehmung und Selbstdefinition mit sich. Zum Beispiel in Jugendkulturen satanischer Art. Manchmal – aber nicht immer – ist diese Sache jedoch harmlos. Sandy und Michael, die man überall nur zusammen sieht, sehen beide aus, als kämen sie aus der „Rocky Horror Picture Show". Er ist ein eher schüchterner, untersetzter Typ mit viel Akne im Gesicht, sie ein stets etwas hibbeliges Wesen. Beide sind erstens freundlich-hilfsbereit und zweitens radikal schwarz gekleidet (gern in schweres Leder), mehrfach gepierct (sie auch in der Zunge, was sich im Unterricht manchmal als hinderlich erweist) und kommen selbst im Hochsommer mit Doc-Martens-Stiefeln an den Füßen daher. Gefragt, warum sie sich so ausstaffieren, zucken sie nur mit den Schultern. Ende der Debatte. Ihre Noten sind nicht toll, aber okay. Nur eines belastet sie: „Bei der Abifeier werde ich dann wohl ein Kleid anziehen müssen", sagt Sandy. – „Wie wir dich kennen, ein schwarzes." – „Klar." – „Zusammen mit deinen Doc Martens vielleicht?" – „Gute Idee." Kann sein, dass demnächst irgendwann mit Sandys und Michaels Verkleidungen Schluss ist, aber wer weiß, was dann kommt.

Neu ist die Lust an der Abweichung keineswegs. Man denke an die „verrufenen Poeten" um Charles Baudelaire (1821-1867), die die Geschichte der Lyrik revolutionierten, wenngleich sie selbst diesen Erfolg persönlich teuer bezahlten. Ihr Kult des Bösen („Les Fleurs du Mal") war Vorbild für diverse Dichter und Komponisten über Grenzen und Zeitenwenden hinaus. Der Wunsch, anders zu sein und sich unterscheiden zu wollen von einer Welt voller moralischer und scheinmoralischer Forderungen nach gutem Benehmen, gutem Geschmack und geordneten Verhältnissen, er ist weitverbreitet und nachvollziehbar. Bedenklich dagegen muss die Vorliebe einiger Lehrkräfte für eine Ethik jenseits des Humanismus erscheinen. Eine gemeinsam getragene Moral darf nach dieser Meinung für unser Denken und Handeln keine Rolle mehr spielen, da es mehr als nur eine Wahrheit gibt und jeder ein Recht auf seine eigene hat. Ganz neu ist zwar auch das nicht, aber offenbar anziehend genug, um weiterhin zu wirken. Tzvetan Todorov antwortete darauf: „Wir verdächtigen jedwede Aussage die mit der Forderung nach Moral übereinstimmt, nur eine fromme Lüge zu sein, immer bereit, die Aussage, der Mensch sei von Natur aus schlecht, als mit verstaubten Meinungen aufräumende Wahrheit anzunehmen. Diejenigen jedoch, die sich gegen solche Reduktionen wehren, werden sogleich beschuldigt, sie seien Moralapostel, ängstlich, kleinmütig und würden es nicht wagen, der Wahrheit ins Gesicht zu sehen" (1998, 59 f.).

Mehr Freiheit vermittelt die Total-Absage an die Moral durchaus nicht, wohl aber den unfrohen Konformismus der dauerhaft Unzufriedenen.

Nun mag es für Sandy und Michael ganz interessant sein, zur Abwechslung einmal im Sarg einer feuchten Friedhofskapelle zu schlafen statt im eigenen warmen Bett. Aber soll man die Menschenrechte für überholt erklären, weil nur dies angeblich einzig dem Abenteuer zeitgenössischen Denkens entspricht? Dagegen stehen die Nöte von Menschen, die aus solcherart Gedankenspiel zuverlässig nichts beziehen, was ihnen weiterhelfen könnte.

Es ist eine nicht erst seit gestern bekannte Tatsache, dass das Böse mehr fasziniert, als es die Idylle vermag. Ablesbar am täglichen Fernsehprogramm mit dem dort stündlich angebotenen Lustmord für jedermann und auch an Hieronymus Boschs großen Bildfantasien einer vom Bösen überschwemmten Welt. Vor ihnen drängen sich die Gebildeten auch 500 Jahre nach dem Tod des Malers. Sie erkennen auf seinen visionären Tafeln die Menschheitsgeschichte genauso wie aktuelle Bezüge zur Gegenwart und eine mögliche Zukunft, Kriege und Katastrophen im Weltall zum Beispiel. Immerhin gibt es bei Hieronymus Bosch noch eine anständige Hölle für Gewalttäterinnen und Gewalttäter sowie Lustmolche.

Opfer und Täter

Die Spanne der Gewalt ist selbst in jungen Jahren breit, und ihre Formen sind vielfältig. Darin verbindet sich die Alterität der/s Einzelnen – bei Täterinnen und Tätern wie Opfern – mit dem Einfluss gesellschaftlicher Faktoren, als da wären Armut, Diskriminierung, Empathiemangel, Angst vor Zurücksetzung, das Gefühl eigener Minderwertigkeit und andere Probleme. In der Summe entwickeln solche Konfliktbündel eine hohe Sprengkraft. Die möglichen Folgen von Gewaltausbrüchen reichen von der relativ schnell gelingenden Verdrängung (die trotzdem nie spurlos verschwindet) bis zur kaum noch zu ertragenden Lebensqual. Psychologinnen und Psychologen sprechen in diesem Zusammenhang von posttraumatischen Nachwirkungen. Einer, der sie am eigenen Leibe erfahren musste, das Entführungsopfer Jan-Philipp Reemtsma, weiß, wie die gefürchteten Rückblenden auf die Gewalterfahrung in Körper und Geist entstehen: „In extremen Stresssituationen kann es dazu kommen, dass Sinneseindrücke nicht in jene Hirnpartie gelangen, die für ihre semantische Aufschlüsselung als Voraussetzung für ihre Aufnahme in den normalen Gedächtnisspeicher zuständig sind. Sie werden gleichwohl konserviert und können – etwa bei erneuter, oft aber viel geringerer Stressbelastung – aktualisiert werden" (1998, 54). Mit dem Ergebnis, dass das Erlittene unvermittelt zurückkehrt.

Oft ist Alterität der Hintergrund des Opferschicksals. Vorurteile gegenüber Minderheiten spielen dabei eine Rolle, eine gewisse Schwäche des Opfers, die sich Täterinnen und Täter zunutze machen, und eigene Schwierigkeiten der Täter, die sie zum Mittel der Gewalt greifen lassen, Probleme mit dem eigenen Ansehen in ihrer Bezugsgruppe, der Drang, sich selbst und dem Rest der Welt beweisen zu wollen, wozu man fähig ist, oder der Mangel an stabilen Werten. Eigene Minderwertigkeitsgefühle können sich in Bosheiten gegenüber anderen umwandeln. Kaj Buchhofer von der Beratungsstelle Gewaltprävention der Hamburger Schulbehörde fasst die Entstehung von Mobbing in einer Schulklasse so zusammen: In einer Testphase würden Täterinnen und Täter das mögliche Opfer auf dessen Eignung prüfen, um zu sehen, wie der Rest der Klasse reagiere. „Im Laufe eines Mobbingprozesses verschiebt sich dann langsam das Normengefüge." In der Regel gebe es „nur ein, zwei Haupttäter, eine Reihe von Mitläufern, die mitmachen, lachen, ermutigen, und eine Mehrheit, die zuschaut". Bei den Tätern handle es sich meist um Schülerinnen und Schüler, die irgendwann mit Gewalt Erfolg hatten. „Mobbing gibt ihnen Macht. Manchmal lenkt es auch von anderen Problemen ab." Für die Lehrkräfte wichtig zu wissen: Bedingung des Entstehens von Mobbing ist, dass „eine Gruppe es zulässt". Antimobbing verlangt die Stärkung der Gruppe, um die Mobber zu neutralisieren. Mit Blick auf die Mobbingopfer unterscheiden Fachleute zwischen dem provozierenden und dem passiven Opfertyp. „Die eine ist laut und aggressiv oder wird als nervend empfunden, der andere ist der zurückgezogene Außenseiter", stellt Buchhofer fest und weist darauf hin, dass Lehrpersonen auf keinen Fall den Fehler machen dürften, aggressive Opfertypen auszugrenzen. „Wenn Lehrkräfte genervt auf sie regieren, mit den Augen rollen oder sie vor der Klasse anfahren, vermitteln sie: Schaut her, mit dem darf man sowas machen" (Interview in: Erziehung und Wissenschaft 06/2019).

Sabines Leiden: Sabine wirkt zerbrechlich und wird von ihren Eltern behütetet. Ihre Kleidung erregt Anstoß bei den Schicken, Modebewussten, Konsumorientierten, und Sabines schulische Leistungen sind gut. Aber gerade das gefällt jenen Girlies nebendran nicht, die keinen Bock auf Unterricht haben. Aus nichtigstem Anlass wird Sabine eines Tages von einer Gruppe Mädchen heftig verprügelt. Auch vor Fußtritten schrecken die Täterinnen nicht zurück. Sabine wird daraufhin von ihren Eltern von der Schule abgemeldet und auf ein katholisches Mädchengymnasium geschickt. Ein paar Täterinnen halten das für einen Erfolg ihrer Aktion. Sabine sei eben so blöd gewesen, nicht mitzumachen. Da habe man ihr zeigen müssen, wo's langgeht. Und so schlimm sei ihre Strafaktion ja nun auch wieder nicht gewesen. Eine ob des Gewaltausbruchs erschütterte Lehrerin fragt die Gruppe naiv, was bloß in sie gefahren sei. Sie seien doch schließlich Mädchen. Aber darüber können sie nur lachen. Die folgende schulische Strafe halten sie für völlig übertrieben.

In extremis: Es gibt sogar mordende Kinder. Sie sind sehr selten, aber die deutsche Kriminalstatistik verzeichnete 2017 fünfzehn solcher Fälle, begangen von Nichtstrafmündigen, das heißt von Kindern unter 14 Jahren. 57 Morde von 14- bis 16-Jährigen kamen hinzu (Stuttgarter Zeitung v. 03.11.2018). Kriminologen sehen Anlässe dafür in ausufernden Streitigkeiten („Wutstau"), zu denen allerdings als Hintergrund negative Erfahrungen im Vorleben der Täterinnen und Täter gehören: Enttäuschungen, Ohnmachtsgefühle oder die Erfahrung, ein ungeliebtes Kind zu sein, Vernachlässigung und Frustration. Aber manchmal tappen auch sie im Hinblick auf die Ursachen im Dunkeln. 2018 beschäftigte der Fall eines Fünfzehnjährigen die Jugendkammer des Berliner Landgerichts, der eine Mitschülerin mit 20 Messerstichen in ihrer Wohnung tötete. Wie das Gericht feststellte, „aus reiner Mordlust". Täter und Opfer waren zum gemeinsamen Hausaufgabenmachen verabredet (dpa v. 22.11.2018).

Mirko rutscht ab: Mirko wirkt eher klein und schmächtig für seine 16 Jahre. Man traut ihm zunächst gar nicht zu, brutal zuschlagen zu können. Jetzt sitzt er da und verdreht demonstrativ die Augen, als er gefragt wird, welchen Beruf er einmal ansteuern will. „Weiß nicht." Er ist von seinem Praktikumsbetrieb rausgeschmissen worden, nachdem er einen Lehrling auf dem Nachhauseweg überfallen hatte, sodass der sich in ärztliche Behandlung begeben musste. Mirko wollte Geld, und schlug zu, als er es nicht bekam, ohne weitere Umstände. Seine Lust an überfallartigen Attacken lebt er üblicherweise in seiner Fußballhooligantruppe aus. Ergebnis: diverse Anzeigen, disziplinäre Maßnahmen, häusliche Besuche der Polizei und des Jugendamts, Strafandrohungen. Er scheint das locker zu nehmen. Seine Mutter dagegen – der Vater ist über alle Berge – ist mit ihren Nerven am Ende. Vor einiger Zeit war Mirko für zwei Wochen verschwunden, wurde aber später in Hamburg auf St. Pauli von der Polizei aufgegriffen und nach Hause zurückexpediert. Als sein Klassenlehrer das Gespräch mit ihm sucht, provoziert Mirko ihn mit dem Satz: „Haben Sie schon mal mit 'ner 1000-Euro-Nutte geschlafen? Kann ich nur empfehlen." „Nicht dumm, aber total desinteressiert an der Schule", sagen seine Lehrerinnen und Lehrer über den Jungen. Auch deshalb bestehe wenig Hoffnung, ihn über ein irgendwie geartetes Interesse an den Gegenständen des Unterrichts zu locken. Schlägt der Junge sich einfach nur gern, wie ein Mitschüler sagt? „Als kleines Kind war Mirko sehr nett", sagt seine Mutter, die wegen ihres regelmäßigen Erscheinens in der Schule dort schon ein bekanntes Gesicht ist. An ihrem Sohn wirkt mittlerweile jedoch so ziemlich alles unangenehm, seine Mimik und Gestik, seine unflätige Sprache, seine ständigen Demonstrationen von Trotz und Verachtung.

Der Umgang mit jugendlichen Gewalttäterinnen und -tätern, die nicht ablassen wollen von ihrem Tun, führt Schulen an die Grenzlinie ihrer Wirksamkeit, jenseits derer nichts mehr geht. Ihre Instrumente greifen nicht mehr, wenn Angebote auf Verständnis und Hilfe einerseits, Disziplinierungsmaßnahmen andererseits ohne Antwort bleiben und nachfolgend die Gefahr entsteht, dass andere Jugendliche von Gewalttäterinnen und -tätern mitgerissen werden. Schulen müssen sich in solchen Fällen sozial-psychologischer Fachkompetenz versichern. Und wenn niemand weiterkommt, müssen die Jugendlichen ihren Weg gehen, von dem feststeht, dass er ihnen und allen anderen nichts Gutes bringen wird.

Am Sonntag, den 9. September 2018 wurde in Berlin der Intensivtäter Nidal R. von Mitgliedern eines rivalisierenden Neuköllner Clans auf offener Straße erschossen. Über ihn schreibt die „Süddeutsche Zeitung" zwei Tage nach der Tat in einer Art Nachruf: „Mit zehn schlug Nidal R. andere Schüler und stahl im Kaufhaus. Es folgten Prügeleien, eine Messerstecherei. Einem Jugendlichen presste er mit einer Schreckschusswaffe 120 Euro ab. 1998 kam er das erste Mal in Haft, nachdem er bei einer Beerdigungsfeier mit einem Messer auf einen Mann eingestochen hatte. Zwei Jahre später beraubte er die Wirtin einer Cocktailbar, lieferte sich nach einer Verkehrskontrolle eine Verfolgungsjagd mit der Polizei und beging nach einem Unfall Fahrerflucht. 14 Jahre seines Lebens hat Nidal im Gefängnis verbracht" (SZ v. 11.09.2018). Auch Nidal R. wird irgendwann hin und wieder zur Schule gegangen sein. Aber viel zu machen war da wohl nicht.

Seitenblicke auf drei Romane

Die Frage nach Tätern sowie Opfern und deren Verhältnis wird nachfolgend mit dem Blick auf drei Romane und deren Figurenensemble fortgesetzt. Wir ziehen sie ihrer psychologischen Genauigkeit wegen heran und weil bedeutende literarische Werke „Wesentliches über die *Conditio humana*" auszusagen vermögen, wie Todorov feststellt. Es gelinge literarischen Texten – den guten jedenfalls –, „durch die Arbeit mit Geschichten und Exempla und durch die Schilderung eines einzelnen Schicksals" in soziale Kontexte und psychische Konstellationen vorzudringen und der Leserin/dem Leser damit Einblicke zu verschaffen, die den Instrumenten der Wissenschaft nicht ohne Weiteres zugänglich seien (Todorov 1998, 9 f.). Blicken wir deshalb auf drei sehr verschiedene Romane aus unterschiedlichen Zeiten und Ländern, aus Österreich-Ungarn, den USA und Frankreich, geschrieben im 20. und 21. Jahrhundert. Alle drei haben Gewalt gegen Kinder und Jugendliche zum Thema, und direkt oder indirekt spielt dabei auch die Schule eine Rolle. Robert Musils „Verwirrungen des Zöglings Törleß" (1905), in dem es um die Entstehung von Jugendgewalt in einer Internatsschule geht, Vladimir Nabokovs Skandalroman „Lolita" (1955), dessen männliche Hauptperson Lehrer ist, und Leïla Slimanis Sozialstudie „Chanson douce" (2016), die Eltern schildert, denen ein sehr zeittypisches Problem zum Verhängnis wird, die Verbindung von Karriere und Familienpflichten.

„Törleß“: Der kurze Roman „Die Verwirrungen des Zöglings Törleß“ spielt um die Wende vom 19. zum 20. Jahrhundert in einem ländlichen KuK-Kadetten-Konvikt. „Hier erhielten die Söhne der besten Familien des Landes ihre Ausbildung, um nach dem Verlassen des Instituts die Hochschule zu beziehen oder in den Militär- oder Staatsdienst einzutreten“, heißt es über die Internatsschule (Musil 2006, 9). Der Autor hatte solche Institute in Eisenstadt und Mährisch Weißkirchen selbst besucht. Letzteres, das „A-Loch des Teufels“, wie Musil es nennt (zit. nach Corino 2005, 118), soll wegen der hohen Zahl der Suizide „vorsorglich sogar einen eigenen Friedhof unterhalten haben“ (Maar 2010, 61).

Musils Entwicklungs- und Erziehungsroman beschreibt die Jugend des Knaben Törleß (seinen Vornamen erfahren wir nicht) vom Eintritt bis zu seinem Rückzug aus dem Internat. Er verlässt am Ende einen Ort, „wo junge aufdrängende Kräfte hinter grauen Mauern festgehalten wurden“, da er nach Meinung seiner Lehrer unter einer „hochgradigen Überreizung“ leidet (Musil 2006, 161). Für deren Ursache interessieren sie sich nicht weiter. Der wahre Grund für die Verwirrungen des Zöglings Törleß besteht freilich in einem Konflikt, in dessen Verlauf er Zeuge sadistischer Misshandlungen wird, die zwei ältere Kameraden, Reiting und Beineberg, an ihrem Mitschüler Basini begehen, nachdem sie ihn bei einem Kameradendiebstahl ertappt haben. Zwar beteiligt sich Törleß nicht an den Quälereien. Er gerät anfangs „in einen Zustande geschlechtlicher Erregung“, verspürt aber später zunehmend Ablehnung und Scham angesichts der ausufernden Gewalt. Der Kumpanei der Täter entzieht er sich jedoch erst, nachdem er selbst bedroht wird.

Törleß und Basini sind zwischenzeitlich eine homoerotische Beziehung eingegangen, ohne dass die Hauptperson des Romans allerdings dem Opfer von Reitings und Beinebergs Untaten Mitleid entgegenbrächte. Er fordert ihn schließlich auf, sich zu stellen, von ihm, Törleß, aber zu schweigen. Basini folgt dem Rat und wird trotzdem der Schule verwiesen. Den Tätern dagegen geschieht nichts. Und in der Schule, so heißt es abschließend, geht „alles den gewohnten Gang“ (ebd., 197).

Musil schrieb später, sein Buch habe „das komplette Arsenal der Rohheit, die später Geschichte macht“, die „Vorgeschichte der Diktaturen des 20. Jahrhunderts“ beschrieben. Und sein Biograf Karl Corino fügt hinzu, es sei „verblüffend, wie die Rituale der Erniedrigung, denen Beineberg und Reiting ihr Opfer Basini unterwerfen, aufs Haar jenen der Gestapo gleichen“ (2005, 254). Die Täter kann man sich tatsächlich als spätere Schergen in SS-Uniform vorstellen. Bei Reitling handelt es sich um einen Tyrannen, rücksichtslos im Durchsetzen seiner Ziele, überheblich, zynisch und voller Menschenverachtung gegenüber denjenigen, denen er sich überlegen fühlt. Während Beineberg, ein verblendeter Fanatiker ist, der verschwommenem fernöstlich-mythischem Gedankengut und Nietzsches Idee des Übermenschen anhängt und daraus die Rechtfertigung seiner sadistischen Taten ableitet.

Nicht allein die Personen der Haupttäter verweisen jedoch auf die Zukunft. Mit Törleß zeichnet Musil einen Typus, der der Macht zwar nicht gleichgültig, aber doch unwillig-hilflos gegenübersteht. Er findet im Roman erst spät zu einer Ablehnung des Sadismus seiner Mitschüler und reagiert dem Opfer gegenüber kalt. Seine Hinwendung wie seine Ablehnung hat vorwiegend ästhetische Gründe. In einer Vorausschau auf den Erwachsenen heißt es: „Törleß wurde später, nachdem er die Ereignisse seiner Jugend überwunden hatte, ein junger Mann von sehr feinem und empfindsamen Geiste“, weit entfernt davon, „über etwas Grobes, von dem feineren seelischen Geschehen Weitabliegendes“ viel nachzudenken. Davor bewahrt ihn „eine gelangweilte Unempfindlichkeit“ und seine „äußere, ein wenig ironische Korrektheit“. Das Geschehene sieht er als nur peripheren Teil seines Vorlebens an. Und als er doch einmal auf das Erlebnis zurückkommt, lautet seine Interpretation: „Ich leugne ganz gewiss nicht, dass es sich hier um eine Erniedrigung handelte. Warum auch nicht? Sie verging“ (Musil 2006, 160). Es handelt sich, wie der „Törleß“-Interpret Bernhard Grossmann es nennt, um „die subjektive Moral eines auf Steigerung seiner Geistigkeit konzentrierten Menschen“ (1984, 31). Der Gewalterfahrung seiner frühen Jahre gewinnt Törleß im Fortgang seines Lebens sogar einen morbiden Reiz ab. Ein sozial handelnder Mensch wird aus ihm nicht werden. Eher einer, der sich zukünftig erst recht heraushält.

„Lolita“: Diese Geschichte einer völlig außer Kontrolle geratenden, fehlgeleiteten Amour fou kennt jede/r irgendwie, aber so ganz genau meistens doch nicht. Lolita, die Titelfigur von Nabokovs Roman, ist ein zwölfjähriges Mädchen, dessen Mutter einen Mann mit dem merkwürdigen Namen Humbert Humbert heiratet, bevor sie bei einem Unfall ums Leben kommt. Besagter Humbert, Lehrer an Highschools und Colleges, hatte sich Lolitas Mutter vor allem deshalb genähert, weil er ihrer Tochter möglichst nahe sein wollte. Seit Jugendtagen hat er eine fatale Vorliebe für frühreife „Nymphen", nachdem ihn die Beziehung zu einer an Typhus verstorbenen Gleichaltrigen traumatisiert zurückgelassen hatte. Vierundzwanzig Jahre später begegnet er Lolita und verfällt ihr. Auch wenn er sich zunächst dagegen wehrt, „verschmelzen" irgendwann in ihm „das Viehische und das Schöne" (Nabokov 1999, 219). Fortan beutet er Lolita sexuell aus, ohne dass sie ihm allerdings ernsthaft widerstünde. Worauf eine lange Reise durch halb Amerika beginnt, bis Lolita, Humberts überdrüssig, einem voyeuristisch-impotenten Schriftsteller folgt, der sie mit der Aussicht auf eine Filmkarriere lockt, sie aber nach kurzer Zeit hinauswirft. Humbert findet Lolita schließlich nach langer Suche verheiratet mit einem Kriegsveteranen in einem Elendsquartier, „hoffnungslos verbraucht" und „gewaltig schwanger" (ebd., 452/439). Obwohl sie längst keine Nymphe mehr ist, liebt er sie mehr „als alles, was ich auf der Welt je gesehen oder vorgestellt oder mir irgendwo erhofft hatte" (ebd., 452). Seinen Vorschlag, mit ihm fortzugehen, lehnt Lolita jedoch ab. Am Ende sitzt Humbert im Gefängnis, jedoch nicht wegen Verführung einer Minderjährigen, sondern weil er nach dem Besuch bei Lolita seinen Nebenbuhler von ehedem umgebracht hat. Er stirbt im Knast eines natürlichen Todes, falls man dies so nennen darf.

Wer ist Lolita? Ein Opfer, aber kein unschuldiges. Sie hatte schon sexuelle Erfahrungen, bevor Humbert in ihr Leben trat. Bald danach verlangt das Mädchen seinen Preis für seine sexuellen Dienste, Geld vor allem. Lolita verwildert zunehmend, „ein einsames Mädchen, ein ganz und gar heimatloses Kind, mit dem ein stark gebauter, übelriechender Erwachsener erst heute früh dreimal angestrengten Verkehr gehabt hatte", wie Humbert feststellt (ebd., 227). Ihr Verhältnis kehrt sich jedoch im Laufe der Zeit um, sodass Humbert zunehmend ein um Sex winselnder Höriger wird. Der Kritiker Michael Maar merkt an, Nabokovs gesamtes literarisches Werk durchziehe die Aussage, Sexualität bedeute Unglück. „Der Autor ist voller Mitleid mit Lolita, und was Humbert mit ihr treibt, ist das pure Böse. Aber auch Lolita ist von etwas Teuflischem erfüllt" (2010, 90f.). Eine Rolle wird bei ihrer Entwicklung die Tatsache gespielt haben, dass Humbert sie einer ungestörten Jugend mit Schule, Peergroups und jugendlichem Leben systematisch entzogen hat.

„Chanson douce": In ihrem Roman (deutsch unter dem unglücklichen Titel „Dann schlaf auch du" 2017 erschienen) beschreibt die französische Autorin Leïla Slimani die Geschichte des Mords an zwei kleinen Kindern, begangen von ihrer Kinderfrau, die anschließend erfolglos Selbstmord zu begehen versucht.

Die Vorgeschichte: Myriam ist nach einer gewissen Zeit unbefriedigenden Mutterdaseins zu einer angesehenen Pariser Anwältin mit Workaholic-Verhalten aufgestiegen. Ihr Mann Paul arbeitet rund um die Uhr als erfolgreicher Musikproduzent. Um die Kinder kümmerte sich währenddessen die scheinbar perfekte „Nounou" Louise, eine Tagesmutter, die manchmal sogar 24 Stunden lang für die Kinder da ist und in ihrer Betreuungsarbeit aufgeht. Die Eltern übersehen freilich die zunehmend breiter werdenden Risse in der Konstruktion ihres Lebens. Denn Louise ist keineswegs so souverän, wie sie ihnen anfangs erschien. Sozial entwurzelt, überschuldet, zunehmend ausgelaugt und entsprechend verletzlich geworden, wird das Appartement ihrer Arbeitgeber zu Louises letzter Heimstatt, zu ihrem Versteck vor der Welt. Als Myriam und Paul jedoch zu überlegen beginnen, wie es mithilfe der Schule auch ohne Louise weitergehen könnte, steht die Kinderfrau vor den Scherben ihres Daseins. Ihr drohte, der einzige Ort, an dem sie ein anerkanntes Leben führen konnte, verloren zu gehen. Dafür hatte sie alles aufgegeben, unfähig für sich selbst überhaupt noch eine eigene Zukunft zu entwerfen. Die Folge: Louise explodiert. Die kleine Person tötet diejenigen, die ihr lange die Liebsten waren, Myriams und Pauls Kinder. Über andere Verhaltensmöglichkeiten verfügt sie nicht mehr. Eine bleibende Beziehung über den Graben der soziokulturellen Unterschiede hinweg ist aus ihrem Arbeitsverhältnis nicht entstanden, obwohl sie genau das gehofft hatte.

Verdienen diese Eltern mit ihrem Hunger nach Karriere den Vorwurf, versagt zu haben, da sie einen Teil ihres Lebens, ihre Kinder, an Louise delegierten? Sie übertrieben ihren Ehrgeiz, ja, aber haben junge Eltern nicht überall Probleme bei der Betreuung ihrer Kinder? Louises Anspruch auf soziale Teilhabe erkennen Myriam und Paul nicht an. Sie interpretieren ihn als eine Forderung, von der man sich emanzipiert, sobald ein neues schulisches Arrangement möglich ist. Die beiden beuten Louise zum eigenen Vorteil aus. Aber wessen Fantasie hätte ausgereicht, um sich dieses Ende vorzustellen? Erzählt wird die Geschichte einer bösen Tat, aber das Böse triumphiert nicht in der Person der Täterin, es stellt stattdessen den Tiefpunkt einer trostlosen Existenz dar. Kurz gesagt: In dieser Geschichte gibt es nur Opfer. Die Entwicklung der unschuldigen Kinder findet ein grauenhaftes Ende, und das Leben ihrer Eltern wird von nun an überschattet sein vom gewaltsamen Tod ihrer Kinder. Das gesellschaftliche Problem im Hintergrund besteht weiter.

Zum Vergleich: Das Erlebnis von Gewalt verändert alle, die mit ihr in Kontakt kommen. Ihr Bild von der Welt wandelt sich, das Bild vom Menschen und das der eigenen Person. Man hat etwas durchgemacht, was man vorher nicht für möglich gehalten hätte, jedenfalls nicht bei sich. Die Wunde, die Opfer davontragen, bleibt lange Zeit offen und vernarbt – wenn überhaupt – nur sehr langsam. Als vormilitärischer Eleve in einer unmenschlichen schulischen Umgebung macht Törleß böse Erfahrungen. Aber auch er selbst hat seinen Anteil am grausamen Geschehen, als über lange Zeit untätiger Zeuge der Aggressionen seiner Mitschüler, die er ihr brutales Werk tun lässt, ohne ihnen in den Arm zu fallen. Am Schluss bringt er sich vordringlich selbst in Sicherheit, ohne Empathie für das Opfer. Lolita, ausgenutzt, überfordert, ohne funktionierendes Normensystem, ist Humbert ausgeliefert, versucht aber auch eigenen Nutzen aus ihrer Lage zu ziehen, indem sie mit seiner Hörigkeit nicht ohne Raffinesse spielt, ohne letztendlichen Erfolg allerdings. Auch ihre endgültige Absage an ihn dürfte ihr kaum die Möglichkeit verschaffen, ihre Zukunft in die eigenen Hände zu nehmen. Myriam und Paul schließlich schlagen nach der Ermordung ihrer Kinder hart auf dem Boden einer Realität auf, die sie zuvor verdrängt haben. Sie haben ihre familiäre Verantwortung auf egozentrische Weise wahrgenommen. Der „Preis dafür, gleichzeitig Kinder und Karriere zu haben", sei zu hoch, sagt die Autorin Slimani über ihre Geschichte (Zeitmagazin v. 23.08.2018). Das ist richtig und stellt doch keine Antwort dar auf das Böse, das den Personen ihres Romans geschehen ist.

Missachtung unter falscher Flagge

Das Böse findet nicht nur auf lärmenden Kriegsschauplätzen oder im Affekt statt. Es wird von seinen Verursachern, wo sie nicht auftrumpfen können, auch klammheimlich begangen. In der Schule griff der Missbrauch an Kindern und Jugendlichen, der in den letzten Jahren aufgedeckt wurde, bevorzugt in der Abgeschiedenheit von Landerziehungsheimen und Internaten um sich. Der vielleicht spektakulärste Fall dieser Art soll uns hier beschäftigen, weil daraus deutlich wird, dass es sich nicht nur um die abseitigen Taten von kranken, verwirrten, perversen Individuen handelte. Das wohl auch. Aber sie tarnen sich im vorliegenden Fall hinter menschenfreundlichen Attitüden. Diese Strategie ermöglichte es ihnen, Gewalt hinter den Mauern einer überwiegend geschlossenen Institution auszuüben – auch wenn sie behauptete, eine offene Schule zu sein.

Wir sprechen wohlgemerkt nicht über Einzelfälle, sondern über Tätersysteme. Auch wenn sie unter Umständen nur weitmaschig vernetzt waren, so strahlte ihre negative Wirkung aus und prägte die pädagogische Praxis. Das Böse konnte auch deshalb geschehen, weil der Missbrauch entweder banalisiert oder gar nicht erst in den Blick genommen wurde. Die damit verbundene Gewalt lässt sich offenbar übersehen oder mit dem Verweis auf Übergeordnetes übergehen.

Missbrauch prägt Verhalten mit lange andauernder Wirkung. Und er hat Weiterungen, die über den Anlass hinausgehen. So wird von Forscherinnen und Forschern festgestellt, dass neben der von erwachsenen Täterinnen und Tätern ausgeübten auch die „Peer-Gewalt" in der Odenwaldschule „kaum vorstellbare Dimensionen angenommen hatte" (Brachmann 2019, 441). Aber der Reihe nach.

In der pädagogischen Provinz: In einer pädagogischen Provinz in Südhessen, genauer gesagt im Heppenheimer Ortsteil Ober-Hambach, in der zwischen Feld, Wald und Wiesen gelegenen „Odenwaldschule" (kurz OSO) spielte sich vor ein paar Jahren ein Drama ab, das pädophile Gewalt zum Gegenstand hatte. Dort übten – Ergebnis neuer Recherchen – mindestens 33 Personen (überwiegend Männer, darunter 18 Lehrer, aber auch Schüler) in Hunderten von Fällen sexuelle, körperliche und psychische Gewalt aus (Keupp u. a.

2019, 24). Nicht um lässliche Tändeleien im alltäglichen Umgang handelte es sich, sondern um regelrechte Pädokriminalität, Formen des Missbrauchs samt Beischlaf mit Abhängigen und andere sexuelle Handlungen an und mit Kindern und Jugendlichen. Verhaltensweisen, die Auswirkungen auf deren Weiterentwicklung hatten, in Form von Depressionen, Selbststigmatisierungen, Angst-, Ess- und Sexualstörungen, Borderline- und Suchtverhalten – bis hin zum Selbstmord. Und die OSO war kein Einzelfall. In den geschlossenen Systemen klösterlicher Internate und von Landerziehungsheimen fanden Pädophile ein ideales Terrain vor, um abgeschieden von der Welt in verschwiegenen Gemeinschaften ihr Unwesen zu treiben.

Im Mittelpunkt des OSO-Skandals steht der mittlerweile verstorbene Schulleiter Gerold Becker (1936-2010). Obwohl es schon zuvor zu einzelnen Fällen gekommen war, hielten mit ihm Libertinage und sexuelle Gewalt Einzug in die OSO. Zwischen 1972 und 1985 schuf Becker zusammen mit anderen Trieb- und Überzeugungstätern ein System, das Schülerinnen und Schüler zu Opfern werden ließ und am Ende – wenn auch mit Verzögerung – das gesamte Institut in den Abgrund riss (s. dazu Oelkers 2016). Becker war ein stets gut gelaunter, weltläufig und charmant daherkommender Charismatiker. Bestens vernetzt, intellektuell auf der Höhe der Zeit, rhetorisch geschickt, in angesehenen Organen publizierend und scheinbar höchst erfolgreich. Wo immer er wirkte, erschien er vielen geradezu als Idealbild eines Schulleiters. Und fand das wohl auch selbst, schrieb er doch über seine OSO-Jahre: „Die Odenwaldschule, das war ich selbst. Und ich war die Odenwaldschule“. Zu Beckers „persönlichem Narzissmus“ kam der „institutionelle Narzissmus“ der Schule hinzu, die Arroganz vieler Beteiligter, die sich auch auf Schülerinnen und Schüler übertrug (Keupp u. a. 2019, 327,43). Tatsächlich sahen nicht wenige OSO-Eleven auf Gleichaltrige des Schulorts als ‚Bauernlümmel‘ und ‚Frisöre‘ herab, und manche ihrer Lehrkräfte gingen Kolleginnen und Kollegen aus den „Staatsschulen“ (wie sie von ihnen abfällig genannt wurden) mit penetranter Besserwisserei (z. B. in Fortbildungsseminaren) gründlich auf die Nerven. Nur ihre Schule sei die wahre Schule, signalisierten sie ständig.

In Wahrheit ein Hochstapler: Becker trat zwar allerorten als Schulreformer und guter Mensch auf. Tatsächlich handelte es sich bei ihm jedoch – mindestens – um eine gespaltene Persönlichkeit, die von Freiheit sprach, aber persönlich eine tiefschwarze Pädagogik praktizierte. Er erklärte einerseits, Kindern und Jugendlichen sei mit „Takt und Respekt" zu begegnen, nutzte aber die ihm Anvertrauten in Wahrheit als Objekte seiner Lust aus, wie eine große Zahl von Betroffenen später zu Protokoll gab.

Wie war das möglich? Becker sicherte sein persönliches Regiment umsichtig ab, indem er die vorher sehr weitgehenden Partizipationsmöglichkeiten der OSO-Gremien rigoros beschnitt. Bald besaß er die ungeteilte Macht. Trotz aller Schlamperei in Angelegenheiten der Verwaltung gelang ihm dies mithilfe eines neu etablierten Vetorechts und einer weitgehenden Richtlinienkompetenz, die er sich in die Schulverfassung schrieb, um die Schule ganz auf sich zuzuschneiden. Ganz abgesehen davon, dass Becker im Zweifelsfall sowieso machte, was er wollte. Kaum jemand stellte sich gegen ihn, so kritisch sich das OSO-Kollegium ansonsten gerne gab.

Faktisch war Becker ein Hochstapler ohne formelle Qualifikation für seine verantwortungsvolle Tätigkeit und außerdem ein Zyniker, wie aus Jürgen Oelkers Becker-Biografie hervorgeht (2016). Einerseits schwadronierte er von der „ländlichen Einsamkeit", in der die Erfahrung des „moralisch reinen Lebens und der schlichten Freuden, die man aus dem Kontakt mit der Natur schöpft", ihre Früchte trage (zit. nach Keupp u. a., 261). Andererseits machten Becker und andere Pädophile sich in derselben Waldeinsamkeit über Kinder und Jugendliche her und nutzten deren Verlassenheit bedenkenlos aus. Zum Beispiel, wenn der Schulleiter einen seiner Zöglinge am Telefon neben seinem Bett – offensichtlich eine strategisch geplante Anordnung – nach einem bitteren Gesprächen mit den Eltern zunächst tröstend bezärtelte, um ihn anschließend sexuell zu traktieren. Jugendlichen wurde auf solche Weise ihre sexuelle Selbstbestimmung genommen, und statt Grenzen zu ziehen, sahen viele OSO-Insider über das Böse, das hier jungen Menschen geschah, hinweg. „Eigentlich ist es nicht in Ordnung, aber irgendwie ist es halt so", gibt eine ehemalige Schülerin ihre damalige Haltung zu Protokoll. Und manche Lehrkräfte wollten vom herrschenden Missbrauch lieber gar nichts Näheres wissen. Angezeigt wurden Becker und seine Gleichgesinnten merkwürdigerweise nie. Letzteres lag wohl auch an der Koexistenz der behaupteten OSO-Offenheit für gesellschaftliche

Entwicklungen (worunter auch die Liberalisierung gegenüber abweichenden Verhaltensweisen fiel, alltäglichen Drogenkonsum und libertäre Sexualpraktiken eingeschlossen) einerseits, der Hermetik gewisser „Familien" (so der Name der Internatsgruppen) andererseits, die sich nach außen hin rigoros abschotteten. Das OSO-Netzwerk wucherte vor sich hin, bis irgendwann keine Fragen mehr gestellt wurden.

Drei schwerwiegende Fehlstellungen macht die Forschungsgruppe des Münchner „Instituts für Praxisforschung und Projektberatung" in ihrem Untersuchungsbericht im Auftrag des Hessischen Sozialministeriums für den OSO-Skandal verantwortlich: erstens eine starke *„Fragmentierung"* (in Parallelwelten von verantwortungsvollem Umgang hier, „pädagogischem Dilettantismus, Verwahrlosung und sexualisierter Gewalt" dort), zweitens eine zunehmende *„Regellosigkeit"* (aufgrund des Fehlens einer „verbindlichen pädagogischen Linie" sowie – in Teilen – der „ideologisch begründeten Ablehnung von Gesetz, Ordnung, Autorität, Macht") und drittens eine verhängnisvolle *„Selbstreferenzialität"* (im „Modus der sich ständig neu generierenden Selbstgewissheit", ein „Leuchtturm" der Reformpädagogik zu sein). Alles zusammen führte dazu, dass irgendwann in der OSO keine Instanz mehr existierte, die – um ein Beispiel zu nennen – einer Lehrkraft hätte untersagen können, „mit einer 16-jährigen Schülerin zu schlafen" (Keupp u. a. 2019, 339 ff.).

Ein mächtiger Förderer: Über den Kreis der Täter hinaus etablierte Becker einen Kreis von Unterstützerinnen und Unterstützern, Ermöglicherinnen und Ermöglichern, Mitwisserinnen und Mitwissern, Verharmloserinnen und Verharmlosern sowie Aufklärungsblockiererinnen und -blockierern, alles in allem ein „konspiratives Netzwerk der Duldung und Verdeckung", aus „Intransparenz und Abhängigkeit" (Keupp et al. 2019, 26). Darunter befanden sich mächtige Fürsprecher, vor allem Beckers mit ihm nicht verwandter Namensvetter Hellmut Becker (1913-1993) (dazu Brachmann 2015, 164 ff.). Der langjährige Direktor des Berliner Max-Planck-Instituts für Bildungsforschung und *der* bildungspolitische Mandarin im Nachkriegsdeutschland mit unleugbaren Verdiensten um die Bildungsreform der 1960er/1970er Jahre wusste früh von den pädophilen Neigungen Beckers. Er beließ es jedoch im Schulleiterberufungsverfahren bei dem Hinweis, der Auserwählte möge sein pädophiles Tun zukünftig lassen: „Das machste nicht mehr". Und als er von seinem Patensohn erfuhr, dass sich der so Ermahnte keineswegs an den Ratschlag hielt, empfahl er Becker lediglich eine Schlafkur. In seiner Verabschiedungsrede für den OSO-Leiter bezeichnete der Berliner Bildungsforscher es als sie verbindendes Element, dass beiden „nichts Menschliches fremd" sei (Oelkers 2016, 484).

Möglich, dass „alte Familien" aus der angestammten deutschen Oberschicht, zu deren Kreis OSO-Eltern wie die Beckers, Weizsäckers oder Dönhoffs gehörten, deshalb nicht gegen den Missbrauch aufbegehrten, weil in ihrer Wahrnehmung historische Mentalitätsunterschiede weiterwirkten, die Beckers Untaten in einem milden Licht erscheinen ließen. Zwar war – so resümiert der Erziehungswissenschaftler Jürgen Oelkers – die „Knabenliebe der Hellenen bis 1850 kein Thema" (2011, 136). Das änderte sich jedoch mit den Jahren. Der Hugo-von-Hofmannsthal- und Stefan-Zweig-Biograf Ulrich Weinzierl merkt über die Zeit um die Jahrhundertwende an: „Was heute fragwürdig erscheint, ist anno dazumal in deutschen Künstler- und Intellektuellenkreisen ebenso wie im aufgeklärten, liberalen Bürgertum fast eine Selbstverständlichkeit gewesen". Ähnlich wie die Schwäche gegenüber sehr jungen Mädchen im Wien der vorletzten Jahrhundertwende nachsichtig beurteilt worden sei, habe man auch die „Jünglingsliebe" keineswegs als „Tabu" angesehen. Vielmehr habe sie „unter dem Stichwort ‚pädagogischer Eros' die Aura des Edlen, beinahe Adligen" erhalten (Weinzierl 2015, 141). Künstler seien mit ihren jugendlichen Gespielinnen und Gespielen im Bourgeoisie-/Boheme-Milieu ein- und ausgegangen, ohne dass man daran im Allgemeinen gesellschaftlich (und erst recht nicht juristisch) Anstoß genommen hätte.

Da wundert es schon weniger, dass besagter Hellmut Becker – Sohn eines ehemaligen preußischen Kultusministers – als langjähriger Vorsitzender des Verbands der Landerziehungsheime dem dortigen Führungspersonal üblicherweise Erich Ebermayers Roman „Kampf um Odilienberg" (1929) zur einstimmenden Lektüre empfahl (Brachmann 2015, 222). Darin sang der Verfasser das Hohelied auf den Begründer der deutschen Erziehungsheimbewegung Gustav Wyneken, der freilich 1921 zu einem Jahr Gefängnis wegen Unzucht mit Abhängigen verurteilt worden war. Ebermayer verkehrte mit seinem jungen Geliebten während der Zwischenkriegsjahre in ersten Häusern, bei Thomas Mann genauso wie bei Stefan Zweig, und war dort wohlgelitten. Im „Dritten Reich“ reüssierte Ebermayer, eine „Made im braunen Speck“ (Weinzierl 2015, 145), als von Hitler, Goebbels und Göring geschätzter Drehbuchautor und setzte seine Karriere auch nach 1945 bruchlos fort. Ja, er rühmte sich auch nach Kriegsende der Anerkennung durch die NS-Größen in schamlosen Memoirenbänden.

Auch Hellmut Becker hatte im Dritten Reich – trotz seines liberalen Weimarer Ministervaters – als Assistent des führenden NS-Juristen Ernst Rudolf Huber eine braune Karriere gemacht. Er verstand es aber bis zum Tode, seine NSDAP-Mitgliedschaft zu verbergen. Wie Ebermayer (auch er ein gelernter Jurist) trat Becker nach 1945 als Verteidiger von NS-Größen auf, bevor er zu einer beherrschenden Figur der bildungspolitischen Szene avancierte. Als solcher zog er die Fäden, scharte (wie zuvor schon sein Vater) *bright young men* um sich und hielt über Becker auch noch die Hand, als der an der OSO schon unhaltbar geworden war.

Das Ende einer Institution: Gegen Ende seiner Regentschaft verkam die Odenwaldschule zusehends, äußerlich wie pädagogisch. So konnte von didaktischer, methodischer bzw. schulkultureller Avantgarde bald nicht mehr die Rede sein. Wo zuvor eindrucksvolle Lehrpersönlichkeiten das Bild bestimmt hatten, spielte die Qualifikation der Angeworbenen eine geringere Rolle. Politisch missliebige Kolleginnen und Kollegen, aber auch Schülerinnen und Schüler mussten zudem damit rechnen, von ihren Kontrahenten im Kampf um das richtige Bewusstsein und um die Macht an der Schule als „Faschisten“ beschimpft zu werden. Unter Schülerinnen und Schülern sowie Personal nahmen Bestechlichkeit und Gewalt, Angst und Misstrauen zu. Und trotz ansteigender erzieherischer Anforderungen fand eine pädagogische Professionalisierung nicht statt, sodass Alkohol und Drogen mehr und mehr Einzug hielten und die Distanz zwischen Jung und Alt immer geringer wurde. Am Ende fraß die sexuelle Revolution ihre Kinder. Aber da hatte Becker sich schon davongemacht, bis ihn gegen Ende seines Lebens seine Taten einholten. Er leugnete seine Vergehen zunächst, lehnte jede Verantwortung ab („nicht gewillt, irgendwelche öffentlichen ‚Schuldbekenntnisse‘ abzulegen“) und fügte dieser Ablehnung erst spät eine höchst allgemein gehaltenen Bitte um Verzeihung hinzu

(FAZ v. 19.03.2010). Keine Entschuldigung wohlgemerkt, sondern die Aufforderung an die Opfer, *ihm* gefälligst zu vergeben.

Schuld und ihre Umkehr

Wie reagierten Schülerinnen und Schüler auf all das, was ihnen von Becker und seinen Mittätern angetan wurde? Keupp u. a. dokumentieren zu dieser Frage ganz unterschiedliche und nicht selten widersprüchliche Antworten. Einige Ex-OSO-Schülerinnen und -Schüler sind und bleiben dem Internat weiterhin dankbar für die Fürsorge und Förderung, die ihnen zuteilwurde. Weil sie gut begleitet und ernst genommen wurden, sodass sie trotz aller häuslicher Schwierigkeiten, derentwegen sie ins Internat kamen, ihren Weg fanden. Die OSO hatte ja keine einfache Schülerklientel. Zu den von ihren Familien Verlassenen aus den „broken homes" kamen die gewohnheitsmäßig von den besuchten Schulen verwiesenen Söhne oder Töchter und eine zunehmende Zahl von Jugendamtsfällen, die hierhergeschickt wurden. Oft leistete die OSO dabei ausgezeichnete Arbeit, und ganz falsch wäre es, anzunehmen, alle ihre Zöglinge seien im Laufe der Jahre zwangsläufig mit übergriffigen Pädophilen in Berührung gekommen. Vergessen wir nicht: Es war eine soziale Tat, als Emigrantinnen und Emigranten wie die erste OSO-Leiterin Minna Specht (1879-1961) nach dem Zweiten Weltkrieg vielen entwurzelten Kindern eine Heimstatt gaben, sie in einem System von Ersatzfamilien beherbergten und ihnen eine Schule boten, die Lernen, Arbeiten und Leben, Erziehung und Unterricht miteinander verband. Einen Gegenentwurf zur Bedrohung und Erniedrigung während der Nazizeit.

Manche der Schülerinnen und Schüler, die zu Opfern wurden, wollen bis heute nicht über das Erlebte sprechen und können es wohl auch nicht. Es fehlt ihnen die Sprache dazu und sie haben den Eindruck, sie befleckten sich selbst. Andere haben es einigermaßen verwunden und können damit leben. Aber es gibt auch solche, die Beckers Schuld bagatellisieren, und einige Ex-Schülerinnen und –Schüler sowie Ex-Lehrerinnen und -Lehrer lieben ihn immer noch. Manche nehmen geradezu eine „Schuldumkehr" vor, bei der sich die betroffenen Kinder für das, was ihnen eine erwachsene Person angetan hat, selbst schuldig fühlen. Ein Ex-Schüler bezeichnet eine gemeinsame Griechenlandreise mit mindestens einem pädophilen Lehrer zum Beispiel als das tollste Erlebnis seiner Jugend. „Wenn nur der Sex nicht gewesen wäre. Ich hab' das halt ertragen. Ich war die jüngste Nutte an der Schule" (Keupp u. a. 2019, 258).

Eros und Elite: Möglicherweise war Becker der Meinung, die sexuelle Sozialisierung durch einen erwachsenen Mann sei das Beste, was einem Heranwachsenden passieren könnte. Manche Verehrer Stefan Georges (1868-1933), des bis in die 1950er Jahre viel bewunderten Lyrikers, sahen das so. Sie waren in deutschen Landerziehungsheimen in größerer Zahl anzutreffen, konnten die Knabenliebhaber doch dort den Objekten ihres Kults nahe sein, schönen Jünglingen, deren Grazie der Dichter besang. Wie sein Biograf Thomas Karlauf feststellt, trieb George und seinen Kreis nichts mehr an als die „Leidenschaft für junge Männer und Knaben" sowie der „eigentümliche Reiz des erotisch Anstößigen" (2007, 366). Als „Grundbedingung jeder erotischen Beziehung zwischen einem Älteren und einem Jüngeren" und als ideologische Grundlage fungierte dabei der Begriff des „pädagogischen Eros", in dem die Elite – wie zur Hochzeit des Hellenismus – die „höhere Form des Daseins" erfahren sollte (Karlauf 2007, 366 ff.).

Hartmut von Hentig hat für die „griechische Liebe" zwischen weisen Männern und schönen Jünglingen, wie sie George und den Seinen als Vorbild diente, die höchste Wertung abgegeben. Indem es dabei nicht „zur physischen Zeugung" komme, werde „eine geistige Fortpflanzung" möglich und damit die „Unsterblichkeit durch den ‚Kunstgriff' des Schönen" (zit. nach Zenke 2018, 193).

Die Einbindung von Knabenneuzugängen in die George-Gemeinschaft und in den OSO-Pädophilenkreis geschah zuweilen sogar mit Billigung der Eltern. Nicht jeder reagierte wie der Vater des jungen Hugo von Hofmannsthal, der dem um seinen Sohn werbenden George mit der Polizei drohte (Weinzierl 2007, 108 ff.). George verschwand stracks. Dagegen unterstützte ein George-Verehrer und OSO-Schülervater den Lehrer und Verführer seines Sohns, statt ihn dingfest zu machen. „Mein Vater fand seine George-Idee bestätigt und den Sohn endlich angekommen" (zit. nach Keupp u. a., 337 f.).

Ein Denkmal implodiert

Gewalt braucht neben den Täterinnen und Tätern andere, die ihr Vorschub leisten beziehungsweise ihnen die nötigen Rechtfertigungen liefern. Deshalb müssen wir auf Hartmut von Hentig zu sprechen kommen, ab den 1970er Jahren der in der breiten Öffentlichkeit bekannteste deutsche Pädagoge und Beckers Lebensgefährte.

Expedition ins Unerhörte: In einem Beitrag zu einer Art Festschrift für Becker („Leben mit Kindern") beschreibt von Hentig einen Segeltörn, den sie 1968 mit seinem damals knapp zehnjährigen Neffen Nikolaus in der Ägäis unternahmen. Was immer dabei geschehen sein mag, der Wettbewerb um Nikolaus' Gunst zwischen den beiden „mit Zuneigung und Geduld und mit allen notwendigen Einsichten versehenen Pädagogen" (so charakterisiert von Hentig sich und seinen Lebensgefährten in aller Bescheidenheit) gehört zu den Merkwürdigkeiten einer Reise, die von Hentig in seiner Hommage an Becker vor seinem Lesepublikum bedenkenlos ausbreitet (1996, 104). Bald ist der Onkel Hartmut „eifersüchtig" auf das „Einvernehmen" zwischen „Freund Gerold, dessen Freund Nikolaus, der vor allem mein Nikolaus ist, der wiederum seinen Onkel Hartmut braucht". Angesichts dessen kommt selbst von Hentig nicht umhin, festzustellen: „Welche Verwirrung für das Kind!" (ebd., 109 f.). Deutlich wird in seinem Text, auf welch absurde Weise die beiden Männer den Jungen überforderten und ihm damit „symbolische Gewalt" (Pierre Bourdieu) antun. Von Hentig macht ihn zum idealen Knaben. Voller Bewunderung für den schönen Jungen sieht er den zehnjährigen „Ritter Nikolaus" in seiner Eloge als Lichtgestalt an und preist schmelzend „Deinen Lebenswillen und Deine Selbstüberwindung, Deine Zärtlichkeit und Deinen Mut, Deine Hilfsbereitschaft, Deine Geschicklichkeit, Deine Nachsicht, Deinen Großmut, Deinen Zauber" (ebd., 115). Welcher Jugendliche wäre solch überschwänglichen Lobpreisung gewachsen, ohne vor Scham in den Boden zu versinken oder überzuschnappen? Von Hentig lässt in der Beschreibung des späteren Soldaten Nikolaus kein Klischee aus. „Männlich-hart", sei der Junge gewesen, „technischbegabt, mündig-kritisch und schön" (ebd., 114), ja, „schlank wie eine Weidenrute" (ebd., 110). Sein Neffe Nikolaus war in seiner Kindheit zwischen Eltern,

Verwandtschaft und Heimen hin- und hergeschoben worden, und auch nach der von-Hentig-Intervention geht die Sache nicht gut aus. Die OSO, die er im Nachgang zum Griechenlandtrip für ein paar Monate besucht, zeigte sich Nikolaus nicht gewachsen. Er bringt dort nach kurzer Zeit, wie es heißt, alle gegen sich auf und muss schnell wieder gehen. Später möchte er noch einmal zurückkommen, wird jedoch abgewiesen, und zwar von demselben Becker, der ihm in Griechenland nach von Hentigs Meinung der verständigste Erzieher gewesen sein soll. Es folgen Stationen in der Psychiatrie, in einem Heim für schwierige Kinder und zwischenzeitlich auch als Soldat. Am Ende stirbt Nikolaus vierundzwanzigjährig bei einem Unfall.

Der größte Pädagoge: Nachdem Becker aufflog, implodierte das Denkmal von Hentig. Kein Wunder, hatte von Hentig seinen Partner doch zuvor zum „größten Pädagogen der Gegenwart" befördert (zit. nach Oelkers 2016, 549). Zum Verhängnis wurde ihm vor allem, dass er sich nicht rechtzeitig zum Mitleid gegenüber den Becker-Opfern bereitfand. Von Hentig hatte ehedem einen „Sokratischen Eid" für Lehrerinnen und Lehrer formuliert, mit dem er ihnen und damit auch sich die Verpflichtung abverlangte, den „Willen" eines Kinds „nicht zu brechen". Am Schluss des Texts erklärte von Hentig „die Bereitschaft, mich jederzeit an den darin enthaltenen Maßstäben messen zu lassen" (1993, 246 f.). Stattdessen kamen von ihm nach dem Sündenfall Bekundungen der Unzerstörbarkeitseiner Verbindung mit Becker, Leugnungen eigener Verstricktheit, scharf formulierte Abwehr und Versuche, die Glaubwürdigkeit der Opfer seines Geliebten in Zweifel zu ziehen. Auf den fast 1400 Seiten des bislang letzten Bands seiner Erinnerungen sagt von Hentig zwar Nein zum Sex mit Kindern und stellt Beckers Schuld nicht mehr grundsätzlich in Abrede. Weiterhin finden sich darin jedoch zahllose Ausflüchte, selbstgewisse Ironisierungen, gönnerhaftes Schulterklopfen für seine Getreuen, rührseliges Mitleidsersuchen und fragwürdige Differenzierungen. Etwa die zwischen „falschen" und „abscheulichen sexuellen Handlungen" an Heranwachsenden (2016, 579).

Hellenische Liebe: Was von Hentigs Werk als Erziehungswissenschaftler angeht, so stellt Christian Timo Zenke in seiner kritischen Analyse von von Hentigs Schriften zur Ästhetik fest, es sei dem Becker-Gefährten auch auf Hunderten von Seiten nicht gelungen, den Vorwurf einer „in seinen eigenen pädagogischen Schriften begründeten *Mitverantwortung*" zu entkräften. Zweifelhaft erscheine vor allem die Kombination von „umfangreicher Anlage, inhaltlicher Weitgefasstheit, perspektivischer Einseitigkeit, rhetorischer Pointiertheit und begrifflicher Vagheit" (2018, 312). Im Detail bezieht sich Zenke auf die von Hentigs Ästhetik eingeschriebenen Motive des „pädagogischen Eros", von „Schönheit und Schmerz", der Figur des „schönen Menschen, dessen Anblick täglich Anschläge auf meine Seele verübt, der mir Schrecken und Seligkeit einjagt" und einer „pädagogischen Liebe" gegenüber dem jungen Menschen als „Nutznießer" des „schwelenden Leidens seines liebenden Lehrers". Zenke moniert, dass von Hentig – obwohl es doch auf der Hand gelegen hätte – nicht wenigstens „die Möglichkeit des sexuellen Missbrauchs" reflektierte (ebd., 191 ff.). Auffällig (und bei einem so wortmächtigen Schreiber wie von Hentig sicher kein Zufall) ist sein gefühlig-schwüles Vokabular, das jede kritische Distanz vermissen lässt. Man kann es auch so sagen, wie es der Sozial- und Erziehungswissenschaftler Wolfgang Edelstein formulierte: „Diese ganze Mystifizierung pädagogischer Beziehungen unter Berufung auf eine höchst problematische Antike, das ist selbstwertdienlicher Quatsch dieser Kreise um Becker und von Hentig" (zit. nach Zenke 2018, 62).

Enfant perdu: Am Ende bleiben viele Fragen. Zum Beispiel: Wie haben die von Hentig'schen Mystifizierungen so lange halten können? Waren die pädophilen Übergriffe als Übertragung der pädagogischen Liebe zu den schönen Knaben in die Realität der OSO absichtsvoll geplant oder ergaben sie sich irgendwann als Gelegenheit? Spielte von Hentig ein Spiel mit seinen Bewunderern? Wie konnte das Schweigekartell um die OSO so lange halten? Gerade weil es an der OSO nicht nur Pädokriminelle und libertäre Schwarmgeister gab, sondern auch viele ernsthafte Pädagoginnen und Pädagogen, bleibt rätselhaft, wieso der Aufschrei gegen den Missbrauch nicht von ihnen kam, sondern ausschließlich von ehemaligen Schülerinnen und Schülern. „Ist es jetzt endlich raus?", war nach der Aufdeckung des Skandals von OSO-Insidern zu hören. Sollte heißen: Wir haben es ja gewusst, stellten aber die Sorge um den Erhalt der Institution über die Solidarität mit den Opfern. Eine Rolle mag dabei gespielt haben, dass die OSO sich selbst als vorzügliche Bewahrerin reformpädagogischer Tradition sah. Aber wie konnte man annehmen, dass deren emanzipatorische Ziele und Verfahren (Selbsttätigkeit, Koedukation, pädagogischer Bezug, Individualisierung, soziales Lernen, Durchlässigkeit des Systems …) weiterwirken unter einem Mantel des Schweigens über ihren Missbrauch? Die OSO-Pädophilen um Becker und ihre Helfer zerstörten eine Schule, die sich nach Herkunft und Außendarstellung viel darauf zugutehielt, die Freiheit ihrer Schülerinnen und Schüler zu befördern. Eine Schule von Antifaschistinnen und Antifaschisten, die in Exil und Widerstand gewirkt hatten, von Pädagoginnen und Pädagogen wie Paul Geheeb, Minna Specht, Ernest Jouhy und Wolfgang Edelstein zum Beispiel, die gegen die Gewalt angekämpft hatten, um am Ende um ihr Lebenswerk von Pädokriminellen betrogen zu werden.

Gewalt bricht Idylle

Es mag auf den ersten Blick merkwürdig erscheinen, wenn wir am Schluss dieses Kapitels den Bogen zur Nazivergangenheit schlagen. Aber dafür gibt es mehrere Gründe: Erstens geschieht es, weil das NS-Regime eine der radikalsten Formen des Bösen darstellte. Zweitens zählten zu den Opfern des von ihm begangenen Genozids zahllose Kinder und Jugendliche. Und drittens soll damit reagiert werden auf die Verharmlosung des NS-Terrors durch Rechtspopulistinnen und Rechtspopulisten. Der AfD-Fraktionsvorsitzende im Deutschen Bundestag Alexander Gauland scheute sich zum Beispiel nicht, die blutige NS-Herrschaft als „Vogelschiss in der deutschen Geschichte“ abzutun, während sein Parteifreund, der Thüringer AfD-Landeschef Björn Höcke, schon von neuen Deportationen träumt, diesmal von Flüchtlingen und Zugewanderten. Sprechen wir deshalb am Ende von einem exemplarischen Fall des Bösen, von der Ermordung der Kinder von Izieu.

In Memoriam Paul und Sascha

Verschleppt und gefangen: Izieu ist wie Ober-Hambach ein idyllischer Ort, heute wie damals. Wie aus einem Renaissancebild geschnitten, so liegen Berge, Fluss und Täler vor der Betrachterin/dem Betrachter. Die Rhône, hier noch sehr schmal, schlängelt sich zwischen schroff abfallenden Felswänden, großen

Wäldern und grünen Matten dahin. Bauern bearbeiten ihre Felder und lassen ihr Vieh weiden. In der Ferne sind die großen Städte zu ahnen. Schönheit, so weit das Auge reicht. 1943 jedoch überfiel in Izieu, dem abgelegenen Weiler im Departement Ain zwischen Lyon und Grenoble, das Böse die Schwächsten der Schwachen. Vierundvierzig Kinder und sieben ihrer Betreuer wurden hier von einer Gestapohorde abgeführt, um in die Nazigaskammern im Osten deportiert zu werden. Woran heute das „Maison d'Izieu. Mémorial des Enfants juifs exterminés" erinnert, ein Ort der Trauer und der Studien (s. Maison d'Izieu 2016).

„Jedes Mal, wenn ich heute nach Izieu komme", schreibt Paul Niedermann (1927-2018) in seinen Erinnerungen, „bin ich wieder überrascht von dem Frieden, den die ganze Landschaft dort vermittelt" (2011, 106). 1927 in Karlsruhe geboren, kam er im Juli 1943 zum ersten Mal hierher. Der damals Sechzehnjährige war von den Nazis 1940 mit seiner Familie in das Lager Gurs am Rande der Pyrenäen verschleppt worden, im Zuge einer eilfertigen Aktion der regionalen NS-Anführer Robert Wagner (Baden) und Josef Bürckel (Saarpfalz), denen es gar nicht schnell genug gehen konnte, ihre Gaue für „judenfrei" erklären zu können. Sie ließen mehr als 6000 Menschen aus Baden, der Pfalz und dem Saarland nach Gurs in ein Lager bringen, das von den Franzosen ursprünglich für Flüchtlinge aus dem Spanischen Bürgerkrieg eingerichtet worden war. Dort wurden sie unter unsäglichen Bedingungen gefangen gehalten, mussten in Schlamm und Kälte dahinvegetieren, starben entweder an der Ruhr oder wurden in die Vernichtungslager im Osten geschafft. Der junge Paul verlor am Ende seine ganze Familie, außer seinem Bruder Arnold, der auf abenteuerliche Weise zu Verwandten in die USA gelangte. Geholfen hat den beiden das jüdische Hilfswerk OSE („Œuvre de Secours aux Enfants"), dessen Mitarbeiter sie aus dem sogenannten Familienlager in Rivesaltes bei Perpignan herausschmuggelten. Ihre Eltern mussten die Brüder unbegleitet einem ungewissen Schicksal überlassen, ohne sie je wiederzusehen.

OSE, das war und ist eine jüdische Selbsthilfegemeinschaft, die 1912 in Sankt Petersburg gegründet worden war. Von den Bolschewiki aufgelöst und 1922 in Berlin neu etabliert (Ehrenvorsitzender: Albert Einstein), verlegte OSE 1933 seinen Sitz nach Frankreich, wo das Netzwerk nach der französischen

Niederlage und den antisemitischen Gesetzen und Maßnahmen der Regierung Pétain (mit Sitz im kleinen Badeort Vichy) 1940/41 bald nur noch im Untergrund operieren konnte. Dies tat es allerdings mit großer Energie. OSE-Helfer befreiten Kinder aus Internierungslagern und schufen ein Netz von Verstecken und Anlaufstellen, nicht selten praktisch unterstützt von Organisationen des französischen Widerstands. So wurden im August 1942 in Vénissieux, einem Vorort von Lyon, in einer gemeinsamen Aktion über einhundert jüdische Kinder aus dem dortigen Lager befreit. In Nizza konnten über fünfhundert jüdische Kinder in katholischen Einrichtungen untergebracht werden, mit Unterstützung des dortigen Erzbischofs (s. Hazan 2008). Die OSE-Arbeit wurde freilich immer schwieriger, nachdem im Juli 1942 die Vichy-Regierung Deportationen von Kindern aus ganz Frankreichs genehmigte, mit oder ohne Eltern. Die Organisation der Aktion übernahmen die französische Polizei und die Eisenbahngesellschaft SNCF.

Im November 1942 wurde der bis dahin unbesetzte südliche Teil Frankreichs mehrheitlich von deutschen Truppen okkupiert, zum Teil aber auch von ihren italienischen Verbündeten, bis die Deutschen nach der Absetzung des Diktators Mussolini im September 1943 auch hier einrückten. Das hatte auch Auswirkungen auf die Kinder von Izieu. Der Ort befand sich zunächst in der italienischen Besatzungszone, wo die Behörden der Gründung einer eigenen Schulklasse im Heim noch zugestimmt hatten. Die „Kolonie der Flüchtlingskinder“, wie sie genannt wurde, arbeitete zunächst ganz legal in zwei Häusern des Weilers, von denen eines einmal der Seidenraupenzucht gedient hatte. Die Einrichtung wurde geleitet von dem französischen (ursprünglich aus Polen bzw. Russland stammenden) Ehepaar Sabine und Miron Zlatin. Sie beherbergten in Izieu während der elfmonatigen Existenz des Heims fast hundert Kinder, tatkräftig unterstützt von den im Ort ansässigen Bauernfamilien.

Deportiert und ermordet: Dann aber fand die scheinbare Idylle ein jähes Ende. Am 6. April 1944, zwei Monate vor der Landung der Alliierten in der Normandie, musste die Kolonie auf Befehl von Klaus Barbie, des Gestapo-Chefs von Lyon, geräumt werden. Die Kinder und ihre Betreuerinnen und Betreuer wurden dort in das Gefängnis Montluçon hinter dem Bahnhof Perrache gebracht, dann ins Durchgangslager Drancy im Norden von Paris transportiert und schließlich nach Auschwitz geschickt. Nur die junge Betreuerin Lea Feldblum kam von dort wieder zurück. In Izieu hätte sie sich vor dem Abtransport retten können, wollte die Kinder aber nicht im Stich lassen. Auch Sabine Zlatin überlebte, da sie zum Zeitpunkt der Razzia in Izieu nicht vor Ort war. Ihr Mann Miron hingegen wurde nach der Deportation im Juni 1944 ermordet, genau wie die Kinder, denen seine Sorge in Izieu gegolten hatte, wie Elie, Esther, Jakob, Mina, Arnold, Marcel, Renée und wie sie alle hießen, Flüchtlingskinder aus ganz Europa. Sie alle fielen nicht einer anonymen Militärstrategie zum Opfer, sondern wurden in den Tod geschickt, weil das personifizierte Böse es so wollte. Die Nazis und ihre Verbündeten, alle namentlich bekannt, kündigten ihnen kalt die mitmenschliche Anerkennung auf, in rassistischer Verblendung. Ca. 1,25 Millionen jüdische Kinder wurden von ihnen ermordet, ungefähr 90 % aller in Europa lebenden Kinder dieses Glaubens. In Auschwitz kamen Kinder unter 15 Jahren gewöhnlich direkt in die Gaskammer, in den Tod geschickt von Fanatikern, Bürokraten, Technokraten und Profiteuren des Bösen.

Die Täter: Zwei SS-Befehlshaber in Frankreich taten sich dabei besonders hervor: Zum einen Alois Brunner, Kommandant des Durchgangslagers Drancy, zuvor verantwortlich für die Deportation der Juden aus Saloniki, später Nachfolger von Adolf Eichmann und nach dem Krieg in arabischen Staaten als Waffenhändler unbehelligt unterwegs. Zum anderen Klaus Barbie, genannt „der Schlächter von Lyon“, Hauptinitiator der Izieu-Aktion. Von ihnen beiden stellt Serge Klarsfeld fest: „1944 gab es in Frankreich eine Menge Heime, in denen jüdische Kinder Zuflucht fanden, und die Gestapo hat alle gekannt. In ganz Frankreich aber waren nur zwei Gestapo-Offiziere, die nicht darüber hinweggesehen haben, Alois Brunner und Klaus Barbie. Sie schlugen zu, obwohl der Krieg seinem Ende entgegenging“ (2005, 107). Barbie („Ich kam zum Töten nach Lyon.“) war ein Sadist, der sich persönlich an Folterungen beteiligte und auch die Ermordung des legendären Résistance-Anführers Jean Moulin auf dem Gewissen hat.

Trotz seiner Untaten – und auch das muss im Zusammenhang der Geschichte der Gewalt gegen die Kinder von Izieu erzählt werden – konnte Barbie 1945 bis 1950 in Augsburg als Helfer der amerikanischen Besatzer und des ersten deutschen Nachkriegsgeheimdiensts unter General Gehlen sein Unwesen treiben, bevor er über die vom Roten Kreuz und dem Vatikan eingerichtete „Rattenlinie“ nach Lateinamerika gelangte. In Bolivien wurde der Geschäftsmann und Drogenhändler Barbie ein enger Vertrauter des deutschstämmigen Diktators Banzer und Chef der „World Union of National Socialists“. Mit Gesinnungsgenossen wie dem unbelehrbaren Nazi Hans-Ulrich Rudel, der in der Bundesrepublik mit dem Ritterkreuz um den Hals für die NPD warb, dem SS-Arzt Josef Mengele und Walther Rauff, dem Erfinder der Gaswagen, plante Barbie ein „Viertes Reich“ unter Palmen und betätigte sich als Repressionsspezialist im Dienste diverser südamerikanischer Gewaltregime, bevor es Serge Klarsfeld und Régis Debray 1983 nach einem Regimewechsel in La Paz gelang, Barbie gegen Zahlung hoher Summen an bolivianische Regierungsbehörden auf abenteuerliche Weise nach Frankreich zu schaffen. Zwar war Barbie hier schon 1952 und 1954 gleich zwei Mal zum Tode verurteilt worden. Die Todesstrafe aber war inzwischen abgeschafft und die größte Zahl seiner Verbrechen verjährt, sodass ein neuer Prozess angestrengt werden musste. Er galt Barbies Verbrechen gegen die Menschlichkeit, die 1965 für unverjährbar erklärt worden waren. Im Mittelpunkt stand – da ihnen niemand ernsthaft einen Kombattantenstatus zuerkennen konnte – die Ermordung der Kinder von Izieu. Zwar versuchte Barbies zwielichtiger Verteidiger Jacques Vergès aus dem Prozess ein Tribunal gegen den französischen Kolonialismus zu machen, 1987 jedoch wurde der Angeklagte zu lebenslanger Haft verurteilt und starb 1991 im Lyoner Gefängnis.

Ein Überlebender: Paul Niedermann hatte alle Verfolgungen überlebt. In Izieu war er nicht lange geblieben, weil er zu alt und zu groß erschien, um nicht aufzufallen. Dieser Umstand rettete ihm das Leben. Kurz bevor die Nazis einfielen, wurde er auf geheimen Wegen über die nahe Schweizer Grenze geschafft. Seine Zeit in Izieu spielte jedoch in Niedermanns Leben späterhin noch eine wichtige Rolle. Pierre Truche, der Ankläger im Barbie-Prozess, lud ihn 1984 als Zeugen zur Vernehmung vor und bestand darauf, die Umstände von Niedermanns Verfolgung genauestens zu erfahren. „‚Wie soll ich verstehen, was Sie, der kleine jüdische Junge aus Deutschland 1943/44 80 Kilometer von Lyon zu suchen hatten?‘, fragte er und quetschte mich aus wie eine Zitrone“, wie Niedermann feststellt. „Am Abend fuhr ich mit dem Schnellzug nach Paris zurück und war völlig erschlagen. Es war das erste Mal, dass ich von meiner Geschichte, meiner Familie und meinen Verlusten sprechen musste. Bisher hatte ich noch nie die Worte finden können.“ Diese Erfahrung hatte Folgen. „In der Nacht danach habe ich das erste Mal ohne Alptraum geschlafen. Meine Aussage im Barbie-Prozess ist meine Therapie gewesen und der Generalstaatsanwalt Pierre Truche mein Therapeut“ (2011, 127 ff.).

Danach dürfte kein Monat vergangen sein, an dem Paul Niedermann nicht in Frankreich oder Deutschland vor jungen Leuten als Zeitzeuge aufgetreten ist. Die Arbeit wurde zu seiner selbst gestellten Lebensaufgabe, der er folgte, solange seine Kräfte es zuließen. Von den Nazis für den Tod bestimmt, hat Paul dem vorbestimmten Schicksal getrotzt und seinem Leiden durch seine pädagogische Arbeit bis zum Ende neuen Sinn gegeben.

Warum?

Es gibt in jeder/jedem von uns Abgründe, vor denen wir uns in Acht zu nehmen haben. Freud sprach von einem Aggressionstrieb, den der Mensch in sich trage. Er nahm „zwei Grundtriebe“ an, „den Eros und den Destruktionstrieb“. Bei letzerem erscheine als letztes Ziel, „das Lebende in den anorganischen Zustand zu überführen Wir heißen ihn darum auch Todestrieb“ (Freud 1953, 12). Diese Konstruktion ist umstritten und doch ist nicht zu bezweifeln, dass ein gewisser Hang dazu selbst bei den friedlichsten Zeitgenossen zum Ausbruch kommen kann, zum Beispiel, wenn man sich in die Enge getrieben fühlt.

Die Hirnforschung stellt freilich auch fest, dass wir Nervennetze besitzen, die Aggressionen bremsen. „Diese Gabe verdanken wir bestimmten Nervenzellen, den Spiegelneuronen, die uns nachempfinden lassen, was ein anderer vor unseren Augen erleidet. Deshalb ist es uns unter normalen Bedingungen unangenehm, ja sogar oft unerträglich mitanzuschauen, wie einem anderen Menschen Schmerzen zugefügt werden. Es gibt aber auch Menschen, die generell fähig sind, Mitgefühl und Empathie auszublenden“, wie die Wissenschaftsjournalistin Alexandra Rigos bündig feststellt (in: GEOkompakt, 2016, 69 f.). Ein gewisser Trost besteht nur darin, dass es für Täterinnen und Täter psychischen Stress bedeutet, Böses zu tun. Brecht schrieb in einem Gedicht über eine japanische Holzmaske („Die Maske des Bösen"), deren „geschwollene Stirnadern" würden davon zeugen, „wie anstrengend es ist, böse zu sein" (1967, Bd. 10, 850).

Kapitel 5 – Über die Wechselseitigkeit in menschlichen Beziehungen und den Philosophen Emmanuel Levinas. Eine pädagogische Nutzanwendung

Anders sind wir alle, aber wie kann man trotz aller Gegensätze zu Einvernehmen gelangen? Diese Frage steht im Mittelpunkt der eigenwilligen Theorien des litauisch-französischen Philosophen Emmanuel Levinas. Funktioniert Kooperation auf der Basis wechselseitigen guten Willens oder ist dazu – wie Levinas meint – eine gewisse Selbstlosigkeit nötig? Und welche Bedeutung hat diese Frage für pädagogische Beziehungen? Es geht hier wohlgemerkt nicht um die Stellung des Philosophen Emmanuel Levinas (1906-1995) in der Geschichte seines Fachs während der letzten 2000 Jahre. Und genauso wenig ist eine Stellungnahme zum einzig richtigen Verständnis seiner verwinkelten Theorien zu erwarten. Stattdessen wird versucht, die Levinas'schen Ideen über das Anderssein in kritischer Weise für die Schule nutzbar zu machen. Das erscheint aussichtsreich, handelt es sich bei Emmanuel Levinas doch um einen ausgewiesenen Pädagogen. Wir werden deshalb ausgewählte Teile seines Werks mit Szenen aus dem Schulalltag konfrontieren, die Levinas' Theorie bestätigen oder in Frage stellen.

„Ein Rätsel" – so nennt die französische Zeitschrift „philosophie magazine" Emmanuel Levinas in einem ihm gewidmeten Sonderheft (2018, 3). Bei seiner Hinterlassenschaft handle es sich um ein „schwieriges, forderndes Werk". Umso überraschender aber, dass sich auf Levinas gleichermaßen Christen wie Juden, Konservative genauso wie Revolutionäre berufen würden. Obwohl er ihnen allen eine Ethik auferlege, die den jeweils anderen zum Zentrum eigener Verantwortung mache. Levinas Bestehen auf universale Werte könnte damit zu tun haben, dass er eine Reihe von Jahren als Lehrer und Schulleiter arbeitete. Denn in dieser Branche kommt man schwerlich zurecht, ohne dann und wann ethische Fragen zu bedenken.

Das Anderssein hielt Levinas für geradezu lebensnotwendig. Seine Anerkennung sah der Philosoph als eine Voraussetzung jeder ernsthaften Begegnung an, egal, wie groß die Unterschiede in der sozialen, nationalen oder kulturellen Herkunft auch sein mögen. Er war ein Denker des Widerspruchs und sah sich im Kampf gegen die Geläufigkeit des gerade Angesagten. Aber auch er selbst war ein widersprüchlicher Mensch.

Im Zentrum seiner Überlegungen steht die Möglichkeit der Verständigung zwischen den Menschen in ihrem Gemeinwesen, Menschen, die aus der Beziehung zum anderen Menschen heraus leben und deshalb einzugreifen bereit sind, wenn zentrale Werte gefährdet sind. Die dazu notwendige Kraft erwächst ihnen aus der Erfahrung der Verbundenheit. Sie zu vermitteln, zählte er zu den Aufgaben von Erziehung und Schule.

Wie ich dir, so du mir

Emmanuel Levinas war ein Denker des Sozialen, auch wenn er kein Soziologe war. Vehement legte er Einspruch ein gegen die Verabsolutierung des Individuellen. „Durch das Sehen, durch die Arbeit im Allgemeinen sind wir *mit* den anderen“, schrieb er. „Gemeinsam haben wir „die Möglichkeit des Heraustretens aus der Einsamkeit“ (Levinas 2008, 44). Es sei die Fähigkeit zu Gemeinschaft und Kooperation, die den Menschen auszeichne. Ich bin nicht du, denn du bist anders als ich, aber wir sind auf uns gegenseitig angewiesen und in der Lage, uns zu ergänzen. Bei der Arbeit, im Lernprozess, wo auch immer, der andere stellt für mich Spiegel und Inspirationsquelle dar, so wie ich für ihn. Ich kann nur ich werden, weil es ihn gibt. Frei geworden durch die Überwindung der eigenen Wahrnehmungsegozentrik, fügt sich das Ich – so lautet die Hoffnung – ein in das freie Miteinander unterschiedlicher Menschen.

Eine wichtige Rolle in der Begegnung spielt – so Levinas – das Antlitz des jeweils anderen. Es vermittele dessen existenzielles Recht, den Anspruch auf die Respektierung der Alterität des Gegenübers. Mit seiner Wahrnehmung entstehen Bewusstsein und Gefühl, angenommen zu sein. Ich kann nur Ich werden, weil es andere gibt. In Überwindung der eigenen Wahrnehmungsegozentrik, fügt sich das Ich ein in das Miteinander unterschiedlicher Menschen. Die Ethik dieses Prozesses beruht Levinas auf der Wahrnehmung der „Fremdheit des anderen", der in seinem Wesen „nicht auf mich, meine Gedanken und meinen Besitz zurückgeführt werden kann" (1993, 51). Durch diese Erfahrung belebt und motiviert, von der Gemeinsamkeit bestätigt und übersetzt in Bewusstseins, verdichte sich die erfahrene und gezollte Alteritätsanerkennung zum Programm gemeinsamer Verantwortung für die Welt.

Levinas geht in diesem Zusammenhang so weit, vom Ich eine „unendliche Verantwortung", ja „Selbstlosigkeit" zu verlangen. Sie kann jedoch logischerweise – so sei vorsorglich hinzugefügt – nicht in der Auflösung des eigenen Ichs bestehen, sondern bedeutet Erweiterung und Bereicherung der eigenen wie der fremden Persönlichkeit im Zusammenspiel der Kräfte. So wie die moralische Aufforderung an das eigene Ich darin besteht, anderen Hilfe zu leisten, erstreckt sie sich notwendigerweise auf das fremde Ich. Man erkennt an dieser Stelle die eingebaute pädagogische Anwendung, beruht doch die eigene Wirkung in der Motivation zum beispielgebendem Verhalten. Aber natürlich kann die Sache auch schiefgehen.

Die Lehrerin F.-D. hatte sich so viel vorgenommen. Als sie die neue Klasse übernahm, wollte sie von Anfang an Lernfreude vermitteln und für guten Kontakt sorgen. Aber dann verletzten sie gleich zu Beginn der ersten Stunde ein abwertendes Wort, eine obszöne Geste und ein höhnisches Lachen so sehr, dass sie darüber nur schwer hinwegkam. Sie war versucht, auf den groben Klotz einen groben Keil zu setzen, beherrschte sich aber noch rechtzeitig. Statt wie geplant das heitere Kennenlernspiel zu erläutern, verfiel sie jedoch in scharfe Ordnungsrufe, erreichte damit das Ziel, für mehr Ruhe zu sorgen, war aber hinterher keineswegs glücklich mit sich.

Die Frage der Anerkennung des Anderseins entscheidet sich nicht allein über die gute Stimmung im Saal. Es hätte Levinas Absolutheitsanspruch vermutlich nicht gereicht, und doch sind auch Formen anerkennenden Umgangs denkbar, die eine gewisse abwartende Distanz ausdrücken. Allerdings darf nicht gelogen werden, denn damit ginge das Vertrauen verloren, es bei dem anderen mit einem Menschen zu tun zu haben, der es genauso ernst meint wie man selbst.

Kenner mögen an dieser Stelle einwenden, dass eine so kurze Darstellung der Komplexität des Levinas'schen Gedankengebäudes nicht gerecht wird. Das stimmt natürlich. Entlastend sei jedoch auf die Tatsache hingewiesen, dass sein Werk Entwicklungen durchgemacht hat, Brüche aufweist und plötzliche Wendungen kennt. Auch weicht selbst unter „Levinasten" das Verständnis ihres Meisters voneinander ab, je nachdem, ob sie auch dem „späten" Levinas noch zu folgen bereit sind oder nicht. Und zuweilen widersprach sich der Meister auch selbst. Zum Glück. Doch davon später.

Der Lehrer Levinas und die Last auf seinen Schultern

Emmanuel Levinas war kein über jeden Zweifel erhabener Vater, Erzieher, Lehrer und Rektor. Aber wer ist das schon? Wohl weil sein Leben schwierig war, kennzeichnet sein Werk ein großer Ernst – neben der gerade erwähnten Widersprüchlichkeit. Selbst Kenner wie Micha Brumlik nennen es „komplex und nicht immer klar" (2013, 21). Bernhard H. F. Taureck, Verfasser einer Monografie über den Philosophen, findet sein Werk „schwer zugänglich" (2006, 68), nicht selten „intuitiv" (ebd., 48), manchmal nur „ansatzweise verständlich" (ebd., 83). Aber man muss Levinas ja keineswegs in allem folgen, um aus dem, was er uns als Ergebnisse seines Denkens anbietet, Anregungen zu beziehen für die Beschäftigung mit pädagogischen Problemen.

Als Vater war Levinas um das Fortkommen seiner Kinder extrem besorgt, berichtet sein Sohn Michaël, ein bekannter Pianist und Komponist. So habe er sich zum Missfallen des Jungen bei dessen Lehrern im Konservatorium laufend nach seinen Lernfortschritten erkundigt. Seine Schwester Simone erhielt zu Hause vom Denker der Alterität sogar hin und wieder ein paar schallende Ohrfeigen, wenn sie Mathematikaufgaben partout nicht verstand.

Im pädagogischen Feld aktiv: Als Lehrer und Schulleiter arbeitete Levinas viele Jahre lang an einer jüdischen Privatschule, der Pariser „École Normale Israelite Orientale", bevor er Professor an verschiedenen französischen Universitäten wurde, am Ende an der Sorbonne. Sein Schüler und Biograf Salomon

Malka, der Zeugnisse über Levinas als Vater und Lehrer gesammelt hat, erinnert sich an einen strengen Rektor, „von dem man eigentlich wenig wusste, außer dass er auch noch Bücher schrieb, die niemand gelesen hatte" (2003, 13). Er zeichnet darüber hinaus das Bild eines kleinen Energiebündels, das ständig durch die Gänge seiner Schule sauste, zu Wutausbrüchen neigte und zahllose Gauloises ohne Filter rauchte. Hochnervös und in der Ansprache weitschweifig, manchmal aber auch heiter und genießerisch (Torten von Lenôtre!), muss Levinas eine unverwechselbare Persönlichkeit abgegeben haben. Sohn Michael meint, seinen Vater habe eine „pädagogische Berufung" angetrieben, beseelt von der „Liebe zu seinen Schülern" (zit. nach Malka 2003, 253). Ehemalige Eleven äußern sich über ihren Lehrer dagegen weniger eindeutig. Monsieur Levinas habe „etwas Raues, Strenges, Asketisches" an sich gehabt, wird berichtet, „aber auch eine väterliche, herzliche, sogar spaßige Seite". Er habe ein „offenes und gleichzeitig schwer zu durchschauendes Wesen" gezeigt (ebd., 97). An seinem Engagement für die Sache jedoch bestand nirgendwo Zweifel. „Er war ständig in Wallung, schweißbedeckt, auch wenn er nur eine Philosophiestunde gegeben hatte", pausenlos tätig und immer „auf dem Siedepunkt" (ebd., 111). Methodisch verfuhr Lehrer Levinas traditionell-französisch. „Wenn man vor ihm saß, hatte er das Redemonopol. Er war es, der sprach. Sobald jemand eine Frage stellte, fühlte er sich nicht wohl in seiner Haut, kam durcheinander und verlor den Faden." Anderseits wird aber auch über ihn gesagt: „Es gab nicht nur den Vorlesungsstil, man konnte frei mit ihm reden." Geduldig und offen für Widerspruch war er aber wohl eher im Zwiegespräch. Über seinen Unterricht in der Klasse dagegen meint ein späterer Kollege, Levinas habe „den Stil der großen Vorlesung" gepflegt. „Er war kein guter Lehrer. Sein Philosophieunterricht war reich, aber ungeordnet und verwickelt" (ebd., 114 f.). Levinas habe mit „Kommunikationsproblemen" zu kämpfen gehabt. „Es mangelte ihm oft an Zurückhaltung, und er war sehr schnell ungehalten" (ebd., 100). Worin mögen die Gründe liegen für solche Widersprüche im Verhalten des Verfechters eines „Humanismus des anderen Menschen" (Levinas 1989a)? Natürlich in seiner Geschichte.

Herkunft und Verfolgung: Levinas entstammt einer so gebildeten wie gläubigen litauisch-jüdischen Buch- und Papierhändlerfamilie aus Kaunas. Gleich nach dem Einmarsch der Deutschen 1941 wurden sowohl seine Eltern als auch seine beiden Brüder von litauischen Soldaten, die die deutschen Truppen unterstützten, erschossen. Mit ihnen starben bis 1944 eine Viertelmillion Menschen. „Fast die gesamte litauische Judenheit wurde ermordet, in deutscher Verantwortung und unter deutscher Regie“ (Benz/Neiss 1999, 7).

In Levinas' Heimatstadt lebten zum Zeitpunkt des Überfalls ungefähr 40 000 Juden. „Nur wenigen gelang die Flucht. Bereits kurz nach der Besetzung der Stadt durch deutsche Truppen am 24. Juni 1941 kam es zu ersten Erschießungen und gut organisierten Pogromen gegen die jüdische Bevölkerung“ (Neumann 2003, 145 f.). Auch Levinas' Großeltern sowie weitere Verwandte fielen den Mördern des jüdischen Volks zum Opfer. Mit dieser Last auf seinen Schultern musste Emmanuel Levinas leben. Er selbst war schon 1923 zum Studium nach Straßburg übersiedelt und wurde in Frankreich naturalisiert. Den Krieg überlebte Levinas als französischer Soldat in einem deutschen Kriegsgefangenenlager. Seine Ehefrau und ihre Kinder überstanden die deutsche Besatzung Frankreichs in verschiedenen Verstecken. Beim Untertauchen half ihnen Maurice Blanchot, ein Levinas-Freund aus Studententagen. Er, das spätere „Musterexemplar des französischen Linksintellektuellen“ (Jürg Altwegg), hatte in jungen Jahren zunächst für rechtsextreme Blätter gearbeitet und sogar antisemitische Pamphlete veröffentlicht, bevor er politisch konvertierte. Unabhängig von allen politischen Unterschieden jedoch blieben Blanchot und Levinas lebenslang in Kontakt. Trotz aller Differenzen konnten sie sich nicht als Feinde sehen. Mit dem Ergebnis, dass der Freund zur Stelle war, als es 1939 um Leib und Leben von Levinas' Angehörigen in Frankreich ging. Blanchot lebte deren Recht aufs Anderssein unter höchstem Risiko.

Diese Tat und die Not, die ihr vorausging, spiegeln sich in Levinas' Werk auf vielfältige Weise wider. Sie werfen ein bezeichnendes Licht auf die hohe Wertschätzung, die der Philosoph der Begegnung unter Menschen zumaß, ist sie doch geeignet, lebensentscheidende Konsequenzen zu zeitigen. Blanchots Beispiel, gegeben in Zeiten unerbittlich ausgetragener Feindschaften auch im intellektuellen Milieu, birgt die Hoffnung, scheinbar unüberwindliche Barrieren zwischen Menschen zu durchbrechen. Es belegt, dass die Anerkennung des Andersseins nicht nur ein theoretisches Modell darstellt, sondern die Kraft entwickeln kann, Menschen zu halten und zu erhalten. Deutlich wird die Bedeutung „uneigennützigen Engagements", der „Öffnung auf den anderen, einer mitmenschlichen Anteilnahme", die Levinas' Theorie ausmacht (Altwegg). Sie dient, wie sich zeigt, gegebenenfalls auch der Rettung des eigenen Ichs. Blanchots politische Wendung wurde beglaubigt durch sein Verhalten gegenüber Lévinas und den Seinen. Sie eröffnete nicht nur ihnen, sondern auch ihm selbst die persönliche Entwicklung. Ohne Gegenüber keine Freiheit der Entscheidung. Ohne individuelles Engagement kein verlässliches Zusammenleben. Das lehrt Blanchots Widerstand gegen die Gewalt der todbringenden deutschen Besatzer und ihrer Verbündeten.

Wie viele andere Traumatisierte sprach auch Emmanuel Levinas später nur selten über die Shoah und darüber, wie sehr die Angst sein Leben bestimmte. Er mied nach allem, was er erlebt hatte, die große politische Bühne und wurde als konservativer Gaullist angesehen. Dagegen ging er intellektuell eigene Wege, philosophisch wie religiös (was für ihn keinen Gegensatz bildete). In seinem Verständnis des Judentums war die Praxis und nicht religiöse Inbrunst der Prüfstein des Glaubens. Die Verpflichtung für den anderen Menschen rangierte vor der Verpflichtung gegenüber Gott. Die einzige Art, ihn zu respektieren, so Levinas, besteht darin, den anderen zu achten und ihm behilflich zu sein. Amüsiert berichtete er von Hannah Arendts Erlebnis mit einem Rabbi, dem sie in jungen Jahren verschämt bekannte, den Glauben verloren zu haben. Worauf der geantwortet habe: „Aber wer fragt Sie *danach*?" Er nahm die spirituelle Seite der Sache offenbar weniger wichtig. Levinas kommentierte das mit den Worten „Diese Antwort ist charakteristisch. Was bei uns wichtig ist, ist nicht das Glauben, sondern das Tun" (zit. nach Malka 2003, 203).

Von der Größe des Lehrberufs

Die Hannah-Arendt-Anekdote lässt sich auf Bedeutung und Reichweite pädagogischer Beziehungen übertragen. Geht es doch auch dabei um die Folgewirkungen des Handelns.

Unendlich traurig steht der große, schwere Neuntklässler vor Herrn C., seinem Arbeitslehrelehrer, und dreht einen Gegenstand in den Händen, der ihm offenbar wichtig ist. In den vergangenen zwei Wochen hat er in einer Maschinenfabrik ein Berufspraktikum absolviert. Der ihn betreuende Ingenieur lobte ihn sehr, als der Lehrer seinen Schüler vor Ort aufsuchte. Sein zweiter verabredeter Besuch im Betrieb konnte jedoch nicht stattfinden. Außerdem hatte der Junge auf ihn bisher nie den Eindruck gemacht, sonderlich „bemuttert" werden zu müssen. Aber nun steht er neben dem Lehrerpult, hat Tränen in den Augen und auf die Frage, was los sei, verfällt er in den Dialekt seiner Heimat: „Sie sind net kumme." Ist am Ende etwas schiefgelaufen? Mitnichten. Der Betrieb hat ihm sogar ein Abschiedsgeschenk gemacht, das der Junge nun in den Händen hält. Er hatte deshalb gehofft, dass auch dem Lehrer die Anerkennung seiner Bemühungen vor Ort mitgeteilt worden wäre. Sein Stolz ist etwas geknickt, aber der Lehrer weiß jetzt, dass er seinem Schüler nicht egal ist.

Levinas schätzte die Lehrarbeit hoch. Er stellte eine Analogie her zwischen dem Verhältnis der Eltern zu ihren Kindern und der professionellen pädagogischen Beziehung. Den Eltern-Kind-Kontakt präge „das Verhältnis zu einem Fremden, der, obwohl er der andere ist, Ich ist" (Levinas 2008, 54 f.). Auch der Schüler bleibe der andere, habe aber genau wie von Mutter und Vater vom Lehrenden etwas erhalten, was – auf persönliche Weise anverwandelt – zum Eigenen werden könnte. Elternschaft wie professionelles pädagogisches Verhältnis böten die Möglichkeit, aus der „Abgeschlossenheit der eigenen Identität" herauszutreten. Auch ohne biologische Grundlage könne Bindung entstehen, ein Moment der „Brüderlichkeit" (ebd.). Die soziale Verantwortung für den anderen und nicht etwa institutionelle Regelungen stellte für Levinas die Basis der Beziehung von Lehrenden und Lernenden dar. Er vermittelte Lehrkräften ein gutes Stück pädagogischen Optimismus, indem er unterstellte, im Unterricht gehe es um Identitätsstiftung – unter der Voraussetzung, dass die Inhalte des Unterrichts von der Persönlichkeit des Unterrichtenden überzeugend vermittelt und von den Lernenden produktiv verarbeitet werden.

Dies kann freilich nur geschehen, wenn die Schule – so lautete Levinas' Forderung – nicht mit „integrativer Gewalt" handelt, „Distanzen zerstört, Unterscheidungen verwischt und den Einzelnen im Ganzen aufgehen lässt", wie sein Interpret Andreas Gelhard zusammenfasst (2005, 20). „Nichts Schlimmeres", schreibt der Levinas-Schüler Alain Finkielkraut, „als seine eigene Lebensweise zur universellen Norm zu erheben" (1989, 39). Das Eigene könne nur als Ergebnis von Verständigungsprozessen entstehen und nicht in der Folge von bloßen Setzungen. Dem entsprechend hat sich die Schule als dialogisch und antitotalitär zu definieren. Levinas machte warnend darauf aufmerksam, dass eine Institution nicht die Hand auf die von ihr Abhängigen legen darf. Ihre Freiheit gibt ihnen das Recht dazu, anders zu sein und es zu bleiben und trotzdem die nötige mitmenschliche Anerkennung erwarten zu dürfen. Man darf die andere oder den anderen nicht vereinnahmen, sie oder ihn nicht auf den Begriff bringen wollen, statt sie oder ihn als natürlich widersprüchlich zu begreifen.

Das Augenspiel, ein Kapitel für sich

Das Recht aufs Anderssein wird nach Levinas im menschlichen Antlitz repräsentiert. Es erinnert in jeder Lage unübersehbar daran, dass unser Gegenüber mit allen natürlichen Rechten ausgestattet ist, die jedem Menschen zukommen. Sie sprechen aus seinem Gesicht genauso wie aus meinem. Es ist der metaphorisch-vorsprachliche Träger der naturrechtlichen Anerkennungsforderung. Dabei geht es Levinas nicht um die individuelle Ausprägung des Antlitzes und auch nicht um seinen ästhetischen Reiz, den man mehr oder weniger schätzen mag. Nicht Geschmack und Sympathie spielen dabei eine Rolle, sondern einzig die Spur des Menschseins im Bild des anderen. Notfalls ablesbar auch im Ellenbogen. Am Gesicht des Gegenübers jedenfalls kommt trotzdem niemand vorbei. Was brächte es auch, würde man dessen individuellen Ausdruck zu meiden versuchen, die je eigene Ausprägung von Gesicht, Auge, Blick? Unsere Art, sie anzuschauen, und ihre Reaktion auf das Angesehenwerden, das „Augenspiel" (Elias Canetti), gehört zu unserer Persönlichkeit. Bedeutung und Folgen zeigen sich spätestens, wenn Blicke ein Eigenleben zu führen beginnen.

Pädagogische Blicke: Der Blickkontakt zwischen Lehrperson und Schülerinnen und Schülern ist „das effektivste Mittel zur Steuerung der Unterrichtsprozesse“, schreibt Hilbert Meyer (1987, 392). Auf diesem Wege werde akzentuiert, gelobt, getadelt, anerkannt und diszipliniert, gesendet und empfangen. Die gute Lehrerin/der gute Lehrer arbeitet bewusst mit ihren/seinen körpersprachlichen Mitteln, indem sie/er sich der Lerngruppe zuwendet, sie „im Auge behält“, wie man so sagt. Wer erinnerte sich nicht an dankbare Blicke, die einen zuweilen erreichen, nachdem man in der Lage war, zu helfen? Furchterregende Blicke oder ein mokantes Herabsehen auf die andere/den anderen blockieren dagegen, statt zur Mitarbeit und zum Mitdenken zu motivieren. Sie werden zu allem Überfluss nicht selten auch noch mit verletzenden Bemerkungen verbunden.

„Romana!“ Der manchmal sehr gallige Mathematiklehrer E. blickt bei der Notenbesprechung das Mädchen streng an und rollt die Augen. „Wenn du deinen Kopf nicht nur zum Kämmen verwenden würdest, müsste dir seit längerer Zeit klar sein, dass du schwer gefährdet bist. Höchste Zeit, etwas für Deine Abschlussnote zu tun.“ Romana schaut zu Boden und sagt leise zu ihrer Banknachbarin. „Hat alles keinen Zweck.“

Du sollst nicht töten: Für Emmanuel Levinas bildet sich im menschlichen Gesicht die Notwendigkeit und die Möglichkeit des Friedens in der Begegnung ab. Da das Antlitz sich dem anderen nackt, schutzlos, verwundbar darbietet, „exponiert, bedroht, als würde es uns zu einem Akt der Gewalt einladen“, vermelde es die entscheidende Wahrheit: die Forderung des sechsten Gebots „Du sollst nicht töten“, das „erste Wort des Antlitzes“ (2008, 64 ff.). Darin öffne sich die „Tür zum Unendlichen“ (Sven Ortoli), möglich geworden durch die Repräsentation des Göttlichen im Menschen. Aus ihm spricht „die Annahme eines heiligen, nicht durch eine Leistung erworbenen, aber auch nicht verlierbaren und zerstörbaren Kerns jedes menschlichen Wesens“ (Joas 2015, 224). Man kann die Levinas’sche These vom Tötungsverbot, das dem menschlichen Antlitz eingeschrieben ist, aber auch metaphorisch verstehen. Das würde bedeuten, dass es nicht erlaubt ist, der anderen/dem anderen zu nahezutreten, ihn fertigzumachen, bloßzustellen, zu mobben und in seiner persönlichen Würde zu beeinträchtigen. Die politische Bildung spricht vom „Überwältigungsverbot", das Lehrkräften untersagt, Schülerinnen und Schüler im Unterricht zu manipulieren.

Mit der über Blicke vermittelten Verpflichtung zur Anerkennung von Alterität entwarf Emmanuel Levinas eine Utopie der Friedfertigkeit in einer unerlösten Welt. Er stellte sie als pädagogisch verstandene Aufgabe gegen die Gewalt, wie er und Millionen andere sie erleben mussten und müssen. Wenn er das Antlitz für unüberwindlich erklärt, so benennt er damit eine Alternative zur Faszination des Bösen, die Faszination des Menschlichen.

Einwände dagegen liegen auf der Hand: Entgegen Levinas' These vom unsterblichen Antlitz setzten sich kinderschlachtende SS-Männer und kopfabschlagende Kämpfer des Islamischen Staats den Blicken ihrer Opfer aus und mordeten weiter, aus individuell-sadistischen Motiven und/oder als selbst ernannte Vollstrecker angeblich höherer Zwecke. „Das Verbot zu töten, macht den Mord nicht unmöglich, selbst wenn die Autorität des Verbotenen im schlechten Gewissen über das vollbrachte Böse erhalten bleibt", wusste auch Levinas (2008, 65). Das Gewissen sorge in der Auseinandersetzung mit dem Bösen allerdings dafür, dass seine Untaten dem Menschen in ihrem Innersten nachgehen.

Zum Beleg kann eine Stelle aus Dostojewskis Roman „Schuld und Sühne" (die Titel seiner Übersetzungen variieren bekanntlich) herangezogen werden, was insofern zu Levinas passt, als er die Weltliteratur gerne als Quellen- und Belegsammlung für seine Überlegungen nutzte. Raskolnikow erschlägt eine Pfandleiherin mit einem Beil. Ein erlaubter Mord, wie der Täter findet, nicht ohne dabei auch auf den eigenen Vorteil bedacht zu sein. Unmittelbar vor der Mordtat sieht ihn die alte Frau „aufmerksam, böse und misstrauisch" an (Dostojewski 1996, 106). Raskolnikow erscheint es, als läge „in ihren Augen so etwas wie Spott, als ob sie schon alles erraten hätte". Genau in diesem Augen-Blick entscheidet sich sein Schicksal. Er „verliert die Fassung" (ebd.) und wird forthin zu einem vergeblich nach Erlösung Suchenden. Vom Gesicht der Alten kommt er nicht mehr los. Es ist für ihn tatsächlich unsterblich geworden.

Blind für den Schmerz anderer? Dem zum Tode durch Erschießen Verurteilten werden die Augen nicht deshalb verbunden, weil ihn das beschützen könnte. Die Schützen sind es, die ihm nicht in die Augen sehen sollen, um jedem Mitleid beim Blick in die Augen des Opfers vorzubeugen. Auch das bekannte „Milgram-Experiment“, in dessen Verlauf sich Menschen bereitfanden, ihre Opfer auf Befehl mit Stromstößen zu quälen, verfuhr genau deshalb anonym. In der für sie nicht durchschaubaren Experimentalsituation hörten die „Täter“ zwar Schreie ihrer vorgeblichen Opfer, sahen sie aber nicht. Sie sollten ihnen nicht in die Augen sehen (Milgram 1984). David Mark Mantell zitiert in seiner Vergleichsuntersuchung der Sozialisation von Vietnam-Freiwilligen und US-Kriegsdienstverweigerern Aussagen von Soldaten, die ihr „eigenhändiges Töten“ keineswegs als persönliche Tat verstehen wollten. Sie sahen darin ihren Job. Die Haltung der von ihm interviewten Special-Forces-Soldaten fasst Mantell in dem Satz zusammen: „Der Soldat geht in den Krieg. Seine Berufsleistung wird nach der Effektivität im Kampf bemessen“ (1972, 273). Dass diese Haltung sich unbegrenzt konservieren lässt, dagegen spricht jedoch die große Zahl von Vietnam-Veteranen, die der Krieg entwurzelt hat und aus der Lebensbahn warf. Mehr als 60 000 nahmen sich nach ihrem Vietnam-Einsatz das Leben – mehr als im Krieg dort gefallen sind (Der Spiegel v. 05.04.2010).

Gewissen hat Folgen: Bestimmte Gewissensspuren zeigen sich selbst in den Zeugnissen hartgesottener SS-Leute, von denen berichtet wird, sie hätten nach ihren Mordtaten mindestens eine Zeit lang aus dem Verkehr gezogen werden müssen. Ihre Grausamkeiten blieben nicht folgenlos und ihr reibungsloses Funktionieren war irgendwann nicht mehr zu garantieren (s. Littell 2008). Einer der hauptverantwortlichen Mörder der litauischen Juden, der SS-Standartenführer Karl Jäger, Befehlshaber der Sicherheitspolizei und des Sicherheitsdiensts in Levinas’ Heimatstadt Kaunas, war Prokurist einer Firma für den Bau mechanischer Musikinstrumente, ein musischer Mensch, später jedoch Planer und Organisator des Terrors. Während des Mordens klagte er gegenüber Kumpanen, „er könne nicht mehr schlafen, sehe nur noch sterbende Frauen und Kinder“ (Wette 2011, 153). Als ihm 1959 die Justiz auf die Spur kommt, leugnet er zunächst seine Schuld, erhängt sich aber dann mit einem Stromkabel in seiner Zelle. Das Gewissen blieb sein Jäger. In Litauen gab es während der deutschen Besatzung jedoch auch Retter jüdischen Lebens. So unterstützte der Wehrmachtsfeldwebel Anton Schmid den litauischen Widerstand in Vilnius und rettete Hunderte von Juden. Major Karl Plagge, Kommandeur des Heereskraftfahrparks, beschäftigte dort über 500 jüdische Menschen und entzog sie so dem Zugriff der SS. Die beiden werden denen, die sie beschützten, ins Gesicht gesehen haben.

Seitenblick auf Tristan und Isolde

Im Menschen existieren, wie Levinas bitter anmerkte, „ethische Merkwürdigkeiten" wie Menschlichkeit und Liebe, die für die Möglichkeit friedfertigen Verhaltens stehen. Sie offenbaren sich in Extremsituationen und haben mitunter verwandelnde Wirkung. Für Levinas Thesen vom sprechenden Antlitz und vom unüberwindlichen Blick findet sich an unerwarteter Stelle ein merkwürdiges Beispiel: in der Oper „Tristan und Isolde" von Richard Wagner (1813-1883). In dem Musikdrama bilden Blicke ein wiederkehrendes Motiv. Der Kontext dieses Augenspiels sei hier kurz wiedergegeben. An Bord eines Seglers befindet sich Isolde, eine irische Prinzessin, die König Marke, dem ihr verhassten Herrscher über Cornwall als künftige Ehefrau zugeführt werden soll. Mit ihr reist Tristan, Vasall des Königs und sein Brautwerber. Als Isolde und er sich begegnen, findet ihr Blick sogleich den seinen und bleibt „starr auf ihn geheftet", während er „in Scham und Scheue / abwärts schaut" (Wagner 1984, 8). Warum? Im vorausgehenden Krieg hatte Tristan Isoldes Verlobten erschlagen, war jedoch danach schwer verletzt in Isoldes Gewalt geraten. Als sie damals den Wehrlosen töten wollte, blickte er ihr – berichtet sie rückblickend – in die Augen, sodass sie die Waffe sinken ließ. Tristan überlebte aufgrund des Isolde-Effekts, wie wir ihn nennen wollen. Jedoch ließ er sie zurück und folgte den Vasallenpflichten seinem König gegenüber. Beim Wiedersehen verfällt er ihr nun aber rettungslos. Isolde sinnt freilich immer noch auf Rache und will diesmal mit Tristan zusammen sterben. Beide stürzen einen „Sühnetrank" hinunter. Anschließend jedoch blicken sie sich „mit höchster Aufregung, doch mit starrer Haltung, unverwandt in die Augen" (Wagner 1984, 27). Was sie sich einverleibt haben, erweist sich – Schicksal! – mitnichten als Todes-, sondern als Liebestrank. Tristan und Isolde erleben im Anschluss an den zweiten Isolde-Effekt die höchsten Wonnen der Leidenschaft, jedoch sind sie nach den Bräuchen ihrer Zeit treubrüchig geworden, Isolde gegenüber ihrem zu rächenden Bräutigam und Tristan als Lehnsmann des Königs. Zwei nicht wiedergutzumachende Vergehen gegen die ständische Ordnung. Gegen deren Macht kann Liebe nicht bestehen. Im Augenspiel freilich überlebt sie selbst Tristans Tod. „Mild und leise / wie er lächelt, / wie das Auge / hold er öffnet", singt Isolde an seiner Leiche (ebd., 73). Vorhang.

Man kann „Tristan und Isolde" abtun mit dem Argument, eine Oper beweise nichts, auch nicht die Levinas'sche These vom unüberwindlichen Antlitz. Nachdenklich aber macht in diesem Zusammenhang – kleiner Sprung auf ein anderes Gebiet – die Erkenntnis von Verhaltensforschern, das Weiße im Auge stelle etwas Ur-Menschliches dar, das wir nicht einmal mit unseren nächsten Verwandten, den Primaten, gemeinsam haben. Michael Tomasello, der Entdecker, stellt fest, einzig menschliche Blicke hätten die Qualität, eine tiefe Verbindung herzustellen. Er sieht darin eine „joint attention", eine gemeinsame Form der Aufmerksamkeit, die weit über die bloße Nutzung instrumenteller Vernunft hinausgeht. „Der andere kann durch das Weiß im Auge meinem Blick genau folgen und besser erkennen, was ich sehe und was ich vorhabe" (Die Zeit v. 08.04.2009). Im Übrigen ist der Isolde-Effekt kein Einzelfall. Im Kinoklassiker „Casablanca" aus dem Jahre 1942 setzt bei der Wiederbegegnung des Nachtclubbesitzers Rick (Humphrey Bogart) mit seiner früheren Geliebten Ilsa (Ingrid Bergman) ein bewegtes und bewegendes Augenspiel ein. Ihre Augen versenken sich in seine, und wie Isolde gegenüber Tristan erweist sich auch Ilsa als unfähig, Rick zu töten, obwohl sie ihm eigentlich rettende Pässe abpressen wollte. Die Hoffnung auf ein Leben ohne Gewalt könnte, wie Levinas annahm, Menschen durchaus ins Gesicht geschrieben stehen und auf ihre Weise sogar Wunderbares bewirken.

Der andere hat immer recht?

An Kritik hat es Levinas nicht gefehlt. Der amerikanische Philosoph Richard Rorty (1931-2007) hielt dem Denker ein „Pathos des Grenzenlosen" vor. Er tat Levinas' Theorie als „tölpelhaft, linkisch und unaufklärerisch" ab. In ihr würden keine realen Konflikte demokratischer Systeme verhandelt, sondern Phänomene seiner eigenen Welt (zit. nach Taureck 2006, 117). Tatsächlich radikalisierte Levinas sich in seinem Spätwerk immer mehr und dekonstruierte einen Teil seiner eigenen Theorie. Sarah Bakewell bemerkt in ihrem philosophischen Bestseller „Das Café der Existenzialisten“, Levinas’ Denken habe ihn am Ende „in so arkane Gefilde“ geführt, „dass selbst seine Fans ihm kaum noch folgen konnten“ (2016, 353). Zum Beispiel ging er von der Anwesenheit einer nicht greifbaren „dritten Person“ aus, die im Dialog, vermittelt über das Gesicht des anderen, stets präsent sei. Ihre Spur verweise auf eine Ordnung jenseits des Seins.

Nutzen der Missachtung? Rätselhaft bleibt auch Levinas spätere Haltung gegenüber der Missachtung. Er wertet die „aus natürlichem Stolz“ selten eingeräumte „Fähigkeit, geschlagen zu werden“ als eine Sensibilität vermittelnde „Verwundbarkeit“ in der Begegnung. Meinte er dies wörtlich oder symbolisch? Warum soll ein Opfer, „von Scham erfüllt“, auf die Bedrohung seiner Selbst mit dem „Hinhalten der anderen Wange“ antworten, statt sich zu verteidigen (Levinas 1989b, 94)? Levinas entspricht damit neutestamentlicher Tradition, die ihm jedoch ansonsten fernlag. Worin aber soll der gute Sinn bestehen, wenn das Ich ohne eigenes Verschulden zur „unersetzbaren Geisel für die anderen“ wird (ebd., 72)? Selbstaufopferung? Der Freund Blanchot war dazu bereit gewesen. Aber unter Bedingungen existenzieller Gefährdung, als das Recht auf Leben von Gewalttätern außer Kraft gesetzt worden war. Aber weshalb Unterwerfung als Regelfall auch unter den Bedingungen von Rechtsstaat und Demokratie? Wird damit nicht dem Täter ein Recht auf seine Untaten eingeräumt? Bei Levinas’ undifferenzierter „Sein-für-den-anderen“-Forderung könnte es sich um eine abstrakte Zuspitzung handeln. Vernünftig-realistisch ist sie nicht. Statt in der Realität geerdet zu bleiben, schwebt sie frei im Raum des Nur-Gedachten. Merkwürdig, denn als Lehrer und Schulleiter standen Levinas genügend Erfahrungswerte zur Verfügung, auf die er hätte zurückgreifen können, um das richtige Verhalten gegenüber der Gewalt zu erörtern, zumal seine Schule für die Überlebenden des Holocaust gegründet worden war. Ohne den Schutz durch eine wechselseitige, verbriefte Menschenrechtsverpflichtung wird die/der andere zur/m notorisch Stärkeren und zum Missbrauch ihrer/seiner Macht eingeladen. Auch der Levinas-Bewunderer Alain Finkielkraut geht von der Notwendigkeit *gleichberechtigten* Austauschs aus und von der darin enthaltenen Überwindung von Alterität durch die Begegnung. Beide Partner seien zunächst in ihrer jeweilige „Andersartigkeit eingesperrt". Das Abenteuer beginnt, wenn sie sich näherkommen, meint Finkielkraut. „Der andere, der eintritt, ohne anzuklopfen, stört meinen Seelenfrieden". Aber: „Wenn der Schleier der Andersartigkeit zerrissen ist, entsteht das schwindelerregende Gefühl der Verpflichtung" (1989, 172). Die Anerkennung in der Begegnung erlöse sowohl das Ich als auch die/den andere/n aus ihrer Isolierung und eröffne damit beiden die Freiheit auf Verwirklichung gemeinsamer Ziele.

Kritik à la Ricœur: Der Philosoph Paul Ricœur (1913-2005) hielt Levinas' Theorie letzter Hand für nicht lebbar. Er übertreibe, wenn er dem Ich die alleinige Pflicht zur Verantwortung beimesse. Angesichts der Forderung nach „Selbstaufopferung" stellte der Levinas-Kritiker die einfache Frage: Wer bin ich in dieser Sache? „Bin ich derjenige, der ‚Ich' sagt? Oder der, von dem als der ‚Andere' gesprochen wird? Wo hat man seinen eigenen Platz?" Und dann wurde Ricœur persönlich: „Wenn er sagte: „Ich bin die Geisel des Anderen", so muss man bedenken, dass Levinas niemandes Geisel war. Wenn er fragte: „Wenn ich hier bin, nehme ich dann nicht einem anderen den Platz?" und man den Menschen Levinas kannte, so wusste man, dass er unbekümmert seinen Platz genoss. Ich bringe den großen Philosophen, der so glücklich war, an die Sorbonne berufen worden zu sein, mit dieser Art sich auszudrücken nicht überein" (zit. nach Malka 2003, 183). An dieser Stelle jedoch ging Ricœur zu weit. Übersehen hatte er, wie sehr der Boden unter Levinas trotz aller Karriereanerkennung schwankte. In dessen persönlicher Geschichte befand er sich durchaus in einer Art Geiselhaft. Als jüdischer Kriegsgefangener in einem deutschen Gefangenenlager nahe dem KZ Bergen-Belsen hatte Levinas allen Anlass, sich tödlich bedroht zu fühlen. In der Folge könnte er – darauf weist seine Formulierung hin, er nehme „einem anderen den Platz weg" – unter einer posttraumatischen Belastung gelitten haben, wie sie viele Überlebende der Shoah heimsuchte. Überliefert sind von ihm Angstattacken, eine ständige innere Unruhe und die beständige Furcht beim Umgang mit technischem Gerät. Gequält haben könnte ihn das sogenannte „Überlebensschuldsyndrom". Es existierte bei nicht wenigen Überlebenden und beinhaltet im Kern den Selbstvorwurf, nicht bei den Opfern in ihrer schwersten Stunde gewesen zu sein. „Ich lebe, und daher bin ich schuldig" (Elie Wiesel). Dieser Satz verweist darauf, dass jeder Versuch, Namen auf Transportlisten oder Häftlingsnummern auf Deportationslisten auszutauschen oder Altersangaben zu fälschen, um arbeitsfähig zu erscheinen, mutmaßlich den Tod eines anderen Häftlings zur Folge hatte. Der Einseitigkeit in Levinas' Theorie, dem anderen alle Rechte zuzubilligen, vom Ich demgegenüber die Pflicht zur Selbstaufopferung zu verlangen, könnte die Selbstunterstellung zugrunde liegen, der Holocaust sei auch der mangelnden Verteidigung durch die Überlebenden geschuldet.

Ricœur hielt wie Finkielkraut an der notwendigen Wechselseitigkeit mitmenschlicher Anerkennung fest (2015, 206). Statt des Levinas'schen Paradoxons, eine „Beleidigung" als „Aufforderung zum Wohlsein" anzusehen, gab er zu bedenken, dass in der Begegnung trotz aller Verständigungsbemühung auch die Möglichkeit von Missverständnis, Irrtum, Verkennung, Täuschung, Verstellung, Wortbruch, Heuchelei oder Verweigerung stecken könne. Letztendlich zähle zudem dabei auch das „Verständnis unserer selbst als sprechender, wollender, handelnder und moralisch verantwortlicher Person" (ebd., 186). Anerkennung sieht Ricœur als Höhepunkt der Erfahrung von Alterität, in der Subjekte sich gegenseitig in ihre „Erfahrungswelt" aufzunehmen verstehen.

Mit Levinas über Levinas hinaus

Levinas widersprach sich zuweilen selbst, und das hat seine Vorteile, wie sich zeigt. Seine raren Bemerkungen zu Politik und Gesellschaft geben aus pädagogischer Sicht Anlass zu dem Versuch, mit Levinas über Levinas hinauszugehen. Er unterläuft darin Aussagen seiner späten Radikaltheorie. Zum Beispiel meinte der Philosoph angelegentlich, man dürfe an seinen „utopischen und für ein Ich unmenschlichen Vorstellungen" vom Ich als der Geisel des anderen durchaus „Anstoß nehmen." Genauso wichtige „Erwägungen" stünden ihnen entgegen. So zögen etwa Gesetze sinnvollerweise „bestimmte Konsequenzen auf praktische Art". Ihre Notwendigkeit sei nicht grundsätzlich zu leugnen, da sich manche Konflikte der Lösung mittels direktem Dialog und persönlicher

Übereinkunft entzögen. Woraus die realpolitische Konsequenz abzuleiten sei, mithilfe „unvermeidlicher" Institutionen das „Privileg des *Anderen* einzuschränken" (zit. nach Malka 2003, 75/68). Hier sprach offenbar der politisch besorgte Bürger Levinas und nicht der philosophische Exzentriker. Er eröffnete pragmatische Perspektiven, um den Kern seiner Anerkennungsforderung im Zusammenleben zu praktizieren.

1982 äußerte sich Levinas zum Konflikt zwischen Israelis und Palästinensern. Einerseits brachte er Verständnis auf für die „schmerzhafte Notwendigkeit der Besetzung". Andererseits formulierte er einen für die Israelis ungeheuren Satz: „Sich auf den Holocaust zu berufen, um damit zu behaupten, Gott sei unter allen Umständen mit uns, ist ebenso abscheulich wie die Aufschrift ‚Gott mit uns' auf den Koppeln der Henker" (zit. nach ebd., 280 f.). Was heißt: Gott ist keineswegs zuverlässig immer auf der eigenen Seite zu finden. Stattdessen ist niemand dagegen gefeit, unter Umständen selbst mörderisch-totalitär zu werden. Man muss sich – so lässt sich daraus weiter schlussfolgern – in der Begegnung als fehlbaren Menschen sehen, der deswegen der Ergänzung durch den anderen bedarf. Darüber hinaus aber gilt es sich auseinanderzusetzen mit dem Bösen, das nicht nur eine Erfindung politischer oder menschlicher Widersacher ist. „Wenn der Nächste einen anderen Nächsten angreift", meinte Levinas, „dann kann in der Alterität ein Feind erscheinen". Und auf die Frage, welches Antlitz das Böse habe, lautet seine Antwort: „Das Böse besitzt kein Antlitz!" (ebd., 87).

Dieser Satz klärt die Frage, ob man sich wirklich allen anderen immer und überall unterwerfen soll. Die Antwortet lautet: Nein, die Repräsentanten des Bösen sind bekämpfbar. Kein sprechendes Antlitz hält davon ab. Es spricht nur bei friedlicher Absicht.

Eine erstaunliche Wirkung entfaltete Levinas' Gedanke von der Unteilbarkeit der Verantwortung in den Briefen, die der spätere tschechische Staatspräsident Václav Havel aus kommunistischer Haft schrieb. Darin meinte er, die Forderung nach Gegenseitigkeit als Prinzip des politischen Handelns reiche nicht aus. Es komme stattdessen darauf an, die Reiz- und Reaktionsspiralen und damit die sich wiederholenden Abfolgen von Frustration und Aggression zu durchbrechen und aus deren Kreislauf auszusteigen. „Ich stimme Levinas zu", meinte der inhaftierte Havel. „Verantwortung kann nicht gepredigt werden, sondern nur getragen. Und man muss nirgendwo anders anfangen als bei sich selbst." Ein Beispiel gebend, werde man feststellen, „dass ich weder der einzige noch der Gründlichste bin, der sich auf diesen Weg gemacht hat" (1989, 302 f.). Havel bekam bekanntlich historisch recht. Die Mauern durch Europa fielen, ohne dass damit allerdings das Ende der Geschichte eintrat, von dem – in messianischer Version – Levinas träumte. Er ging aus von einem „allerletzten Stadium der Geschichte, in dem „der Mensch nicht mehr gewalttätig wäre" und „in dem alles sich erhellen würde". Die Ethik allerdings müsse ohne solche „Verheißung" auskommen (Levinas 2008, 86).

Auch wenn der Unterschied zwischen dem Leben in der Gesellschaft und religiösen Hoffnungen nicht zu leugnen ist, erscheint Levinas'/Havels Aufforderung zur persönlichen Durchbrechung der Scheinlogik aggressiven Verhaltens geeignet, in verfahrenen Situationen eigene Wege zu weisen. Das gilt für politische wie für zwischenmenschliche Krisen und auch in pädagogischen Alltagskonflikten.

Der schulische Klassiker geht so:
Lehrer: „Es geht einfach nicht, dass Sascha dauernd Nicole schlägt."
Vater oder Mutter oder beide: „Er soll sich wehren."
Währenddessen sitzt Sascha dabei und fragt sich, ob er nun morgen wieder Nicole hauen soll oder besser nicht. Auch die ist bekanntermaßen kein Engel, aber wie kommt er am vorteilhaftesten aus der Nummer raus?

Levinas hätte ihm vermutlich empfohlen, bei sich selbst anzufangen.

Kapitel 6 – Glücklich in der Schule? Eine Sinnsuche

Die Suche nach dem Glück in der Schule beginnt mit einem Treffen von Lehrkräften in einem spätsommerlichen Garten. Und am Ende landen wir bei den letzten Dingen.

Zwar schweigen sich Schulgesetze üblicherweise über das Glück in der Schule aus. Aber Schülerinnen und Schüler sowie ihre Lehrpersonen sollten in der Schule möglichst glücklich sei, denn Lern- und Lehrfreude wird im Unglück nicht aufkommen.

Glück in der Schule hat viel mit dem Sinn zu tun, den wir unserer Tätigkeit geben. Er vermittelt sich Lernenden wie Lehrenden durch das Vergnügen, sich mit bedeutsamen Gegenständen des Unterrichts auf möglichst persönliche Weise zu beschäftigen. Deswegen treffen wir in diesem Kapitel auch auf den Psychologen Viktor E. Frankl, der sich zeitlebens mit dem Sinn in der täglichen Lebensmühe beschäftigte – auch deshalb, weil er selbst in seinem Leben deren tiefste Tiefen durchmessen musste. In pragmatischen Zeiten wie den unsrigen mag die Frage nach Glück und Sinn ungewöhnlich sein. Aber wegen der pragmatischen Zeiten wird sie ja gestellt.

Warmer Abend im August

Noch ein paar Tage sind es bis zum Ende der Sommerferien. Die Menschen kommen nach und nach aus dem Urlaub zurück, und der Unterricht wird in Kürze wieder beginnen. Bei manchen Lehrkräften stellt sich in dieser Zeit mit dem Blick auf das kommende Schuljahr so etwas wie Lampenfieber ein. Andere sind noch ganz tiefenentspannt. Und wieder andere versuchen, den anstehenden Zeitenwechsel so lange wie möglich zu verdrängen. Irgendwie damit beschäftigt sind sie allerdings alle.

Aus dem Tagebuch eines Lehrers von fünfzig Jahren: „Der Sommer ist dieses Jahr tatsächlich sehr groß. Die Abende sind auch Ende August unverändert lau, und die Hitze des Tages ist bis in die Nacht auf der Haut zu spüren. Noch ist Ferienzeit, aber die Konferenzen zur Vorbereitung des neuen Schuljahrs haben gestern begonnen, und bei dieser Gelegenheit haben wir uns zu einem improvisierten abendlichen Gartenfest verabredet. Jeder bringt etwas zum Essen mit, eine Quiche, einen Salat, einen Kuchen. Es gibt leichten Pfälzer Weißwein und einen fruchtigen Beaujolais. Der Tisch ist weiß gedeckt, mit Windlichtern darauf. Frohe Gesichter. Ein bisschen Piano-Jazz swingt durch die Luft. Ein wunderbarer Abend unter der großen Magnolie, entspannt, ruhig und freundlich. – ‚Wart Ihr wieder in Italien?' – ‚Ja, wie immer.' – ‚Was hast du in den Ferien gelesen?' – ‚Hauptsächlich Leichtes. Ich bringe es dir am Montag mit.'

Nachdem es dunkel geworden ist, brennen die Kinder – keine Ahnung, woher sie es haben – ein Minifeuerwerk ab. Großer Beifall. Danach Espresso und zum guten Schluss wird ein wunderbarer Pflaumenschnaps eingeschenkt, den Sascha aus dem Périgord mitgebracht hat. Herzliche Verabschiedungen an der Pforte. Freude darüber, dass man sich nun wieder regelmäßig sieht. So spät ist es noch gar nicht. Die Zimmer im Erdgeschoss sind hell erleuchtet, und die Türen stehen offen. Es ist immer noch warm. Stille. Freude über den gelungenen Abend, den Besuch der Freunde. Glückliche Gefühle nach der Rückkehr aus dem Urlaub, vermischt mit ein bisschen Melancholie über den Lauf der Zeit.

Im nächsten Schuljahr werde ich mit meinem neuen Deutschkurs gleich zu Anfang ‚Die Leiden des jungen Werther' lesen. Freue mich darauf."

Durchaus nicht unzufrieden: Wie aus dem zuvor wiedergegebenen Tagebuchauszug zweifelsfrei hervorgeht, sind die um den Tisch Versammelten durchaus nicht unzufrieden mit ihrem Lehrerinnen- und Lehrerlos. Sie freuen sich darüber, nach den Ferien wieder in der Schule zusammenzukommen. Gemeinsam haben sie einen Raum geschaffen, in dem sie sich auf angenehme Weise begegnen, durch die gemeinsame Arbeit verbunden. Vielleicht denkt der eine oder andere, die Ferien hätten ruhig noch etwas länger dauern können. Aber wer kommt nicht manchmal mit diesem Gedanken aus dem Urlaub zurück? Und außerdem vermerkt der Tagebuchschreiber mit Freude, seinen Schülerinnen und Schülern schon bald einen großen Text nahebringen zu wollen.

Klischees über den Lehrberuf

Manche halten Theodor W. Adorno (1903-1969) für ein Genie. Schließlich hat er die „Kritische Theorie“ der Frankfurter Schule mitbegründet, einen sozialwissenschaftlichen Klassiker über den „Autoritären Charakter“ geschrieben und Thomas Mann bei seinem „Doktor Faustus“ beraten.

Von Lehrerinnen und Lehrern hielt Adorno wenig, ähnlich einem anderen großen Sohn der Stadt Frankfurt am Main. Schon Johann Wolfgang von Goethe hatte den dortigen Schulmeistern in seiner Autobiografie „Dichtung und Wahrheit“ 1811 „Pedanterie und Trübsinnigkeit“ bescheinigt (1998, Bd. 9, 33). Aber das waren andere Zeiten und andere Schulen. Adorno war der Meinung, dass man als Lehrer sowieso nicht glücklich sein kann. „Lehrer zu werden“, das war für ihn nur als „eine Art Zwang“ vorstellbar, dem man sich „als einer ultima ratio“ fügt (Adorno 1975, 70 ff.). 1965 hielt Adorno am Max-Planck-Institut für Bildungsforschung in Berlin einen Vortrag mit dem Titel „Tabus über den Lehrberuf“, dessen Sottisen in einschlägigen Veröffentlichungen zur Arbeit der Lehrkraft weiterhin gern zitiert werden (ebd.). Darin verpflichtet Adorno die Schule zu nichts Geringerem als zur „Entbarbarisierung des Menschen“. Zur Barbarei zählte der Denker übrigens neben „wahnhaftem Vorurteil, Unterdrückung, Völkermord und Folter“ auch die Beatles. Na ja. Paradoxerweise verschreibt Adorno der Schule zwar eine Mammutaufgabe, die größte überhaupt, traut ihr aber nicht besonders viel zu. Er hielt sie für eine „vermauerte Scheinwelt“, einen „Prototypen gesellschaftlicher Entfremdung“ und zum Widerstand „nur minimal“ fähig. Hm. Wer soll also die titanische Aufgabe der Entbarbarisierung schultern? Lehrpersonen jedenfalls scheinen Adorno dafür kaum geeignet. Für sie fallen ihm nur alte Klischees ein. Er beschreibt sie als „Pauker“, „Steißtrommler“, findet sie „altjüngferlich, verdorrt, unfroh, eingetrocknet“. Und außerdem umgebe sie „ein gewisses Aroma des gesellschaftlich nicht ganz für Vollgenommenen“ beziehungsweise „nicht ganz Erwachsenen“. Lehrkräfte seien „in eine Beamtenhierarchie vermauert“, „Amts- und Bürohengste mit festen Arbeitszeiten und Leben nach der Ochsentour“. Ihr Berufsstand gehe im Gegensatz zu dem von Anwältinnen und Anwälten oder Ärztinnen und Ärzten auf niedere Tätigkeit zurück. In der Nachfolge ausgedienter Soldaten, der Krüppel vergangener Kriege, „die innerhalb des eigentlichen Lebens, des realen Reproduktionsprozesses der Gesellschaft keine Funktion“ mehr hatten. Dem Lehrberuf hänge der Hautgout an, auf legale Weise physische Gewalt anzuwenden. Er sei deshalb am ehesten mit dem des Henkers vergleichbar. Überdies zählten Lehrkräfte „auch erotisch nicht recht“, bestenfalls als Backfischschwarm.

„Die psychische Deformation vieler Lehrer“ beginnt nach Adorno damit, dass sie schon als „Studienreferendare in ihrer Ausbildungszeit gebrochen“ und ihres Elans beraubt werden, herabgestuft zu „Produkten des Konformitätszwangs, gegen den das Ich-Ideal des noch nicht kompromissbereiten Kindes sich richtet“. Erkennbar seien Lehrkräfte an ihren „Eigenheiten, Sprachmanierismen, Erstarrungssymptomen, Verkrampfungen und Ungeschicklichkeiten“. Ihre pädagogische Arbeit beruhe auf einer „immanenten Unwahrheit“, da sie „auf die Rezipienten zugeschnitten“ und „keine rein sachliche Arbeit um der Sache willen“ sei. Wieso sie dadurch verunreinigt wird, führt Adorno jedoch leider nicht aus.

Überhaupt irrt, wer meint, der Philosoph hielte es für nötig, Belege, Nachweise oder Beispiele für seine steilen Thesen anzuführen. Er behauptet einfach und schneidet dem Lehrberuf damit die Ehre ab. Pauker, Henker, erotische Versager, vertrocknete Fräuleins, Erben einer verkrüppelten Soldateska … – eine feine Verwandtschaft, in die Adorno diejenigen rückt, die die zivilisierte Welt retten sollen. Was soll man dazu sagen?

Es gibt Texte, die sind nur verkehrt. Das gilt auch für Adornos alles andere als genialen Tabuverletzungen, die keine sind, denn sie enthalten nur Klischees, die schon verbraucht waren, als er sie transportierte. Wohl aber bestätigen sie Robert Gernhardts ironische Sentenz, es geben nun einmal „Richtiges im Valschen“.

Beiläufiges über das Glück in der Schule

Die anfangs erwähnten Lehrkräfte unter der Magnolie zeigten sich – im Gegensatz zu Adornos Herabsetzungen ihres Berufs – durchaus nicht unfroh darüber, sich beruflich einer Aufgabe verschrieben zu haben, die ihnen und anderen den Eindruck vermittelt, auf sozial wertvolle Weise tätig zu sein. Es gelingt ihnen, ihrer Arbeit einen eigenen guten Sinn abzugewinnen. Keine Spur von sich selbst verkennendem „unglücklichem Bewusstsein" (Hegel), in dem der Mensch nicht bei sich sein kann. So wie tüchtige Chirurginnen und Chirurgen, mutige Richterinnen und Richter oder kunstfertige Handwerkerinnen und Handwerker zu schätzen wissen, was sie tun, und bei allen Konflikten, die auch sie erleben, stolz auf ihre jeweilige Profession sein können, ist dies auch Lehrkräften möglich.

Jede Arbeit hat ihre Würde und besteht keineswegs notwendigerweise und ausschließlich aus Entfremdung, Verdinglichung und Anpassung, wie in Schulen Tag für Tag festzustellen ist. Handelt es sich doch bei den dort ausgeübten um soziale Berufe, in denen Helfen die Aufgabe beschreibt. In Schulen treiben keineswegs vornehmlich unfähige, schlecht gelaunte, wesensmäßig durch und durch miese Charaktermasken ihr Unwesen, sondern viele vernünftige, hart arbeitende und ihren Schülerinnen und Schülern zugetane Lehrkräfte. Die angeblich jeden Sinn erdrückende Totalität des Kapitalismus bringt augenscheinlich nicht immer denselben Menschentypus hervor, der überwiegend damit beschäftigt ist, unglücklich zu sein.

Manche Lehrkräfte beklagen sich zugegebenermaßen gern über ihr schweres Los und steigern sich manchmal in Klagearien hinein. Solche Übertreibungen bewirken jedoch oft das Gegenteil der erwünschten mitleidigen Anteilnahme. „Seien Sie froh, dass Sie sich nicht ständig mit diesem schrecklichen Geldverdienen beschäftigen müssen", antwortete der Vorstandsvorsitzende eines DAX-notierten Großunternehmens auf die Suada von Lehrkräften über ihr schweres Schicksal. Da wurde es erst still im Saal, und dann wurde gelacht. Punkt.

Der Lehrberuf war zu unterschiedlichen Zeiten sehr unterschiedlichen Beurteilungen unterworfen – auch und gerade von der Seite derer, die sich üblicherweise als fortschrittlich empfanden. Wenige Jahre nach Adornos pauschaler Abwertung entdeckte die Studentenbewegung im Lehrberuf eine „revolutionäre Berufsperspektive". Eine ganze Reihe entsprechend Gesonnener wurde jedoch mit staatlichen Berufsverboten bestraft, und wer von ihnen in der Schule ankam, musste bald feststellen, dass dort wie überall mit der Revolution so bald nicht zu rechnen war. Umgekehrt reihte Michel Foucault (1926-1984) die Schule samt ihren Agentinnen und Agenten ein in den Kreis von Institutionen wie Gefängnis, Asyl und Psychiatrie, in denen Menschen mit abweichendem Verhalten eingesperrt werden, statt ihnen eine humane Existenz zu ermöglichen (zur Kritik s. Ferry/Renaut 1987, 84 ff.).

Bei der Schule heute handelt es sich jedoch weder um eine Veranstaltung des Staats zum Zwecke der Brechung der Jugend noch sind Lehrkräfte notorisch autoritäre Charaktere, die ihren Beruf vorzugsweise ergriffen haben, um sich in der Schule auszutoben. Vielmehr wollen die allermeisten ihre Schülerinnen und Schüler in die Lage versetzen, ihre persönlichen Stärken und Schwächen zu erkennen, um vermittels einer gewissen Kompetenzgrundausstattung nach ihrem Lebensglück zu streben. Weder wird ihnen die Schule mit Sicherheit vermitteln können, worin genau dies besteht. Diese Entdeckung muss man schon selbst machen. Noch ist die Schule in der Lage, Gewissheiten über den einzig richtigen Weg zu vermitteln. Wohl aber macht sie Angebote für Erfahrungen, die zum Glück der Lernenden führen können, und stiftet Motivation für die Beschäftigung mit Inhalten, die Leben prägen.

Lehrerzweifel am Wert des Tuns mögen ehrenwert sein und bewahren vielleicht vor Enttäuschungen. Merkwürdig bleibt jedoch, dass in Lehrerinnen- und Lehrerkreisen über das Glück vergleichsweise selten gesprochen wird. Vielleicht liegt es daran, dass das Unglück nun einmal interessanter erscheint als das glückhafte Gelingen. Mit Blick auf die Mentalität der Moderne sprach der Kultursoziologe Norbert Elias (1897-1990) von einem „Wandel des sozialen Kanons", der dazu geführt hat, dass in der Kultur (wozu wir ja wohl auch die Pädagogik zählen dürfen) die Suche nach dem Lebensglück nicht mehr der beherrschende Gegenstand ist. Stattdessen werde zunehmend der „erschreckende Kontrast zwischen Wirklichkeit und Ideal" in den Mittelpunkt von Debatten über das gute Leben gestellt (2000, 49). Für die Schule ist die Schere zwischen Ideal und Wirklichkeit von besonders großer Bedeutung, weil die an sie gerichteten Ansprüche angesichts der Bedeutung ihrer gesellschaftlichen Aufgabe hoch sein müssen. In schwierigen Lagen panzert man sich als Lehrkraft vielleicht deshalb mit einer gehörigen Portion Skepsis gegenüber dem eigenen Tun, um nicht am Ende enttäuscht dazustehen, wenn die eigenen Bemühungen nicht die erhofften Siegesfanfaren auslösen. Ein solcher Pessimismus wird allerdings zur Gefahr, wenn er zur verfestigten Haltung des Unterrichtenden wird, der die unterstellte Enttäuschung als Dauererwartung vorwegnimmt.

Von manchen wird das Thema Glück überhaupt unter Kitschverdacht gestellt. Vielleicht weil es bevorzugt in Lifestyle-Blättern oder in der daueroptimistischen Happiness-Literatur verhandelt wird, in denen der einzig wahre Weg zum persönlichen Erfolg in Partnerschaft und Beruf versprochen wird. Um solche Verlogenheiten geht es nicht, wenn wir noch ein bisschen beim Thema Glück bleiben. Schließlich wird der Mangel an Glück von Ökonominnen und Ökonomen mittlerweile als volkswirtschaftlich relevante Größe angesehen, die als von Depressionen verursachte Kosten negativ in das Bruttoinlandsprodukt eingeht. Und die UNO legt inzwischen Jahr für Jahr ein Glücksbarometer vor, in dem die Lebenszufriedenheit der Bürgerinnen und Bürger in ihren Staaten als Ergebnis von Umfragen „gerankt" wird.

Französische Freuden

„Je viens te chanter la ballade,
la ballade des gens heureux."
Gérard Lenorman

In Frankreich – der Vergleich mit unserem Nachbarland bringt oft Interessantes hervor – hat das Thema Glück traditionell Hochkonjunktur, obwohl das Land auf dem erwähnten UN-Barometer aktuell ziemlich weit unten rangiert, genauer gesagt auf Platz 18. Zum Vergleich: Deutschland belegt darauf trotz „German Angst" Platz 9 (Le Point v. 12.12.2019).

Im Film, in Philosophie und Literatur ist das Thema Glück in der Grande Nation trotzdem oder gerade deshalb stets präsent. Schon Denis Diderot (1713–1789) beschäftigte sich 1747 in seiner Enzyklopädie damit und definierte *le bonheur* als „einen Zustand, eine Lage, deren unabänderliche Fortdauer man wünschte" – im Gegensatz zum „Vergnügen, das nur ein angenehmes, aber kurzes und vergängliches Gefühl ist und niemals ein Zustand sein kann. Alle Menschen sind sich einig in dem Wunsch nach Glück" (1972, 168 f.).

In den vergangenen Jahren beschäftigten sich der erwähnte Philosoph Michel Serres (2015) mit dem Thema Glück genauso wie sein Kollege, der frühere Bildungsminister Luc Ferry (2016). Auch der Lehrer und Schriftsteller Philippe Delerm (2016) und der Romancier Lionel Duroy (2019) schrieben über das Glück viel gelesene Bücher.

Michel Serres scheute sich in seiner Betrachtung nicht, auch einen stimmungsvollen Sonnenuntergang auf die Liste der Glücksbringer zu setzen. Ferner die Farben des Himmels, die strahlenden Augen eines glücklichen Kinds oder den diskreten Blick auf die Umarmung zweier Liebender. Vergnügen bereitet ihm das Lächeln in einem alt gewordenen Gesicht genauso wie die Chance, intelligenten Menschen zuzuhören. Statt immer dieselben Bilder von Katastrophen und Kriegen in den Medien obsessiv anzuschauen, möge man sich darauf besinnen, dass Menschen im Laufe ihres Lebens keineswegs immer unglücklicher würden. Wie soziologische Studien ergäben, steige die Kurve der Lebenszufriedenheit nach eher unglücklichen jungen Jahren deutlich an (2015, 24 ff.).

Aus deutscher Sicht muss besonders bemerkenswert erscheinen, wenn der Dichter-Pädagoge Philippe Delerm in seinem „Journal eines glücklichen Manns“ bemerkt: „Ich bin reich, unvergleichlich reich an dem, was der Welt fehlt: an Zeit“ (2016, 29). Wann hätte man je von einer deutschen Lehrkraft einen solchen Satz gehört?

Der Romancier Lionel Duroy schließlich musste eine schlimme Kindheit ohne Vater und mit einer psychisch kranken Mutter durchleben. Nun jedoch überrascht er mit der Feststellung: „Zorn ist bescheuert. Er macht dich blind und verschlossen“ (Télérama v. 21.08.2019). Viel mehr Lust habe er inzwischen, über die Möglichkeiten des Glücks zu schreiben. Ein gelingendes Leben bestehe vor allem darin, mit anderen in guter Art zusammen zu sein.

Der Philosoph Luc Ferry schließlich setzt in seinem Buch bei den Widersprüchen des Glücklichseins an. „Alles, was uns glücklich macht, die Liebe, die Bewunderung, die Freiheit, das Wissen, die Erweiterung unserer geistigen Fähigkeiten, das Handeln kann uns genauso gut unglücklich machen“ (2016, 13). Er warnt davor, die Jagd nach dem Glück als höchsten Imperativ anzusehen, da sie üblicherweise einem schnell wechselnden Konformismus folgt.

Solch zwanghaftes Verhalten macht depressiv, meint Ferry. Seine Opfer säßen der Illusion auf, lebenslanges Glück sei ohne Leid zu haben. An Ende warte aber auf sie oft die Einsamkeit. Man möge sich von den „Händlern des Glücks“ nicht einreden lassen, das Ich sei der Mittelpunkt des Lebens (ebd., 68). Demgegenüber misst Ferry dem Engagement in Gemeinschaft den höheren Wert bei. Es vermittle ein Glück, das aus den anderen komme und grenzenlos sei. Außerdem singt er ein Loblied auf die Bildung, die dauerhafteres Glück verspricht als die Orientierung an Luxus und Moden. Das Glück, ein gebildeter Mensch zu sein, ausgestattet mit vielseitigen Interessen und der Fähigkeit, Erfahrungen in der Welt zu machen, halte uns neugierig und heiter – in Frankreich, in Deutschland, wo auch immer.

Unglücklich durch Denken?

Gegen die Hochschätzung von Glück und Bildung setzt der Essayist George Steiner (1929-2020) die Erfahrung, Denken mache unglücklich. Die Vertreibung aus dem Paradies „unschuldiger Glückseligkeit“ habe dem Menschen den „Fall ins Denken“ beschert (2008, 74). Mit dem traurigen Resultat, dass dessen Ergebnisse dauernd „verschwinden – unbemerkt, unvermerkt im Kehricht des Vergessens“ (ebd., 55). Zwar könnten „Drill und Übung“ das Gedächtnis stärken. Auch würden „analytische Methoden und streng formale Folgerichtigkeit“ möglicherweise die „geistige Fokussierung“ verfeinern und Lernen die „Aufnahmebereitschaft und Deutungskraft“ erhöhen (ebd., 91). Einen Weg aus der großen Traurigkeit weise jedoch bestenfalls große Kunst.

Steiner geht es um die großen Welträtsel. Sie nicht lösen zu können, macht ihn traurig. Schon Hippokrates wusste, dass geistige Menschen von der Neigung zur Melancholie stärker betroffen sind als Normalos. Und von Aristoteles stammt die Frage, „aus welchem Grunde alle hervorragenden Männer, sei es, dass sie sich in der Philosophie, der Politik, der Poesie oder den bildenden Künsten ausgezeichnet haben, offenbar Melancholiker“ waren (zit. nach Melancholie 2006, 6). In der Renaissance kam man allerdings zu der Erkenntnis, dass es nicht nur den Zustand lähmenden Trübsinns gibt, sondern auch die schöpferische Schwermut. Aus Letzterer entstünden eine gewisse Distanz zur

Welt sowie die Fähigkeit, sie auf eigene Weise zu betrachten. Es sei die Fähigkeit zur Selbstreflexion außerhalb der bekannten Schablonen des scheinbar Selbstverständlichen, die dem Denker die Möglichkeit verschaffe, die Dinge neu zu sehen und daraus eigene Ideen zu beziehen.

Es ist nicht auszuschließen, dass der unter manchen Lehrpersonen verbreitete Hang zu Grübeln und Skepsis aus der ständigen Selbstbefragung über den Erfolg der eigenen Arbeit resultiert. In der Schule kann man den Eindruck gewinnen, dass es vor allem kluge Lehrkräfte sind, die zu teilweise überzogener Selbstkritik neigen. Auch bei den Guten läuft selten *alles* glatt. Aber das hat seinen Sinn. Brechts Herr Keuner, der Dialektiker, pflegte auf die Frage, woran er gerade arbeite, zu antworten, er sei dabei, seinen „nächsten Irrtum" vorzubereiten (1967, Bd. 12, 377). Ohne Widersprüche kein Fortschritt. Sie sind für Brecht die Hoffnung, und Hoffnung macht glücklich.

Vom Genuss guten Unterrichts

Am schönsten ist der Unterricht, wenn er einfach geschieht. Man hatte sich am Morgen vielleicht gar nicht besonders wohlgefühlt und schon kurz überlegt, ob man in der Schule vielleicht absagen muss. Aber dann steht man trotzdem vor der Klasse, und die ist überraschenderweise trotz der leichten Mattheit ihrer Lehrkraft heute richtig gut dabei. Irgendwann steht man plötzlich gemeinsam vor einem Problem, einer offenen Frage, einem gelinden Rätsel und fragt sich, was da los ist und wie man da herauskommt. Die Schülerinnen und Schüler fangen an, sich Gedanken zu machen über die mögliche Lösung, suchen eine passende Antwort, stellen intelligente Fragen, diskutieren und geben sich untereinander das Wort. Sie sind gut beschäftigt mit der Suche nach der Lösung.

Eine Zeit lang muss man gar nicht viel tun. Ganz von allein bleibt die Sache lebendig. So ziemlich alle sind mit Interesse und Engagement bei der Sache. Keine Spur von Leiden an der Schule und Absage an die böse Welt. In solch einem Augenblick steht man neben sich und genießt den Moment frohen Herzens und in vollen Zügen. Man darf sich die Entwicklung als Erfolg gutschreiben, denn man hat – wenn auch vielleicht nur halb bewusst – offensichtlich die richtigen Schritte im Unterricht getan. Auf jeden Fall ist es wunderbar, die Klasse so munter arbeiten zu sehen. Verweile doch, du bist so schön! Und am Ende ist die heraufziehende Grippe vergessen.

Klar, irgendwann muss man dann wieder das Heft in die Hand nehmen. Der Spannungsbogen wird schlaffer, und man sollte als Unterrichtende oder Unterrichtender etwas dagegen tun. Die Situation verlangt vielleicht nach einem Resümee, einer Überleitung oder einem Neuansatz, didaktisch oder methodisch, unternommen in der Hoffnung, dass die Spannung erhalten bleibt oder wiederkommt. In einer Lerngruppe mit einem starken Zentrum ist das normalerweise kein allzu großes Problem.

Unterricht braucht nicht zur höheren Kunstform erhoben zu werden, wohl aber hat er kluge Konstruktionen der Lernwege nötig und die Reflexion der Bedingungen des Gelingens. Erzwingen kann man den Erfolg jedoch nicht. Allerdings kann man verlässlich verhindern, dass es je so weit kommt. Wer seinen Unterricht strikt monologisch anlegt, weil dann angeblich am meisten dabei herauskommt, wer Abwechslung vermeidet oder gar seine Schülerinnen und Schüler von vornherein für unfähig hält, ihrem Meister das Wasser zu reichen, wird den Genuss guten Unterrichts nie erleben.

Die bekannte Hattie-Studie listet acht Kriterien auf für das, was ihr Autor „sichtbares Lernen“ nennt, eine Form des Unterrichts, die weder auf Formen der Erleuchtung setzt noch ein Konzept beinhaltet, bei dem die Lehrenden den Lernenden nur noch hin und wieder vorsichtig und in aller Form ihre Unterstützung anbieten. Stattdessen muss – so Hattie – im Unterricht dafür gesorgt werden,

1. dass „Lernen das explizite Ziel“ ist,
2. dass es „anspruchsvoll“ gestaltet wird,
3. dass sich „sowohl die Lehrperson als auch die Lernenden“ klar darüber sind, ob das Ziel erreicht wurde oder nicht,
4. dass es um „absichtsvolles Lernen“ geht und nicht um mehr oder weniger zufälliges,
5. dass „Feedback gegeben und eingefordert“ wird,
6. dass „engagierte Menschen“ (Lehrende wie die Lernende) den Lernprozess betreiben,

7. dass die Lehrpersonen „den Lernprozess mit den Augen der Lernenden zu betrachten“ vermögen und
8. dass die Lernenden „das Lehren als Schlüssel zu ihrem fortdauernden Lernprozess erkennen“ (2023, 27).

Viel Anspruch, ja, aber kein Widerspruch zum Genuss beim Unterrichten.

Organisation macht glücklich

Unterrichten – das ist Handwerk, Kunst, Spiel, Spontaneität, Improvisation und vieles andere mehr. Ohne gute Vorbereitung wird das alles allerdings nicht zum Tragen kommen. Es besteht nicht nur im Lesen schlauer Bücher und akribischer Internetrecherche. Gewisse Grundsätze der Organisation des eigenen Lebens gehören auch dazu. „Ich war schon ein paar Jahre Lehrerin, als ich eines Tages ein Schlüsselerlebnis hatte, das meine Arbeit und mein Leben gründlich verändert hat und von dem ich heute noch zehre“, berichtet die tüchtige Kollegin D. „Die Schule, an der ich damals arbeitete, hatte ein großes Foyer, und ich musste dort an einem Montagmorgen vor Unterrichtsbeginn Aufsicht führen. Lärmendes Durcheinander überall, wie immer. Die Schüler strömen herein, mehr oder weniger fröhlich und mehr oder weniger pünktlich. Genau wie die Kolleginnen und Kollegen. Was dann passierte, war nicht weiter spektakulär, aber ich sehe es heute noch genau vor mir, obwohl es lange her ist. Kurz nach dem Gong – ich will gerade meinen Posten verlassen – hastet eine junge Kollegin spät, sehr spät, zu spät zur Schultür herein. Mit zwei Taschen, eine in der Linken, die andere über die Schulter geworfen, in der Rechten ihr Handy, in das sie letzte Worte laut hineinruft, bevor sie es wegsteckt. „Jaja, ich bin heute Nachmittag pünktlich zu Hause.“ Sie sieht müde aus. Zu allem Überfluss rutscht ihr jetzt auch noch der Taschenriemen von der Schulter, und sie knickt mit einem Fuß um, flucht und steuert dann direkt – ohne den üblichen Umweg über das Lehrerzimmer zu nehmen – in die Richtung ihres Klassenraumes. Schnellen Schritts, aufgelöst, mit wehendem Mantel, sichtlich gestresst. In diesem Augenblick habe ich gedacht: „Verdammt nochmal, das bist ja du. An bestimmten Tagen kommst du genauso hier an, verwirrt, überarbeitet, unkonzentriert, wenn es zu Hause wieder mal zeitlich megaknapp geworden ist. Wenn ein Kind krank ist und der Mann ausgerechnet auf Dienstreise. Unterwegs jede Menge Verkehr, und am Abend ist es über den Korrekturen spät geworden. Den ganzen Tag ist mir das Bild der jungen Kollegin nicht aus dem Kopf gegangen, und es hat mich bis in den Traum verfolgt. Am Tag danach habe ich dann den Beschluss gefasst: Du musst etwas ändern. Und zwar sofort. Du musst dich besser organisieren. Sonst flippst du irgendwann aus oder kriegst einen Herzkasper. So was. Ja, und das habe ich dann getan. Nicht dass ich nie mehr in Schwierigkeiten gekommen bin. Aber nur noch sehr selten, und nie weil ich mir die Zeit falsch eingeteilt hatte, sondern weil irgendetwas anderes gründlich schiefgelaufen ist. Lehrerarbeit, daran hängt viel Organisation, habe ich mir damals gesagt. Und wenn ich die nicht hinkriege, läuft mir das Versäumte nach. Ich bin ein spontaner Typ, lebhaft im Unterricht und im Umgang mit den Schülern. Aber wie auch immer, habe ich mir gedacht, wenn du dich selber nicht im Griff hast, wirst du unglücklich und vielleicht krank. Du wirst mit dir unzufrieden, und alle anderen sind es auch. Ich habe mir damals feste Zeiten für die häusliche Vorbereitung verordnet. Eine Jahresplanung und Wochenplanung, an die ich mich ziemlich sklavisch halte, und ein festes System für die Phasenplanung in der einzelnen Stunde. Wenn du dann noch deine schriftlichen Arbeiten gut eintaktest und die Korrekturen zügig erledigst, dann bist du schon mal fein raus. Ich habe meiner Familie meine Neuerungen erklärt. Ja gut, am Anfang haben sie ein bisschen gemault, wenn ich nicht wie früher dauernd auf Zuruf bereitstand. Aber mittlerweile haben sie sich dran gewöhnt. Mit Beamtenmentalität hat das nichts zu tun. Seit mein Job richtig läuft, bin ich ruhiger. Und das kommt allen zugute, nicht zuletzt meinen Schülern.“

Ein anspruchsvoller Beruf

Lehrerinnen und Lehrer, so steht es in einer entsprechenden Aufgabenübersicht der Kultusministerkonferenz, haben vielfältige Aufgaben. Sie sollen unterrichten, erziehen, die Leistungen ihrer Schülerinnen und Schüler beurteilen, sie beraten sowie an der inhaltlichen Weiterentwicklung von Schule und Unterricht mitwirken (2000).

Die in der Schule Tätigen arbeiten dort gemäß Recht und Gesetz, entsprechend den Voraussetzungen, die sie in ihrer Schule vorfinden, aber auch nach eigenen Wertmaßstäben und im Rahmen ihrer Möglichkeiten. Das alles liest sich formal und bürokratisch. Tatsächlich hat der Lehrberuf auch diese Seite, und sie sollte nicht abschätzig beurteilt werden, denn die geforderte Korrektheit hat auch mit Gerechtigkeit zu tun, die von Lehrkräften gegenüber jedermann zu üben ist. Aber eben auch mit der Freiheit, seine Arbeit sehr selbständig gestalten zu können.

Schön, anstrengend, wohltätig: Die Arbeit des Lehrers oder der Lehrerin ist nicht nur eine gesellschaftlich außerordentlich wichtige Tätigkeit. Es handelt sich dabei auch um einen schönen Beruf. Er findet statt im (arbeits-)lebenslangen Kontakt mit jungen Leuten, und das hält im Allgemeinen jung. Außerdem verlangt Unterrichten die fortgesetzte Pflege des eigenen Wissens und Könnens, und auch dadurch bleibt man geistig einigermaßen fit, wie Mediziner versichern. Ein schöner, ein anspruchsvoller und auch ein anstrengender Beruf, komplex, fordernd. Und wohltätig, denn er richtet sich nicht nur an jene, denen alles mehr oder weniger von selbst zufliegt.

Frau Fröhlich, Herr Klug und der Sinn der täglichen Mühe

Die junge Kollegin Fröhlich ist Anfang 30, arbeitet an einer Mittelstufenschule, lebt mit ihrem Freund, einem Computeringenieur, zusammen und hat sichtlich Spaß an ihrem Beruf. Sie hört Reggae, tanzt Salsa und sieht einen guten Sinn in ihrer Arbeit. Letzteres darf auch bei Herrn Klug vorausgesetzt werden. Beide Namen sind natürlich erfunden, wenn auch nicht ohne Grund. Aber der Reihe nach.

Frau Fröhlich war keine besonders gute Schülerin, wie sie selbst sagt. In ihrer Schullaufbahn habe es zwei veritable Krisen gegeben. Einen ersten „Durchhänger“ in Klasse 8 und einen zweiten in Jahrgangsstufe 12. Am Ende der zweiten Krise entschied sie sich dafür, dem Rat ihrer Tutorin zu folgen und „endlich Gas zu geben“. Ihre Französischlehrerin verband diese Aufforderung mit der drohenden Aussicht: „Sonst stehst du am Ende mit leeren Händen da.“ Und ihre Warnung zeigte Wirkung. Nach dem Abitur wollte Frau Fröhlich

„was Soziales“ machen und absolvierte zunächst ein Freiwilliges Soziales Jahr in einem Kinderheim. Dabei musste sie unter anderem eine erkrankte Lehrerin bei der Hausaufgabenhilfe vertreten. Das gefiel ihr, und so wurde sie am Ende Mittelstufenlehrerin mit den Fächern Deutsch und Französisch. Nach wie vor hat Frau Fröhlich ein heiteres Wesen. „Manchmal, wenn die Stimmung im Lehrerzimmer mies ist“, sagt sie, „rufe ich in die Runde: ‚Ganz entspannt, Leute.‘ Mir selbst brauche ich das nicht zu sagen, denn mir geht es meistens gut. Aber um mich herum in der Schule schaukeln sich manche gelegentlich gegenseitig hoch mit ihrer schlechten Laune. Sie meinen, sie würden schrecklich viel arbeiten müssen, bekämen es aber nicht gedankt. Ich bekomme von meiner Klasse viel zurück. Die Schüler merken, dass ich allerhand Aufwand für meinen Unterricht treibe. Sie mögen mich, und ich mag sie auch.“

Frau Fröhlich hat, wie sie sagt, einen Beruf gewählt, der zu ihr passt. „Ich bin ein neugieriger Mensch, und ich habe das Talent, auf andere zuzugehen.“ Keine Frage, in der Schule ist sie am richtigen Ort.

Szenenwechsel: Ein Oberstufengymnasium. Was ihnen zu Herrn Klug einfällt, lautet die Frage an zwei Mitglieder seines Mathematikkurses. „Straight“, sagt Razim, der ihn seit der Mittelstufe kennt. „Klug hat immer eine klare Linie. Er verlangt viel von uns. Aber das zahlt sich aus. Im Unterricht denkst du manchmal: ‚Ach, lass’ mich doch in Ruhe.‘ Tut er aber nicht. Und am Schluss hast du kapiert, wovon du am Anfang dachtest: ‚Das schnall’ ich nie.‘“ „Ich finde ihn total lieb“, sagt Alexandra, die relativ neu ist in seinem Kurs. „Der macht dich nicht fertig und macht sich auch nie lustig über dich, wenn du was nicht auf Anhieb bringst. Du kannst ihn alles fragen, und kriegst immer eine Antwort. Bei dem lernt man, auch weil man ihn nicht enttäuschen will.“ Herr Klug ist Ende 50, vernünftig durch und durch und seinen Schülern trotzdem spürbar zugewandt. Eigentlich ein nüchterner Typ, von dem man wenig Persönliches weiß. Der Mann muss doch wenigstens ein kleines Geheimnis haben, denkt man manchmal. Vielleicht hält er zu Hause einen Papagei. Immerhin ist an seiner äußeren Erscheinung etwas ungewöhnlich: Er trägt meistens eine Fliege, weil eine Krawatte in Chemie, seinem zweiten Fach, unpraktisch wäre, wie er sagt. „Hängt nur immer in den Töpfen.“ Von sich sagt Herr Klug: „Als Pädagoge bin sich ein Spätberufener.“ Er war nach dem Studium ein paar

Jahre Assistent an der Universität. Aber dann ging es dort – „die üblichen Intrigen am Lehrstuhl" – nicht mehr weiter. Woraufhin er für kurze Zeit in der chemischen Industrie arbeitete, wo es ihm aber nicht gefiel. Immerhin hat er heute den Vorteil, Erfahrungen in die Schule einbringen zu können, die nicht hat, wer nur Schule und Hochschule kennt. Bei Konferenzen hören alle zu, wenn Herr Klug spricht. Man darf ihn eine Säule der Schule nennen.

Frau Fröhlich und Herr Klug heißen nicht nur so, sie sind es auch. Allerdings ist sie nicht nur munter, sondern auch lebensklug. Und er erweist sich nicht nur als hochkompetent, sondern ist meistens – wenn auch auf seine eigene Weise – gut gelaunt. Beide haben Erfolg in ihrem Beruf, wie ihnen die Reaktionen ihrer Schülerinnen und Schüler zeigen. Die Kollegin Fröhlich hat kürzlich einen Schüleraustausch mit einem Collège in der französischen Partnergemeinde wiederbelebt, und der Kollege Klug ist seit Jahren bei „Jugend forscht" erfolgreich. Sie wird irgendwann wahrscheinlich in der schulischen Hierarchie aufsteigen. Und wenn er in Pension geht, wird er vermisst werden.

Um glücklich zu sein, braucht es eine sinnerfüllte Tätigkeit. Mit jungen Menschen in der Schule gut auszukommen, ihnen den nötigen Proviant an Wissen und Fähigkeiten zu vermitteln, den sie brauchen – dieser Lebensaufgabe darf man solchen Sinn zusprechen, und niemand muss sich dafür entschuldigen, dass er sie als Beruf erwählt hat. Die Schule als eine „Gemeinschaft der Vernunft" (Jürgen Habermas) dient der Beförderung persönlicher Entwicklung. Zu ihrem positiven Verlauf beizutragen, lohnt die tägliche Mühe in diesem anspruchsvollen Beruf.

Seitenblick auf Viktor E. Frankl

In der Wiener Mariannengasse 1/15 befindet sich ein kleines Museum, das an den Psychologen Viktor E. Frankl (1905-1997) erinnert, der hier lebte und praktizierte. Auf ihn wollen wir einen Seitenblick werfen, denn sein Lebensthema war die Sinnfrage. Ihr kann der Mensch – so Frankl – nicht dauerhaft ausweichen, will er nicht krank werden. Der Neurologe und Psychiater hatte über das Thema Sinn schon deshalb viel zu sagen, weil er als Häftling in den KZs Theresienstadt, Auschwitz und Dachau in die Tiefen der menschlichen Existenz hinabzusteigen gezwungen wurde und sich dort nach dem Sinn seines Leidens fragen musste. Die Konsequenzen daraus hat Frankl später so zusammengefasst: Es gibt „drei Möglichkeiten, dem Leben einen Sinn abzugewinnen: *eine Tat, ein Werk oder ein Erlebnis*" (2003, 44). Die erwähnte Tat bestand in Auschwitz und den anderen Menschenvernichtungsmaschinerien in der nötigen Entschlossenheit, mit Tatkraft und Würde überleben zu wollen und dafür alles Menschenmögliche zu tun. Das Werk stellte im Fall Frankl sein Plan dar, ein im Lager verloren gegangenes Manuskript sobald wie möglich zu rekonstruieren, was ihm gelang. Und das zur Sinnstiftung nötige Erlebnis schließlich bestand vor allem in der Liebe zu seiner Frau Tilly, die im KZ Bergen-Belsen interniert war und nach der Befreiung dort starb.

Seine Zukunft verdankte Frankl allerdings nicht nur seinem „Willen zum Sinn", sondern auch der Tatsache, dass er Hilfe erhielt, als er – wie er schreibt – im Dachau-Außenlager Kaufering III einer „pessimistischen Stimmung" anheimfiel, „die, wie ich bei anderen Häftlingen beobachten konnte, unweigerlich zur Selbstaufgabe und über kurz oder lang zum Tode geführt hätte" (1995, 73). Gerettet vor der Gefahr des „Sich-selbst-Aufgebens" wurde er von einem Mitgefangenen, dem Komiker und Quizmaster Fritz Benscher („Bekannt aus Funk, Film, Fernsehen und großen KZs", wie er über sich zu sagen pflegte). Ihm gelang es, Frankl den dringend benötigten neuen Lebensmut zu vermitteln und „vom sicheren Weg zum Muselmann (durch Auszehrung völlig apathischer KZ-Häftling)" abzuhalten (Meyer 2017, 192). Soll heißen: Es braucht – und dieses Element muss der erwähnten Frankl'schen Trias zur Sinnstiftung hinzugefügt werden – das Du des Menschen an deiner Seite, seine Empathie und Solidarität.

Frankls Schicksal beglaubigt die Bedeutung der Sinnfrage. Durch sie wird „der Mensch gerade in Grenzsituationen seines Daseins aufgerufen, gleichsam Zeugnis abzulegen davon, wessen er und er allein fähig ist", stellte er fest (2010, 46 f.). Es komme auf „Haltung und Einstellung" an (2003, 32), das Auffinden seines persönlichen „*Grunds* zum Glücklichsein" (ebd., 70). Diese Aufgabe benötige keinen Überbau aus Religion oder Philosophie, keine umfassenden metaphysischen Vorgaben und ausformulierten Konzepte. Das „Wesen der menschlichen Existenz" könne an einem Gott ausgerichtet sein, genauso gut aber sei dies auch mit einem anderen Träger von „Sinn und Werten“ im Menschen oder im Zusammenleben möglich (2010, 26). Entscheidend sei, seine eigene innere Ordnung aufzubauen und dabei Möglichkeiten seiner persönlichen Sinnfindung durchzubuchstabieren. Sie ergeben sich aus dem Kontext unserer Tätigkeit und haben zu tun mit den Adressatinnen und Adressaten unseres beruflichen Wirkens.

Es gibt sie noch, die guten Schülerinnen und Schüler

Mit den guten Schülerinnen und Schüler sind hier weniger die „guten Abschneider“ gemeint, sondern jene, die es selbst auch nicht immer leicht haben in ihrem Anderssein, die aber das Beste daraus machen. Hilbert Meyer fasst die Antwort auf die Frage, was unter einer guten Schülerin oder einem guten Schüler verstanden werden kann, in dem einfachen Satz zusammen: „Eine gute Schülerin/ein guter Schüler ist ein Mensch, der sich beim Lernen von Lehrern und Mitschülern helfen lässt“, respektvoll, verantwortlich, selbstbewusst und kompetent. Zum Beweis nehmen wir in der Schulkantine Platz, in einer Gesamtschule um die Mittagszeit und schauen, wer da ist.

- Andreas sitzt über seinem Chili con Carne, ein Oberstufenschüler mit viel beschäftigten Eltern und schon seit Längerem bei einem Notfallrettungsdienst engagiert. In der Schule ist er bei so ziemlich jedem sozialen Anlass dabei: Schulband, Behindertenhilfe und so weiter. Unfroh scheint ihn das nicht zu machen.
- Mit ihm am Tisch sitzt Mehmet, ein ziemlich stiller Junge, dessen Mutter und Vater einen Kiosk betreiben, an dem sich Türken wie Deutsche nach Feierabend einfinden, um etwas zu trinken und übers Leben zu reden. Er muss dort mitarbeiten, obwohl er dazu erklärtermaßen wenig Lust hat, aber er ist nun mal ein feiner Kerl und der Stolz seiner Eltern.
- Hinter einem Pfeiler verschwindet gerade Alessandro. Wahrscheinlich will er irgendwo am anderen Ende des Schulgeländes eine Zigarette rauchen, denn davon kann er nicht lassen. Er hat es nicht leicht mit seinem Vater, der beruflich nichts Rechtes gebacken kriegt, wohl aber in so ziemlich allen Bands der Stadt Bass spielt. Sein Sohn glaubt, er käme allein mit seiner gu-

ten Laune überall durch. Bisher hat das auch geklappt, und lange böse sein kann man ihm sowieso nicht. Am Ende wird er es schon schaffen. „With a little help from my friends", wie er lachend sagt. Auch wenn er momentan ein wenig übertreibt – Alessandro wird schließlich seinen Weg machen.

- Ayşe hilft beim Abräumen des Geschirrs. Sie hatte ihre schulische Laufbahn für ein Jahr unterbrochen, denn ihre zwei jüngeren Geschwister waren zu versorgen, als ihre Mutter bei einem Unfall ums Leben kam. Ab Sommer hat sie eine gute Lehrstelle sicher.
- Denise hat in der nächsten Stunde offenbar Sport, denn sie schleppt eine große Tasche hinter sich her. Neulich hat sie in der Schule eine Debatte ausgelöst. Nach einer Israel-Reise mit ihren Eltern kam Denise mit einer Davidstern-Kette um den Hals zurück. Nicht dass sie zum Judentum übergetreten wäre. Sie wollte damit ihre Solidarität mit der Heimat der Juden demonstrieren. Ihre Tutorin meinte, das sei riskant. Aber Denise war sich sicher, das hinzukriegen. Sie könne den Stern ja mal offen, mal weniger offen tragen. Passiert ist bisher nichts. Was wahrscheinlich auch daran liegt, dass Denise eine so beliebte und kluge junge Person ist.

Andreas, Mehmet, Alessandro, Ayşe, Denise und die anderen – freundliche junge Leute, die motiviert und zuverlässig, hilfsbereit und verantwortungsvoll in der Schule reüssieren, unglücklich wirken sie nicht, obwohl auch sie es mit Sicherheit manchmal sind. Die Arbeit mit ihnen ist sinnvoll. Ihre Kleidung und die Musik, die sie bevorzugen, müssen einem ja nicht gefallen. Wichtiger ist, dass diese jungen Leute rechtzeitig in sich einen Kompass ausgebildet haben, der nach ethischen Regeln funktioniert. In aller Freiheit.

Gelegentliche Gedanken über das ganz Andere

Viktor Frankl nannte die Fähigkeit zur persönlichen Sinnfindung „Selbst-Transzendenz" (2003, 18). Entscheidend sei dafür der Gehalt (gr. *logos*) des gelebten Lebens. „In der Begegnung transzendiere ich mich selbst, wenn sie echt ist, und bringe nicht nur mich selbst zum Ausdruck. Und zwar transzendiere ich mich selbst auf den Logos hin" (ebd., 38). Es geht hier wohlgemerkt nicht um die Auferstehung einer vorgeblich unsterblichen Seele, sondern um jenen

Teil menschlicher Existenz, der über die körperliche Hülle und ihr bloßes Funktionieren hinausgeht. Mit Transzendenz ist die Orientierung an Werten sozialen Verhaltens gemeint. Zu ihrer Entstehung und Entwicklung (und darum geht es uns hier) kann auch Bildung beitragen – als Quelle von Glück, Zufriedenheit und Freiheit.

Ähnliches sieht ein romantisches Glaubensbekenntnis vor, verfasst von dem evangelischen Theologen, Philosophen und Pädagogen Friedrich Schleiermacher (1768-1834). In seiner Schrift „Idee zu einem Katechismus der Vernunft für edle Frauen“ drückt er den Zusammenhang zwischen Bildung, Glaube und Befreiung so aus: „Ich glaube an die Macht des Willens und der Bildung, mich dem Unendlichen wieder zu nähern, mich aus den Fesseln der Missbildung zu erlösen und mich von den Schranken des Geschlechts unabhängig zu machen“ (zit. nach Brachmann 2002, 102). Was für ein Programm! Das Individuum dringt danach aus eigenem Antrieb, aber mit den Mitteln angeeigneter Bildung zur Transzendenz vor und verschafft sich die Chance, Vorurteil und Unvernunft zu überwinden. Dadurch wird der Bezug zum Erhabenen hergestellt, wie ihn schon Goethe und Schiller beschworen. Auch dies ein Begriff, der keineswegs nur christlich interpretierbar ist. Erlebt wird solche Erhebung über den Alltag in der gemeinschaftlichen Begegnung mit Kunst und Natur sowie im Spiel. „Sinn und Geschmack fürs Unendliche“ gehen in klassisch-romantischer Theorie miteinander eine Verbindung ein, erlebt in Liebe und Freundschaft, im Salon oder in der pädagogischen Provinz. Und: „Vom Ich aus gesehen, beginnt die Transzendenz bereits beim Du“ (Safranski 2007,141 ff.).

Schleiermacher war ein Romantiker, der in Systemen dachte. Er unterschied verschiedene Sphären und Phasen der Bildsamkeit in Familie, Schule und „freiem geselligen Verkehr“. Aber auch wenn er diese Sphären entsprechend dem Lebensalter voneinander absetzte, bleiben die Grenzen fließend. Der Philosoph-Theologe-Pädagoge stellt deshalb fest, dass „infolge des Zusammenseins einer größeren Menge“ auch die „öffentlichen Erziehungsanstalten“ zur Entwicklung „freier jugendlicher Geselligkeit“ erhebliche „Vorteile darbieten“ (Schleiermacher 1983, 311). Die Schule wird also von der Realisierung der Geselligkeit keineswegs ausgeschlossen. Als Institution jenseits von Geschäft und Gewinn kann sie als Ort der Entwicklung sozialen Sinns die „Gemeinschaft des Unterrichts“ und die „freie Geselligkeit“ verbinden. Damit das menschliche Miteinander und der Austausch Früchte tragen in Spiel, Sport, auf Fahrten, im integrativen Unterricht, kurz gesagt: zwischen den „sich untereinander bildenden Menschen“ (ebd., 224).

Woher rührte Schleiermachers Auffassung vom sozialen Sinn der Bildung? Sie hat nicht nur eine Quelle und stammt aus dem Glauben genauso wie aus der Vernunft und nicht zuletzt aus der Erziehungswirklichkeit. Ihm, dem protestantischen Theologen, galt nicht der einzelne Charakter als Gipfel der Schöpfung, sondern die Menschheit in der Vielfalt ihres Andersseins. Im Mittelpunkt seiner Lehre steht ein vernunftbewährter und gleichermaßen gefühlsbetonter Mensch unter Menschen. In diesem Sinne öffnet sich seine Pädagogik einer Form von Erfahrung, die schon im Endlichen das Ewige erleben zu können glaubte. „Darum interpretierte er den religiösen Menschen als den geselligen Menschen, und von daher ist sein Engagement für pädagogische Fragen begründet“ (Blankertz 1982, 113). Ähnlich Martin Buber, der den Unterrichtenden bescheinigte, auf der „höchsten Stufe seines Wirkens“ nähme er zusammen mit seinen Schülerinnen und Schülern an einer „Offenbarung des Verborgenen“ teil. Dies könne in der gemeinsamen Entdeckung eines großen Gedankens geschehen, während der Beschäftigung mit Musik oder im Laufe des Entwickelns eines nicht leicht zu verstehenden Naturgesetzes. In solchen „vielleicht nur seltenen Augenblicken“ werde dem Unterrichtenden „das Gefühl des gesegneten Werkes beschieden“, etwas vom „ganz Anderen“, das nicht nur der Welt der Dinge angehöre (Buber 1962, 79). Buber sah diese Form der Erleuchtung als das Ergebnis einer sozialen Tätigkeit, eines Lernens, das weiterwirkt. Der Begriff Segen, den er dafür verwendet, assoziiert Glück, Gedeihen und Schutz durch Bildung. Das Lernen steht hier nicht für eine nur momentane Vergewisserung, wie es das kurze Konsultieren des Handywissens darstellt. Vielmehr soll davon eine Bewährung des Erlernten im weiteren Verlauf des Lebens ausgehen. Das ganz Andere findet sich nicht vornehmlich jenseits der Wolkendecke. Man kann durchaus der Meinung sein, Gott sei tot, und trotzdem den Segen des Gelingens genießen.

Auch Max Horkheimer (1895-1973), obwohl einst einer der Betreiber des Frankfurter „Grand Hotel Abgrund“ (Georg Lukács), sprach gegen Ende seines Lebens vom „ganz Anderen", das ihm Hoffnung auf ein gewisses Überleben vermittelte. Ihm ging es dabei weniger um einen Gottesbeweis, sondern er drückte mit dieser Formulierung „die *Hoffnung*" aus, „dass es ein positives Absolutes gibt" (1970, 56). Das ganz Andere sei Ausdruck der menschlichen „Sehnsucht nach vollendeter Gerechtigkeit" (ebd., 69) und nach dem Eingebundensein in eine Menschenkette, die über das Individuum und über seine Zeit hinausreicht. „Ich weiß mich als Glied der Menschheit, in der ich fortleben werde", stellte er fest (ebd., 82). Person und Werk erhalten damit trotz und wegen aller Zweifel an Gott und der Welt etwas Messianisches, insofern davon ein Stück Befreiung ausgehen könnte. Voraussetzung für die Erfahrung des ganz Anderen, ist bei Horkheimer wie Buber, in Schleiermachers Programm und auch Frankls Sicht möglicherweise der Glaube, vor allem jedoch die „vita activa" des „zur Tätigkeit geborenen Menschen" (Goethe). Es geht dabei also weniger um einen verhimmelten Menschen oder einen vermenschlichten Himmel, sondern um das Leben heute und morgen. Vermittelt in pädagogischem Handeln.

Ein kleiner, weinender Junge

Heute sah ich vor der Schule einen kleinen, weinenden Jungen stehen. Er dürfte in die sechste Klasse gehören. Der Junge hatte eine Kappe der New York Mets auf, und ein großer roter Rucksack hing auf seinem Rücken. Ich trat näher, aber der Junge weinte unaufhörlich weiter. Das Wasser lief ihm nur so über das Gesicht. Ich fragte ihn, wie er heiße, aber er konnte mit seiner Wehklage gar nicht aufhören. Denn eine Wehklage war es, und der Schmerz saß tief. Als er sich mir dann doch schniefend zuwandte, fiel mir seine kräftige Stimme auf. „Packi, mein Hund ist gestorben", sagte er, ohne mir seinen eigenen Namen zu nennen. „Hm. Ja, das ist schlimm", sagte ich. „War er schon lange krank?" „Ich habe nichts gemerkt, und heute Morgen war er tot." Erneutes Schluchzen. „Was war Packi denn für einer?" „So eine Art Terrier." „Ja, die sind nett", sagte ich, obwohl ich keine Ahnung von Hunden habe. Der kleine Junge weinte immer weiter. Ich legte die Hand auf seinen Rucksack, und wir gingen ein paar Schritte auf die Schule zu. „Wenn ich jetzt reingehe, lachen alle über mich.“ „Wenn du willst, setzen wir uns noch einen Augenblick hin“, schlug ich vor. Aber dazu kommt es nicht mehr. Zwei Mädchen erscheinen, Klassenkameradinnen, wie sich herausstellt. Sie stutzen einen Moment, bevor eine von ihnen besorgt fragt: „Felix, was machst du denn hier?“ „Sein Hund ist gestorben.“ „Oh, wie schrecklich.“ Die Mädchen sind augenblicklich ganz Mitleid. Sie nehmen Felix in die Mitte, streichen ihm tröstend über den Rücken, und Felix beginnt, ihnen von Packi zu erzählen. Die drei gehen auf die Schule zu, der ersten Unterrichtsstunde entgegen, und ich bin überflüssig. In der großen Pause sehe ich sie auf dem Schulhof wieder, immer noch zusammen und ganz munter. Schade um Packi, aber eigentlich ein ganz schöner Morgen.

Kapitel 7 – Anders und nie banal. Ein Lob der öffentlichen Schule

Schulen haben ihre eigene Individualität. Leider gilt dieser Satz auch für schlechte Schulen. Auch die gibt es bekanntermaßen. Sei es, dass ein nicht unerheblicher Teil ihres Personals seinen Aufgaben nicht hinreichend gewachsen ist. Sei es, dass sie zu wenig unternehmen, um den ihnen anvertrauten Kindern und Jugendlichen über den Unterricht hinaus eine Heimstatt zu sein. Oder sie verkommen einfach mit der Zeit. Vielleicht kneift die Schulleitung regelmäßig, wenn es schwierig wird. Oder das Kollegium harmoniert nicht. Oder eins kommt zum anderen.

Darüber hinaus aber gibt es die vielen guten Schulen, von denen zu wenig gesprochen wird. Schulen, die sich in ihrem Bemühen um guten Unterricht und ein vielfältiges Schulleben für die ihnen anvertrauten Kinder und Jugendlichen nicht scheuen, anders zu sein als gerade angesagte Trends. Dazu hatte schon Albert Camus einiges zu sagen, dem wir in diesem Kapitel begegnen werden.

Auf die gute Schule um die Ecke soll hier ein Loblied angestimmt werden. Sie kann gar nicht genug Unterstützung bekommen. Leider findet ihr Bemühen nicht immer die verdiente Anerkennung. Grund für einen kleinen Wutausbruch, mit dem in diesem Kapitel zu rechnen ist.

Schlechte Schulen gibt es auch

Ein kleines Gymnasium in einer kleinen Stadt in Südwestdeutschland veranstaltet einen pädagogischen Tag. Thema soll sein, wie Schülerinnen und Schüler höflicher miteinander umzugehen lernen. Den Veranstaltern sind im Alltag der Schule diesbezüglich ein paar unschöne Beispiele aufgefallen. Dazu gebeten wird auch der zuständige Schulpsychologe, der die Schule allerdings noch nicht besonders gut kennt, denn er ist neu in seinem Job. Er bemerkt allerdings schon bei den Vorgesprächen, dass es in der Schule zwei Fraktionen gibt. Hier die das Wort führenden älteren Kolleginnen und Kollegen, dort die Jüngeren, merkbar zurückhaltend.

Der pädagogische Tag beginnt lustlos und endet chaotisch. Der Schulpsychologe ärgert sich später darüber, nicht rechtzeitig Lunte gerochen zu haben. Er hätte wissen können, dass die Schule unter sinkenden Schülerzahlen leidet, in der Öffentlichkeit ein unklares Bild abgibt und vor einem Generationswechsel steht. Über Höflichkeit wird am Morgen nur kurze Zeit und ziemlich lustlos debattiert. Dann jedoch kommt es zu einem Eklat. Ein weibliches Mitglied der Gruppe junger Kolleginnen und Kollegen verbittet sich spontan und sichtlich erregt, dass während der Veranstaltung hinter ihrem Rücken über sie und andere hergezogen werde. Nicht zum ersten Mal, wie sie sagt, mit falschen Anschuldigungen und bösartigen Unterstellungen. Sie bricht in Tränen aus bei der Ankündigung, gleich morgen einen Versetzungsantrag stellen zu wollen, so wie drei andere Kolleginnen es schon vor ihr getan hätten. Dann läuft die junge Frau hinaus, gefolgt von einer Freundin, die sich um die Aufgelöste bemüht.

Schock. Dann Gemurmel und Proteste. Einige Ältere äußern ihr Unverständnis und beschwören die harmonische Vergangenheit, als man hier noch ungestört habe arbeiten können. Die Jungen („Sorry, aber so ist es nun mal!") seien überall dabei zu intrigieren, um das Regiment zu übernehmen. Sollen sie doch gehen! Ein paar Kolleginnen und Kollegen versuchen zu vermitteln. Vergeblich. Ende der Debatte.

Seither geht man im Alltag betont formal miteinander um. Kontroverse Themen werden vermieden. Jede/r spürt wohl, dass der Konflikt schnell wieder aufbrechen kann. Irgendwelche Schulentwicklung findet vorerst nicht statt. Eltern- und Schülerschaft schweigen beredt, und die Schulaufsicht denkt auf Anregung des Schulpsychologen über ein umfassendes Moderationskonzept nach. Ziel: Mehr kollegiale Empathie und ein „Ratschlag" über anstehende Maßnahmen. Das wird ein längerer Weg werden.

Wenn eine Schule von ihrer Arbeit selbst nicht überzeugt ist, kann sie anderen ihre Notwendigkeit nicht mehr glaubwürdig vermitteln. Sie wird, wenn sie so weitermacht, eine Zeit lang mühsam vor sich hindümpeln und irgendwann an Auszehrung sterben. Ein Schicksal, das dem beschriebenen Institut über kurz oder lang drohen könnte.

Mit Konflikten leben: Diether Thie und Bettina Reinhardt haben aus der angelsächsischen Organisationsforschung zehn in Unternehmen und Verwaltungen vorfindliche Konfliktfelder ausgemacht und in schulische Kontexte übersetzt. Die Übersicht zeigt eindrucksvoll, wie umsichtig man sein muss, um die Zusammenarbeit nicht auf Dauer zu gefährden. Und zwar auf allen Seiten. Zu folgenden möglichen schulischen Konfliktursachen und -anlässen sind sie dabei gelangt:

1. Unterschiedliche Wertvorstellungen (von der pädagogischen Ausrichtung der Schule bis zu Detailfragen wie Noten oder Ordnungsmaßnahmen …),
2. Streitigkeiten um Macht, Ressourcen, Strukturen (Entlastungsstunden, Budgetverteilung, Versetzungen …),
3. Verschiedene Wahrnehmungen (betreffend Tathergänge, Konferenzbeschlüsse, Prüfungsverläufe …),
4. Abweichende Interessen, Konkurrenz, Rivalität (um Beförderungen, Finanzen, Fortbildungsplanung …),
5. Beziehungs- und Kommunikationsstörungen (Eifersucht um angebliche Privilegien, üble Nachrede, Besserwisserei …).
6. Unterschiedliches Kooperationsverhalten (in Lehrendenteams, bei der Vorbereitung von Projekten, zwischen Schulen …)
7. Rollendefinitionen (Kollegialität, bei der neuen Übernahme von Funktionsstellen, gegenüber der Schulleitung …)
8. Mangelnde Fairness (gegenüber Alleinerziehenden, Jungen oder Alten oder den in Abstimmungen stets Unterlegenen …),
9. Revierstreitigkeiten (um den Platz im Lehrerzimmer oder im Vorbereitungsraum, bei der Besetzung von Wahlämtern …)
10. Veränderungen in der Schule (Schulentwicklungsentscheidungen, Teilnahme an Modellversuchen etc., Inklusion …) (2018, 72 ff.).

Das Beispiel der eingangs beschriebenen Schule zeigt, wie vielfältig nicht nur die Konfliktursachen, sondern auch deren Kombinationsmöglichkeiten sind, die sie miteinander eingehen. Im geschilderten Fall dürften fast alle vorgelegen haben.

Schulen im Niedergang machen es sensiblen Gemütern, vernünftigen Menschen, engagierten Pädagoginnen und Pädagogen schwer, die eigene Arbeit auf Dauer noch ausreichend zu schätzen. Zu viel läuft schief, als dass man ständig darüber hinwegsehen könnte. Eine Zeit lang blickt man vielleicht noch interessiert auf das aufgewühlte Meer und fühlt sich weiterhin einigermaßen wohl auf seiner selbst befestigten Insel. Aber irgendwann wäre man doch lieber auf dem sicheren Festland in einer besseren Schule. Denn man muss befürchten, sich unter Umständen über die immer unerfreulicher werdenden Zustände so zu ärgern, dass man darüber vielleicht sogar krank wird.

Merkwürdigerweise bleiben trotz Behinderung der eigenen Arbeit und ihrer Folgen für die Psyche Veränderungswünsche, einen neuen schulischen Arbeitsplatz betreffend, erstaunlich selten. Eher greift Resignation um sich. Möglicherweise reift bei einigen früheren Aktivposten der fatale Entschluss heran, von nun an nur noch Dienst nach Vorschrift abzuleisten. Statt sich in Sicherheit zu bringen, bleibt man halt da, wo man ist, bevor man woanders neu lernen muss, wo sich Kaffeeküche und Kopierraum befinden. „Etwas Besseres als den Tod finden wir überall", der Wahlspruch der Bremer Stadtmusikanten findet unter Lehrpersonen keinen rechten Widerhall.

Im falschen Job: Anders liegt der Fall bei jenen Lehrkräften, die in einer guten Schule unterrichten, aber ihrer Aufgabe nicht gewachsen sind. Vieles am Lehrberuf ist erlernbares Handwerk. Aber nicht alles. Es gibt auch persönlichkeitsbedingte Faktoren, die nicht jedem gleichermaßen zu Gebote stehen. Oft sind es liebenswürdige Menschen, die es einfach nicht schaffen mit allzu komplexen Unterrichtssituationen fertig zu werden. Im Beziehungsberuf des Lehrers/der Lehrerin kommt es auf den richtigen Umgang mit dem Anderssein an, dem fremden wie dem eigenen. Jeder kennt sie, die in der Schule leider am falschen Ort sind. Im Examen nach der zweiten Phase ihrer Ausbildung wurden sie trotz Bedenken durchgewinkt, und nun müssen sie Stunde für Stunde, Tag für Tag, Woche für Woche, Monat für Monat, Jahr für Jahr die Ansprüche erfüllen, ohne es je wirklich zu schaffen. Man denkt sich seinen Teil, wenn so jemand wieder einmal mit seinem ungeschickten Verhalten ungewollt die Aufmerksamkeit auf sich zieht. Meistens aber geht man darüber hinweg und zur Tagesordnung über.

Manchmal legen es solche Kolleginnen und Kollegen darauf an, übersehen zu werden, in der Hoffnung, nicht aufzufallen. Das gelingt ihnen aber nicht dauerhaft. Immer aufs Neue erweisen sie sich als Störfaktor – in Sachen Disziplin, die einzuhalten ihnen schwerfällt, genauso wie bei der Pünktlichkeit, die sie nicht einzuhalten vermögen, und in der Zensurengebung, wo sie öfter danebengreifen. Auch versagen manche im Umgang mit Eltern und Kolleginnen und Kollegen, wenn sie sich unüberlegt in Konflikte verstricken, denen sie nicht gewachsen sind. Solche an sich wohlmeinenden Menschen lassen oft den kritischen Blick für ihre eigenen Fehler vermissen und trumpfen zu allem Überfluss auf, wenn sie glauben, im Recht zu sein. Auch dabei aber ziehen sie oft genug den Kürzeren.

Die Einsicht, sich für den falschen Beruf entschieden zu haben, kommt Betroffenen meistens zu spät, um noch umsteuern zu können. Auch sie müssen ihr Geld verdienen, und Alternativen zur eingeschlagenen Laufbahn stehen selten zur Verfügung. Jemand wird Lehrerin oder Lehrer, scheitert, ist kreuzunglücklich und bleibt es, gefangen in einer Sackgasse, aus der es keinen Ausweg gibt. Dauernd rennt sie/er gegen Mauern und will es selbst nicht wahrhaben. Gut, wenn Kolleginnen und Kollegen der geschilderten Art in Teams eingebunden sind, um das Schlimmste zu verhindern. Aber auch mit der Kooperation tun sie sich schwer.

Schlaffis, Schluris, Konfusanten: Eigentlich überflüssig, an dieser Stelle über Schlaffis, Schluris und Konfusanten im Lehrkörper zu schimpfen. Sie finden immer neue Ausflüchte für ihr Versagen, schieben die Schuld vorzugsweise auf ihre Schülerinnen und Schüler („An dieser Klasse ist einfach Hopfen und Malz verloren.") und verdrängen die eigenen Fehlleistungen. Los wird man Typen wie sie selten – es sei denn, sie werden zwangsversetzt. Dann nennt man sie „Wanderpokale", über deren Empfang sich allerdings niemand freut.

Dunkle Ecken, helle Köpfe: Jede Schule hat, bildlich gesprochen, ihre dunklen Ecken. Womit hier nicht schlecht geputzte Gebäudezonen gemeint sind, sondern personelle Schwächen, der Mangel an Ausstattung und/oder spürbar negative Folgen schlechter Organisation des Schulalltags. Man mag einwenden, dass Perfektion in Schulen nun einmal nicht möglich ist und dass die dort versammelten Menschen selten über jeden Zweifel erhaben sind. Fehler müssen erst einmal gemacht werden, könnte man sagen, bevor daraus gelernt werden kann. Aber das sind Allgemeinplätze.

Nicht immer leicht ist es, sorgfältig zu unterscheiden zwischen Problemen, die man rasch lösen kann oder erst nach längerer Vorbereitung oder gar nicht.

Es gibt Fehlentwicklungen, für die die einzelne Lehranstalt und deren Lehrkräfte nichts können, unsinnige rechtliche und organisatorische Vorgaben, überladene Lehrpläne zum Beispiel, oder Schwierigkeiten bei der Versorgung mit Lehrkräften oder den Mangel an Unterrichtsräumen, auf den man schon x-mal hingewiesen hat. Kann auch sein, man war in der Schulentwicklung auf einem guten Weg und wird urplötzlich ausgebremst durch neue Vorgaben, sodass für dieses oder jenes Projekt plötzlich keine Mittel mehr vorhanden sind. So etwas wird in der Schulgemeinde nicht immer klar gesehen.

Und doch gelingt hellen Köpfen in ihrer Schule rund um die dunklen Ecken herum nicht selten Erstaunliches. Aus kleinen Schülerinnen und Schülern, die scheinbar nur Lust haben, kreischend über den Schulhof zu toben, werden unter dem Einfluss tüchtiger Lehrkräfte in ein paar Jahren ernsthafte junge Leute. Als Ergebnis erfolgreichen Unterrichts entstehen bei nicht wenigen lebenslange Interessen, und Karrieren in Wirtschaft, Politik oder Sport nehmen ihren Anfang auf der Basis dessen, was eine Schule an Motivation gestiftet hat. Manchmal erinnern sich die solcherart Geförderten später sehr dankbar an ihre alte Schule.

Zusammen ist man weniger allein

Um als Schule Erfolg zu haben, ist außer ihrer sachlichen Ausstattung und der Qualifikation ihres Personals eine ausreichende Identifikation der Lehrenden mit ihrer Arbeit und ihrem Arbeitsplatz nötig. Da die Zeit der Hauslehrer und Hofmeister vorbei ist, und ebenfalls die Epoche der Schulpatriarchen, die (angeblich) alles wussten und konnten, muss das Lehrpersonal in der heutigen Schule zusammenwirken. Wichtig ist, dass die Institution als ganze in gutem Geist, mit einem das Lernen befördernden Schulklima und funktionierender Organisation ihren Teil zum Erfolg beiträgt. Sie muss, beginnend mit der Schulleitung, partizipativ funktionieren, denn identifizieren kann man sich nur mit einer Institution, die Chancen zur Verwirklichung des eigenen Selbst bietet. Kollegiale Gruppen helfen beim Bemühen um den guten Zweck, „Einsamkeit, Ohnmacht und Indifferenz zu überwinden“ (Horst Eberhard Richter). Ohne gemeinsam festgelegtes, als verbindlich anerkanntes Schulprogramm und Schulcurriculum etwa werkeln einzelne Lehrkräfte isoliert vor sich hin. Ohne die darin enthaltene Abstimmung unter den Fächern kommt es zwangsläufig zu überflüssigen Dubletten und zu Lücken, die niemandem auffallen, da die einen zu wenig von der Arbeit der anderen wissen. Kurz gesagt: Ohne den Blick fürs Ganze eines schulischen Lehr- und Lernzusammenhangs kann das Ziel einer vielseitig gebildeten, zu souveränem Umgang mit seinem Wissen und Können fähigen Schülerpersönlichkeit nicht erreicht werden. Je mehr sich alle Beteiligten einig sind über den Nutzen dessen, was in der Schule geschieht und wofür ihre Schule steht, desto größer der Antrieb, das Ihre dazu beizutragen. Sagen wir es mit dem schönen Titel eines französischen Films: „Zusammen ist man weniger allein."

U. und die Flegel: Herr U. stellt ein Gegenbeispiel dar. Jahrelang war er ein beliebter, für seine Schülerinnen und Schüler engagierter Lehrer. Zunächst jung, dann jung geblieben, wählten ihn die Abschlussklassen mehrfach zum Lehrer des Jahres, ein liebenswürdiger Mensch, der jedoch eines Tages ohne Vorwarnung bei seiner Schulleiterin erscheint und um Freigabe für die Versetzung an das Abendgymnasium der nahen Großstadt bittet. Was war geschehen? Herr U. hatte zu Beginn des Schuljahres die Führung einer neunten Klasse übernommen. Überall sonst lief es in seinem Unterricht wie gewohnt prima, dort aber nicht. Einige auf Krawall gebürstete Jungen und Mädchen schafften es, den Rest der Klasse auf ihre Seite zu bringen, um es dem armen, netten Herrn U. mal richtig zu zeigen. Flegel beiderlei Geschlechts und zu allem Überfluss intelligent in ihrer Bosheit. Der Unterricht wurde von ihnen immer wieder auf systematisch-raffinierte Weise gestört, wie U. es noch nie erlebt hatte. Er bekam es mit einer Arbeitsverweigerungshaltung zu tun, deren organisierter Charakter kaum nachweisbar war, aber wirkte. Auf dem Parkplatz wurde darüber hinaus U.s Auto beschmiert. Mopedfahrer ohne Auspuff kreisten nachts um sein Haus. Laufend erschienen Pizza- und Dönerlieferdienste mit angeblichen Bestellungen. Seine kleinen Kinder wurden auf dem Schulweg geärgert. Und so weiter.

Leider ist der nette Herr U. kein Kämpfer. Er resigniert bald, spricht aber – peinlich, wie ihm die Sache ist – mit niemandem über das, was ihm gerade widerfährt. Keine Frage, der Stachel sitzt tief. Von seiner „eigenen" Klasse abgelehnt zu werden, das hält er nicht aus. Zufällig erfährt er, dass am Abendgymnasium ein Deutsch- und Erdkundelehrer gesucht wird, spricht dort vor, stellt einen Versetzungsantrag und kriegt den Job. Wenn es mit Jugendlichen nicht klappt, denkt er wohl, dann kann ich es ja mal mit jungen Erwachsenen versuchen. Und wenn er nicht gestorben ist, unterrichtet er dort immer noch. An den Ort seiner Niederlage kehrte er nie zurück.

U. hatte keine „Steherqualitäten". Es ging ihm bei dem großen Aufwand, den er für seinen Unterricht trieb, nicht zuletzt um die Erfahrung der Dankbarkeit seiner Schülerinnen und Schüler. Letzten Endes war er ein pädagogischer Einzelgänger, der seine Kolleginnen und Kollegen nicht suchte, als er sie dringend gebraucht hätte. Um in der Krise von ihnen mitgetragen zu werden. U. schwieg stattdessen – und ging.

Wenn die gute Gruppe fehlt: Der Begriff Gemeinschaft hat in Deutschland einen eher schlechten Ruf, seit er in den 1920er Jahren von völkischen Kreisen gegen den soziologischen Begriff der Gesellschaft ausgespielt wurde. Man sollte jedoch die damit verbundenen Möglichkeiten nicht übersehen und gegebenenfalls – wenn man das lieber hat – stattdessen von Teamgeist oder Corporate Identity sprechen. Gemeint ist die Identifikation mit einer verbindenden und inspirierenden Idee sowie mit einer Gruppe, die zusammen dafür einsteht.

Zur Entstehung und Entwicklung schulischer Gemeinschaft braucht es ein offenes Schulklima und kommunikative Organisationsformen, Orte und Gelegenheiten für Diskussionen zum Zwecke der Herausbildung von Gemeinsamkeiten. Zu suchen, zu finden und zu formulieren ist ein Minimalkonsens, der eigene kurz-, mittel- und langfristige Ziele umfasst, zum Zwecke der Organisations-, Personal- und Unterrichtsentwicklung, und zur „Erziehungsentwicklung" (Meyer 2015, 25). Er ist im Schulprogramm und in Erziehungsvereinbarungen mit den Eltern niederzulegen, damit sich niemand im Unklaren darüber ist, was die Schule anstrebt.

Sich mit ihr identifizierende Lehrkräfte braucht eine Schule wie die Luft zum Atmen. Nötig sind Kolleginnen und Kollegen, die nicht nur zuverlässig guten Unterricht abliefern und notfalls darum kämpfen, sondern auch mit darüber nachdenken, warum das Lehrendenteam in Jahrgangsstufe 7 zum Beispiel immer noch nicht funktioniert. Oder warum die neue Schulleiterin viel unsicherer ist, als man ursprünglich annahm, und wie man ihr helfen kann. Oder was mit der Kollegin los ist, die neulich im Lehrerzimmer nach dem Unterricht in Tränen ausbrach. Will man mit solchen Fragen lieber gar nicht erst belästigt werden, weil einem nur die eigenen Probleme wichtig sind, so muss man damit rechnen, dass sich eine gewisse Leere in der Schule, aber auch in einem selbst ausbreitet. Sinnerfüllt kann eine solche Arbeit kaum sein, denn dazu braucht man die anderen.

Manche sehen in der Arbeit von Lehrerinnen und Lehrern eine einzige Folge von Sisyphosqualen. Ja, gewiss, niemand kann – wie das Beispiel des Kollegen U. zeigt – zuverlässig damit rechnen, ständig haufenweise Lorbeeren einzufahren. Und richtig ist am Sisyphosvergleich auch, dass man am Ende eines Durchgangs immer wieder von Neuem beginnt. Kaum ist man einen Schülerinnen- und Schülerjahrgang los, schon ist der nächste an der Reihe, der unter Umständen schwieriger ist, als es der letzte war. Und doch ist das Ganze nicht umsonst, wie ein Seitenblick auf Albert Camus (1913-1960) zeigt, der Sisyphos gut kannte.

Seitenblick auf Albert Camus

Sisyphos musste – wie man weiß – immer denselben Felsbrocken auf einen Berg rollen, woraufhin die ungnädigen Götter den Stein umgehend wieder ins Tal zurückbeförderten. Gleichwohl lautet der berühmte letzte Satz in Camus' bekanntestem Essay: „Wir müssen uns Sisyphos als glücklichen Menschen vorstellen" (1995a, 101). Wieso eigentlich? Weshalb eine absurde, überflüssige Mühe auf sich nehmen und dabei auch noch Glück empfinden? Die Vorgeschichte macht die Sache verständlich: Der zu sinnlosem Steintransport Verurteilte hatte sich gegen Zeus empört, nachdem der höchste griechische Gott eine hübsche junge Flussnymphe geraubt und entehrt hatte, wie es heißt. Die Sisyphos auferlegte Strafe war also Ergebnis seiner Enthüllungen über Zeus' Missetat. Sisyphos, ein früher Whistleblower, bekam in der Folge seiner Tat den Zorn des Allmächtigen ab. Er selbst jedoch fand – und das ist für Camus das Entscheidende – einen guten Sinn in seinem widerständigen Handeln.

Warum soll man sich in modernen gottlosen Zeiten noch an Sisyphos erinnern? Camus bemerkt dazu, uns alle könne jederzeit, an jeder beliebigen Straßenecke das Gefühl anwehen, ein sinnloses Leben in einer absurden Welt zu leben. Die damit verbundene „schockhafte Erfahrung des Eingetauchtseins in die Belanglosigkeit" (Peter Sloterdijk) verlangt – so Camus – als Antwort die Entwicklung des Bewusstseins „eigenen Andersseins und eigener Mannigfaltigkeit" (ebd., 20). Nicht Anpassung an Macht oder Zeitgeist helfe dagegen, sondern nur die selbstbewusste Rebellion. „Das Absurde hat nur insofern einen Sinn, als man sich mit ihm nicht einverstanden erklären darf" (ebd., 32). Die Auflehnung gegen das Absurde gebe „dem Leben seinen Wert" (ebd., 50), eine eigene Wahrheit, die „stärker ist als sein Fels" (ebd., 99).

Camus selbst lehnte sich in seinem Leben immer wieder gegen scheinbar unveränderliche Bestimmungen auf, von Anfang an. Dabei hatte er in der Schule eine wirkungsmächtige Verbündete. Bei seiner Einschulung 1918 spricht der Sohn einer armen französischen Einwandererfamilie in Algerien noch kein korrektes Französisch. Knapp vierzig Jahre später jedoch erhält er den Literaturnobelpreis. Sohn einer halb tauben Analphabetin und ohne Vater aufgewachsen, ist Camus vor seinem Aufstieg durch Bildung ein „Gassenjunge aus Algier", wie Jean-Paul Sartre ihn nach beider Zerwürfnis in verletzender Absicht, aber durchaus zutreffend nannte. Was er danach wurde, verdankte er nach eigenem Bekunden vor allem der öffentlichen Schule und ihren Lehrern. Sie ließen ihm ein Höchstmaß an persönlicher Förderung angedeihen und verhalfen ihm zu den lebensnotwendigen Stipendien. „Ohne Sie", stellte Camus später an die Adresse seiner Lehrkräfte fest, „ohne die Hand, die Sie einem kleinen armen Jungen reichten, ohne Ihre Zuwendung, ohne Ihren Unterricht und ohne Ihr Beispiel, wäre nichts erreichbar gewesen" (zit. nach Le Monde Hors-Série „Albert Camus", Sept.–Nov. 2013, 113). Camus' deutsche Biografin Iris Radisch stellt dazu fest: „Die Schule ist sein Nadelöhr in das Himmelreich der Gebildeten gewesen, der Bücher und Zeitungen, der Dichter und Intellektuellen. Er wird das nie vergessen" (2013, 24). Tatsächlich findet sich noch in Camus' letztem Manuskript die förmliche Aufforderung: „Die staatliche Schule ist zu preisen." Er spricht darin gerührt von der „Poesie der Schule" mit ihrem Tintengeruch und dem Geräusch der kratzenden Stahlfedern auf dem Papier (Camus 1995b, 73).

Camus' Schulen im französischen Algerien der Zwanzigerjahre waren alles andere als Inseln der Seligen. In ihnen wurde noch regelmäßig geprügelt, was in denen des französischen Mutterlands damals schon verboten war. Viele der arabischen Kinder erhielten wenig oder gar keine Bildung, und das verordnete Lernprogramm war strikt kolonial. Gleichwohl gab es, wie Camus' Beispiel zeigt, auch dort ihrer Verantwortung bewusste und ihren Schülerinnen und Schülern zugewandte Lehrkräfte. Sie ließen den jungen Albert und seinen Kameraden die „höchste Wertschätzung" zuteilwerden, indem sie ihnen schulische Bildung vermittelten, als dies noch alles andere als selbstverständlich war. Schule, das war ein Stück „Exotismus" im städtischen Armenviertel, schreibt der Camus-Bewunderer Alain Finkielkraut, selbst Sohn jüdischer Emigranten aus dem Osten. Schule, das habe damals Zuflucht und Aufbruch bedeutet. „Die anziehende Eigenart der schulischen Kultur" bestand darin, Schülerinnen und Schülern ein „Verlangen nach Bildung" zu vermitteln und sie auf den Weg zu bringen, die in ihnen schlummernden Fähigkeiten entdecken zu lassen (2009, 120 f.). Die menschenfreundliche Seite der Schule vermittelte dem jungen Camus jene Bildung, die ihm zu realisieren erlaubte, was seine Lehrer als Möglichkeiten in ihm entdeckten. Man dürfte Camus' Haltung gegenüber der Schule sentimental nennen, stünde nicht sein Erfolg dem entgegen, sein Weg in die Freiheit. Die öffentliche Schule hat ihn gerettet vor einer Bedrohung, die er in seinen Romanen, Erzählungen und Tagebüchern genau beschreibt: Gleichgültigkeit, Überdruss, Leere, Zerstreuung als zentraler Lebensinhalt gelangweilter junger Menschen und die Versuchung der Gewalt, die darin lauerte.

Camus' Ethik ist deshalb eine des Handelns. Was getan werden kann zugunsten der „Erniedrigten und Beleidigten" (Dostojewski, einer seiner literarischen Favoriten), muss geschehen. „Jede Generation" habe die Aufgabe, „die Welt neu zu erbauen" oder wenigstens deren Zerfall zu verhindern. So formulierte es der Dichter in seiner Nobelpreisrede, von Ideologen unterschiedlicher Couleur anschließend heftig angefeindet. Wenn der Mensch etwas an der Welt verändern könne, dann müsse er es wohl oder übel „in diesem Leben" tun (1995c, 75). Auch den armen, tuberkulösen Albert Camus dürfen wir uns als glücklichen Menschen vorstellen.

Trotzdem, nicht vergebens

Der Schulkritiker Siegfried Bernfeld (1892-1953) erklärte den antiken Sisyphos zum Inbegriff des Pädagogen der bürgerlichen Gesellschaft. In seiner Polemik „Sisyphos oder die Grenzen der Erziehung" stellte er 1925 die Frage, wer heutzutage den Felsblock immer wieder vor die Füße des tätigen Pädagogen rollt. Ein beleidigter Göttervater steht dafür als Schuldiger ja wohl nicht mehr zur Verfügung. Bernfeld machte für das Elend der Schule stattdessen Politik und Wirtschaft verantwortlich, vor allem den Klassenkampf von oben. Und zu allem Überfluss verschleiere eine nichtsnutzige Pädagogik die Zusammenhänge „mit einem schönen Gespinst von Idealen", aber ohne praktischen Nutzen (Bernfeld 1969b, 469). In diesem Sinne sei der Lehrer Sisyphos selbst mitverantwortlich für das eigenen Leid, da er als Teil einer „teuflischen Maschinerie" fungiere, mit der das kindliche Bedürfnis nach Kollektivität und Selbstregulierung unterdrückt werde (Bernfeld 1967, 114).

Geht also in Wahrheit nichts in Schule und Erziehung? Im Gegensatz zu seinem Pauschalverdikt heißt es in Bernfelds Bericht über das Wiener „Kinderheim Baumgarten", dem er 1919/1920 vorstand, dort sei auf pädagogischem Gebiet „trotz aller Schwierigkeiten Schöpferisches und Vortreffliches gelungen" (1969a, 118). Das wollen wir Bernfeld gern glauben. Schon deshalb, weil es uns über seine vorherige rigorose Infragestellung der Möglichkeit pädagogischen Erfolgs hinwegtröstet. Es fragt sich nur, wie solcher Erfolg angesichts der behaupteten Totalität des erzieherischen Schulelends möglich war. Wenn Bernfeld feststellt, dass die Schule als Institution erzieht, so bedeutet die These im Umkehrschluss, dass die Gestaltung der Schule dabei eine Rolle spielt, je nachdem, ob sie gelingt oder nicht gelingt.

Sisyphos war kein Idiot: Schulforscherinnen und -forscher stellen fest, dass praktizierte pädagogische Grundsätze wie Schülerorientierung und personale Zuwendung jugendliche Persönlichkeitsmerkmale stärken, die in einer demokratischen Gesellschaft dringend nötig sind. Das Lernen in der Institution Schule sei unter solchen guten Bedingungen mit geringeren Versagensängsten und stattdessen mit mehr Selbstvertrauen und Schulfreude verbunden. Der pädagogische Sisyphos lehnt sich auf solche Weise gegen das drohende soziale Schicksal von Schülerinnen und Schülern auf, gegen deren Zurücksetzung und den Mangel an Anregung und Förderung, der ihnen das Lernen schwer macht. In diesem Sinne steht über dem Eingang jeder Schule unsichtbar das Wort „Trotzdem“ geschrieben. Soll heißen: Trotz aller Steine, die uns den Weg versperren, wird hier an der Zukunft derer gearbeitet, die zu uns kommen und für die wir da sind. Sisyphos war kein Idiot. Und hin und wieder gelingt seinen Nachfolgerinnen und Nachfolgern sogar Großes. Wie im Fall Camus.

Sind Privatschulen besser?

Das Lob der öffentlichen Schule wird in manchen „besseren Kreisen“ nicht geteilt. Sie setzen auf kommerzialisierte Bildungsprivilegien und teure Fördermaßnahmen mittels Privatschulen und Privatuniversitäten sowie Zusatzunterricht, auf der Jagd nach Vorteilen für den eigenen Nachwuchs. In den letzten 25 Jahren hat sich in Deutschland die Zahl der Privatschulen verdoppelt. Eine Million Schülerinnen und Schüler gehen in knapp 6000 Schulen diesen Weg. Von der Unterrichtung in solchen Schulen erwarten ihre Eltern mehr gute Leistung für gutes Geld. Überraschend jedoch das Forschungsergebnis, dass die Klassengrößen und die Zahl der Unterrichtsstunden dort kaum günstiger sind als in den öffentlichen Schulen (dpa vom 07.08.2019). Wichtiger erscheint Eltern offenbar, durch den Einkauf in solche Bildungsmöglichkeiten „unter sich zu bleiben“ und später eine entsprechende Rendite an der Jobbörse zu erzielen. Dieses Denken und Handeln dürfte sich in Deutschland – analog zu Entwicklungen in den USA und Asien – weiter verstärken, je mehr sich gut situierte Familien unter Druck fühlen, einem für zu egalitär angesehen Schulsystem etwas entgegenzusetzen, was ihren Interessen mehr dient. „Erinnern wir uns daran, dass die wichtigsten Aktivitäten in einer solchen Schule nicht der Unterricht an sich, sondern die Kontakte innerhalb der Bezugsgruppe sind“, bemerkt Paul Collier (2019, 227). Schülerinnen und Schüler privater Bildungseinrichtungen schneiden zwar, wie eine Vergleichsuntersuchung des Berliner „Instituts zur Qualitätsentwicklung im Bildungswesen“ zeigt, mit Blick auf die vermittelten Kompetenzen nicht besser ab, aber sie vermitteln ein homogenes Milieu und vielversprechende Kontakte innerhalb eines elitären Karrieresystems, die sich irgendwann auszahlen sollen (Die Zeit v. 28.04.2019).

Die gute Schule um die Ecke ...

Die Leserin/der Leser hat es vielleicht schon bemerkt: Der Verfasser drückt sich seit einiger Zeit um eine Frage herum, die zu beantworten er – je länger dieses Kapitel dauert – irgendwann jedoch nicht mehr vermeiden kann: die Frage danach, was gute Schule denn bedeuten soll. Gestellt werden muss sie aus Gründen der Selbstverständigung und weil die Leserin/der Leser ein Recht auf eine Begründung hat.

Der Grund für das Zögern liegt in der Tatsache begründet, dass es auf obige Frage seit ein paar Hundert Jahren laufend neue Antworten gibt, von denen jedoch keine bislang so sehr überzeugt hätte, dass sich danach alle einig geworden wären. Weder Visionen noch Kriterienkataloge für die gute Schule, wie sie munter weiter produziert werden, haben bisher genügend Überzeugungskraft entwickelt, um die Sache ein für alle Mal zu klären. Den aktuellen Stand repräsentiert vermutlich die aktuelle Fassung der Kriterien für den Deutschen Schulpreis der Robert Bosch Stiftung. Eine gewisse Rechtsverbindlichkeit besitzen die „Orientierungs-" bzw. „Referenzrahmen Schulqualität", die in den einzelnen Bundesländern existieren. Das hessische Papier – um ein Beispiel herauszugreifen – stammt aus dem Jahr 2011 und umfasst 112 spiegelstrichreiche Seiten. Seine Bedeutung erlangte es als Geländer für die damit verbundenen Schulinspektionen, eine Bewegung, die sich allerdings auf breiter Front nicht durchgesetzt hat, nachdem sie in den Schulen zunächst für viel Aufsehen gesorgt erregt hatte. Spätestens nachdem der Inspektor zweimal geklingelt hatte, wurde der „Referenzrahmen" in den Schulen aus der Schublade gezerrt und mit roten Ohren durchstudiert. Seinen diesbezüglichen Wert verdankt er seiner Vollständigkeit, die kaum etwas ausließ.

Wenn hier trotzdem der vorsichtige Versuch unternommen wird, zu klären, was unter guten Schulen verstanden wird, dann soll als Leitbild dabei nicht die perfekte Super-Luxus-Hochglanz-Schule aus dem Bilderbuch herhalten, sondern die gute Schule um die Ecke.

Schulen um die Ecke haben viele Vorteile. Sie sind leicht erreichbar für ihre Schülerinnen und Schüler, ohne Zeit und Konzentration raubende Anreisen mit Bus oder Bahn. Selbst das Elterntaxi kann in der Garage bleiben. Die Mitschüler sind Kinder aus der Nachbarschaft, sodass man sich unter Schulfreundinnen und -freunden rasch verabreden kann, auch um sich gegenseitig weiterzuhelfen. Auch die Orte außerschulischen Lernens wie Schwimmbad oder Bibliothek sind nicht weit. Die Eltern kennen einander und können sich gegenseitig helfen, wenn eine Betreuung ausfällt und man mal krank wird. Nachmittags- und Abendaktivitäten finden in der Schule statt. Und wenn man Glück hat, wohnen Lehrerinnen und Lehrer, mit denen man mal reden sollte, auch nicht hinter den sieben Bergen, sondern als feste Größe im eigenen Kiez.

Der Beschreibung vorausgeschickt seien drei Bemerkungen zu den Voraussetzungen, die Schulen möglicherweise belasten, ohne dass sie in ihre Verantwortung fallen.

Erste Vorabbemerkung: So ziemlich alle Schulen in Deutschland leiden an einer mangelhaften Personalausstattung, unwürdig eines Schulsystems, das dem Ziel der Aufklärung durch Bildung verpflichtet ist, und dysfunktional mit Blick auf die bildungsökonomische Bedeutung der Schule. Schulen habe zu wenig Lehrkräfte, um a) die jeweilige Stundentafel auf Dauer vollständig abzudecken, erst recht nicht, wenn mal jemand krank wird, b) die nötigen Förderstunden lockerzumachen, deren Bedarf immer dringlicher wird (siehe oben), und c) die gebotene pädagogische und curriculare Koordination zwischen Schulleitungen, Lehrkräften, Sozialpädagoginnen und Sozialpädagogen und externen Mitarbeiterinnen und Mitarbeitern hinzubekommen.

Zweite Vorabbemerkung: Viele deutsche Schulen sind a) baulich in einem schlechten Zustand und brauchen dringend Renovierungen, die in den Zeiten des Sparens immer weiter hinausgeschoben wurden. Viele haben b) Zubauten nötig, damit die Ganztagsschule keinen Etikettenschwindel darstellt.

Dritte Vorabbemerkung: Die Ganztagsschule kann schwerlich mit einem bloßen Grundsatzbeschluss eingeführt werden. Deshalb wird es Zeit für einen Masterplan, auf den sich Eltern im ganzen Land verlassen können. Die Grundschulen scheinen in dieser Hinsicht auf einem besseren Weg zu sein.

... und ihre zwölf Merkmale

Erstens ist die gute Schule um die Ecke möglichst frei von Gewalt: Ihre Schülerinnen und Schüler können sich in ihr anerkannt fühlen und werden vor Missbrauch und Missachtung geschützt. Das gilt auch für verbale und medial verbreitete Gewalt. Die Schule klärt sie, aber auch ihre Eltern über die Zusammenhänge auf und reagiert mit Sanktionen, wenn es zu Fehlverhalten kommt. Es herrscht ein Klima der Achtsamkeit.

Zweitens arbeiten in der guten Schule um die Ecke viele kompetente Lehrerinnen und Lehrer: Ihr Unterricht ist fachlich fundiert sowie didaktisch und methodisch begründet. Er beschäftigt sich mit bedeutsamen Gegenständen und fordert, ohne zu überfordern. Regelmäßig bilden sich die Lehrkräfte fort. Bei Planung und Evaluation arbeiten sie in Teams zusammen. Sie verstehen sich als Unterrichtende und Erziehende.

Drittens vermittelt die gute Schule um die Ecke ihren Schülerinnen und Schülern die nötigen Qualifikationen, um in Gemeinschaft mit anderen zu leben: Sie bezieht die persönliche und berufliche Zukunft ihrer Elevinnen und Eleven in ihre Lehr- und Lernplanungen ein. Deshalb kooperiert sie mit anderen Schulen sowie mit den für die Berufs- und Studienfachwahl zuständigen Institutionen.

Viertens fördert die gute Schule um die Ecke Benachteiligte: Sie bezieht die unterschiedlichen Lernvoraussetzungen ihrer Schülerinnen und Schüler in die Vorbereitung des Unterrichts ein und bemüht sich, auf differenzierte Weise Lerndefizite mittels Fördermaßnahmen auszugleichen. Ihr Ziel besteht darin, dass Schülerinnen und Schüler sich im Unterricht gute Leistungen selbst abverlangen.

Fünftens schafft die gute Schule um die Ecke nachhaltig gestaltete Lernorte, die anregen: Sie gestaltet ihre Einrichtungen unter Beteiligung ihrer Schülerinnen und Schüler als nützliche und wohltuende Räume des Lernens. Die Schule pflegt darüber hinaus nachhaltigen Umgang mit ihren Ressourcen.

Sechstens entfaltet die gute Schule um die Ecke ein reiches schulisches Leben: Die Voraussetzung stellt ein vielseitiges Ganztagsprogramm dar. Daran sind Schülerinnen und Schüler mit ihren Lehrkräften beteiligt, aber auch freie Träger. Sie nehmen am Leben ihres Umfelds teil. Soziales und ökologisches Lernen spielt eine wichtige Rolle.

Siebtens ist die gute Schule um die Ecke interkulturell und international ausgerichtet: Sie widmet sich der Integration ihrer Schülerschaft, egal, welcher nationalen Herkunft sie sind. Dabei bezieht sie die Eltern mit ein. Sie pflegt Kontakt und Austausch mit Schulen in anderen Ländern und sorgt bei ihren Schülerinnen und Schülern für die nötige Sprach- und Medienkompetenz.

Achtens versteht sich die Leitung der guten Schule um die Ecke als Teil der Schulgemeinde insgesamt: Sie nimmt ihre Funktionen auf demokratische Weise wahr, verantwortlich, fair, wertschätzend und umsichtig.

Neuntens ist die gute Schule in ihrem Inneren sinnvoll und transparent organisiert: Dazu gehören der zuverlässige Informationsfluss, die Transparenz von Entscheidungen sowie Kommunikationsmöglichkeiten auf allen Ebenen.

Zehntens arbeiten die Menschen in der guten Schule um die Ecke zusammen. Das gilt für Schulleitung und Kollegium genauso wie für Schüler- und Elternschaft. Auch die Kooperation zwischen den Fächern ist entsprechend gestaltet.

Elftens besitzt die gute Schule um die Ecke ein gemeinsam erarbeitetes Leitbild, ein Schulprogramm sowie ein Schulcurriculum: Der Prozess der Erarbeitung von Leitbild, Schulprogramm und Schulcurriculum ist wichtig für die Herausbildung eines individuellen Schulprofils sowie für die Festlegung der schulischen Entwicklungsziele.

Zwölftens ist die gute Schule um die Ecke vernetzt: Dazu gehört der gute Arbeitskontakt zu Schulverwaltung und Schulträger, die Zusammenarbeit mit den anderen Schulen vor Ort, mit Initiativen, Unternehmen, Vereinen sowie – wenn irgend möglich – die Beteiligung an einem pädagogisch profilierten Netzwerk.

… und wenn die gute Schule um die Ecke Fehler macht, dann gibt sie diese zu und versucht gemeinsam, ihre Sache zukünftig besser zu machen.

Zukunft des Unterrichts

Das „Kerngeschäft" in der guten Schule um die Ecke stellt der Unterricht dar, von dem alle Beteiligten wissen, dass er stets erziehende Wirkung hat. Man kann in der Schule nicht nicht erziehen, wie bekannt. Macht sie sich trotzdem darüber keine Gedanken, so schlägt dieser Mangel auf den Erfolg des Unterrichts zurück, da man es dort sehr wahrscheinlich mit mehr erziehungsschwierigen Kindern zu tun bekommt.

Für die Realisierung guten Unterrichts braucht die Lehrkraft ein reiches Vorwissen und eine möglichst klare Vorstellung von seinen Qualitäten. Nötig ist aber darüber hinaus die Voraussetzung einer schulischen „Innenarchitektur" (Thie/Reinhardt 2018, 104 ff.). Dazu gehört eine Zielperspektive, die Aufgabenverteilung unter den Lehrenden-Teams und -Konferenzen sowie Vereinbarungen über Inhalte, Methoden, Lernkontrollen usw. Hat man darüber verbindliche Festlegungen getroffen, so entfalten sie eine spürbar entlastende Wirkung. Man muss nicht mehr alles selbst machen. Allerdings erscheint es geboten, dass die Verantwortlichen neu Hinzukommende zuverlässig über die geltenden Regelungen informieren und über ihre Einhaltung wachen. Andernfalls ist es um die schöne Innenarchitektur schnell geschehen.

Kompetenzen und Inhalte: In den letzten Jahren ist im Zusammenhang mit den PISA- und IGLU-Ergebnissen viel über die Orientierung des Unterrichts an zu vermittelnden Kompetenzen debattiert worden. Daran ist nichts Schlechtes. Im Gegenteil erscheint deren Grundgedanke leicht nachvollziehbar: Es reicht nicht, sich hübsche Gedanken über Inhalte des eigenen Unterrichts zu machen. Entscheidend für Schülerinnen und Schüler ist, was *wirklich* gelernt wird. Dazu braucht es die didaktische und methodische Fantasie der Lehrenden und am Ende die Überprüfungen der tatsächlichen Lernergebnisse. Solche Evaluationen aber scheuen viele Lehrkräfte wie der Teufel das Weihwasser. Häufigstes Gegenargument: der damit verbundene Aufwand. Allerdings haben praxisorientierte Forscher dafür längst probate Mittel entwickelt, die durchaus zu realisieren sind (z. B. Altrichter/Posch 2007). Gleichwohl werden sie in der Schulpraxis zu wenig genutzt. Der Verdacht liegt nahe, dass Lehrkräfte es so genau gar nicht wissen wollen, welche Effekte sie mit ihrem Unterricht erzielen. Jedenfalls schimmert oft Angst durch, wenn darüber diskutiert wird, obwohl das kaum jemand zugeben mag. Die Durchsetzung der am Lern-Output-orientierten Planung samt Evaluation sowie die damit verbundene Schulentwicklung wird vermutlich noch ein paar Jahre dauern.

Anders als manchmal behauptet, besteht kein Widerspruch zwischen der Qualifikationsorientierung von Unterricht und der inhaltlichen Vorbereitung der Unterrichtenden. Ideal, wenn in einer integrierten Planung die den Lernenden zu vermittelnde Qualifikationen definiert und Inhalte begründet ausgewählt werden, zusammen mit einer adäquaten Methodenwahl. Keinesfalls dürfen sich die Methoden verselbstständigen („Stricken ohne Wolle", wie Spötter es nennen), sodass sie sich vor die Inhalte schieben. Das Ziel besteht nicht darin, dass überall ständig die Puppen tanzen, sondern darin, dass besser gelernt wird, was man braucht.

Angesichts der vielen Aufgaben, die der Schule in Deutschland ständig zugeschoben werden („Es gibt zu viele Nichtschwimmer? Da hat die Schule versagt."), stellt sich die Frage nach den Kriterien bei der Auswahl der Inhalte des Unterrichts. Soll es um die Alltagstauglichkeit des Erlernten gehen oder um den Erhalt der Hochkultur oder sind es vor allem die systemrelevanten Forderungen der Wirtschaft, die zu bedienen sind? Jede dieser Forderungen hat ihre Berechtigung, und trennscharf auseinanderzuhalten sind sie auch nicht. Praktisch existieren die genannten drei Alternativen nicht und man kann sie auch nicht einfach durch die Parole „Denken lernen!" ersetzen. Besinnen wir uns auf das Ideal Wilhelm von Humboldts (1767–1835), das in der bloße Nützlichkeit übersteigenden Bildung bestand, so wirkt das heute vielleicht luxurierend. Dahinter stand freilich der Gedanke, über das formale Lernen die Voraussetzungen dafür zu schaffen, die besondere Fähigkeit des Berufs umso leichter zu erwerben. Dies trägt als Kern den Gedanken des exemplarischen Lernens und die Idee der Methodenkompetenz in sich und bleibt deshalb aktuell.

Exemplarisches Lernen: Dabei geht es um die Reduktion der Stofffülle und einen selbstständigen Zugang zur benötigten Information, aber auch um „das Gemeinsame im Widersprechenden" (Karl Jaspers) und „das Einzelne als Spiegel des Ganzen" (Martin Wagenschein). In diesem Sinne sollte das exemplarische Lernen eine Renaissance erleben. Unter den Bedingungen von kompetenzorientiertem Lernen als schulischem Konzept und mit klar definierten Schlüsselqualifikationen als ausgewiesenen Zielvorstellungen, weniger belastet von curricularem „Stoffelend" (Oskar Negt) und methodischer „Mechanisierung des Verstandes" (Jürgen Kaube) wäre eine Besinnung auf die kluge Auswahl exemplarischer Gegenstände des Unterrichts nützlich. Auf diese Weise würden Schwerpunkte gesetzt und Schlüsselthemen akzentuiert. Das kann zwar nicht nicht in allen Schulformen und sämtlichen Fächern gleich gut funktionieren. In der Grundschule zum Beispiel weniger als im Oberstufengeschichtsunterricht. Neuen Sinn behält der Gedanke des exemplarischen Lernens jedoch, je mehr Stoff auf die Schule zukommt. Und die Gefahr besteht immer.

Individualisierung – die Lösung? Manche meinen, es bräuchte mit Blick auf den Unterricht der Zukunft eine radikale Individualisierung und – damit verbunden – eine durchgreifende Digitalisierung des schulischen Lehr- und Lernprozesses, um näher an die Bedürfnisse von Schülerinnen und Schüler heranzukommen. Weil jede/jeder anders lerne, seien individuelle Lernkonzepte nach Maß zu schneidern. Dabei habe man nach der Evaluierung des Erreichten die jeweilige „Zone der nächsten Entwicklung" (Wygotski/Leontjew) zu definieren und anzusteuern.

Die Idee ist gut, wenn auch durchaus keine frische Frucht des digitalen Zeitalters. Schon Friedrich Schleiermacher warnte davor, „ein Neues folgen zu lassen", bevor „das Vorige in dem Zögling vollständig" sei (1983, 395). Und Jean Piaget (1896-1980) machte mit entwicklungspsychologischer Begründung darauf aufmerksam, dass die jeweiligen Gegenstände des Lernens nicht „zu früh oder zu spät dargeboten werden dürften oder auf eine Art, die Aneignung verhindert, weil sie sich nicht den spontanen Konstruktionen des Kindes anpasst" (1962, 11). Eine alte Erkenntnis also, aber eine Erfahrung, die jede Lehrperson selbst machen muss. Wenn das geschieht, zeigt sich ihr, dass Nora – zum Beispiel – die Lösung dieser Mathematikaufgabe unmöglich ist, weil sie noch nicht so weit ist, wie in der Definition des mittleren Niveaus einer Lerngruppe vorausgesetzt. Oder dass Fred im Unterricht laufend Quatsch macht, weil er statt der Einheitsaufgabe auf Seite 65 des Lehrbuchs zusätzliche Lernanreize braucht. Außerdem ist es sowieso nützlich, sich möglichst seinen eigenen

Lernweg zu suchen, wenn im Unterricht dafür die Voraussetzungen gegeben werden. Was die Leistungen von Sharif, dem Schwierigen, angeht, von Igor, dem Mathegenie, Dominik, dem eigensinnigen Sohn eines Künstlerpaars, und von Lisa, die eigentlich überall schwach ist, so könnten ihnen Individualprogramme, je nach ihrem Leistungsstand, gewiss eine Hilfe sein. Dass die Individualisierung des Lernens je nach der Fähigkeit, Aufgaben schneller oder langsamer zu kapieren, quasi als Selbstläufer zur Minimierung der Abstände zwischen unterschiedlich großen Arten des Leistungsvermögens führen soll, ist jedoch nicht zu erwarten. Es bräuchte sinnvolle Formen der Differenzierung und gegenseitiger Unterstützung, um hier für Ausgleich zu sorgen. Lernende benötigen zudem von Zeit zu Zeit Vergleichsmöglichkeiten, um zu wissen, wo sie – aufs Ganze gesehen – stehen. Gemeinsame Lernstandserhebungen aber sind in einem total individualisierten Unterricht schwierig zu realisieren. Vermutlich werden sich also Schülerinnen und Schüler bei Vergleichsarbeiten und Abschlussprüfungen weiterhin mit denselben Aufgaben herumschlagen müssen.

Mehr Individualisierung und mehr Differenzierung, das sind im Prinzip nützliche Vorsätze. Ob die Verwirklichung des Konzepts jedoch in reiner Form gelingen kann und ob es überhaupt erstrebenswert ist, den Unterricht ausnahmslos entsprechend zu verändern, darf bezweifelt werden. In Schulen oder Fächern, wo solches versucht wird, scheint sich eine Tendenz durchzusetzen, den mündlichen Anteil des Unterrichts zugunsten des schriftlichen zu verringern. Warum? Weil es auf diesem Wege einfacher ist, eine Lerngruppe je nach Leistungsvermögen zu differenzieren. Das geht jedoch auf Kosten der Lebendigkeit des Unterrichts, des guten Austauschs, möglicher Nachfragen, schneller Korrektur im persönlichen Kontakt. Ein total individualisierter Unterricht ist keine soziale Lernform mehr. Soziales Lernen aber wird in einer Schule mit ihrer sich sozial immer weiter ausdifferenzierenden Klientel und angesichts von gesellschaftlichen Spaltungstendenzen mindestens genauso dringend gebraucht wie die Individualisierung des Lernens. Die Aufgabe besteht darin, beide ins rechte Verhältnis zu setzen.

Fortschritt durch Technik? Auffällig ist, dass einige lautstarke Befürworter der Individualisierung einen betont technischen Ansatz pflegen und ihre Hoffnungen auf den verstärkten Einsatz von Maschinen setzen, die Lehrkräfte einsparen. Die Erfahrung zeigt aber, dass auch im unterrichtlichen Umgang mit Computern persönliche Hilfe gefragt ist. Wenn von der Digitalisierung der Schule als dringender bildungspolitischer Notwendigkeit die Rede ist, so darf damit nicht vornehmlich Hardware gemeint sein. Neue Konzepte sind nötig, um zu verhindern, dass am Ende „kundenangepasste" Lehr/Lern-Präsentationen entstehen. Nach dem bekannten Muster: „Wenn Sie sich mit diesem beschäftigen, könnte Sie auch jenes interessieren." Man dreht sich in solchen Fällen vorwiegend im Kreis, und die erwünschte Kreativität geht verloren.

Überhaupt sollten allzu hochtönende Versprechungen vermieden werden. Den richtigen „Weg zu Engagement, Wohlbefinden und Spitzenleistung", verspricht der Lehrer, Gestaltpädagoge und Professor für Allgemeine Pädagogik Olaf-Axel Burow. Er wendet sich einerseits gegen „eine überzogene Leistungsorientierung", an deren Stelle „eine neue Form der wertschätzenden Beziehung" treten sollte. Gut. Burow hält zu diesem Zweck einen Prozess der Schulentwicklung für nötig, „in dem schrittweise die gesamte Schulstruktur im Sinne einer inclusion- bzw. diversity-orientierten Potentialentwicklungsumgebung umgebaut" wird, vorangetrieben mit Hilfe avancierter Managementtechniken, wie sie in global ausgerichteten Unternehmen üblich sind (2016, 86). Ob das die Schule menschlicher macht? Tatsache ist: In Sachen Individualisierung tritt ein großer Entwicklungs- und Fortbildungsbedarf auf, der befriedigt werden muss, um den Unterricht tatsächlich digital zu bereichern. Hinreichend deutlich wurde dies in der Corona-Krise, als sich etliche Lehrkräfte eingestandenermaßen überfordert erwiesen, neue Lehr- und Lernverfahren zu nutzen. Als nützlich erweisen sich digitale Verfahren für Hausaufgaben, Wiederholungen, die Vorbereitung von Prüfungen, bei Fördermaßnahmen oder um Schülerinnen und Schüler nach krankheitsbedingten Abwesenheiten wieder an das mittlerweile erreichte Niveau der Klasse heranzuführen. Man muss jedoch in der digitalen Welt dafür einen entsprechenden schulischen Rahmen entwickeln – einschließlich Ansprache, Rhythmisierung, Überprüfungen des Gelernten und Gelegenheiten zur Rückmeldung. Individualisiertes Lernen braucht mehr und nicht weniger didaktische Fantasie, um der Gefahr der Formalisierung ein Gegengewicht entgegenzusetzen.

Was die Schule und ihre Lehrkräfte dagegen garantiert nicht brauchen, das sind Einlassungen von Wissenschaftlerinnen und Wissenschaftlern, denen es vornehmlich darum geht nachzuweisen, was alles sowieso nicht funktioniert. Solche „Scheiternsrhetorik" (Prengel 2020, 67) praxisunlustiger Wissenschaftlerinnen und Wissenschaftler, die es vorziehen, „die Unmöglichkeit, Unsteuerbarkeit oder antinomische Krisenhaftigkeit von Pädagogik" zu beweisen (ebd., 73), scheint in manchen Kreisen der letzte Schrei zu sein. Gegen solche Abwertungen von Lehrarbeit richtet sich der anfangs versprochenen kleine Wutanfall.

Durchgang überall verboten

„Making all his nowhere plans for nobody."
The Beatles

Für alternativlose Kritik, die nicht weiterbringt, seien im Folgenden drei Beispiele angeführt, die von ein und demselben Autor stammen, und noch dazu aus ein und demselben Aufsatz. Vorweg möge sich die Leserin/der Leser schon einmal auf die – Vorsicht, Ironie! – kristalline Klarheit der Sprache einstellen, die aus den folgenden Zitaten hervorleuchtet. Selbstverständlich geht es um unser Kernthema Anderssein, genauer gesagt um Differenzierung, Integration und Inklusion. Diese Projekte zur Verbesserung der Bedingungen des Lernens für Schülerinnen und Schüler, die nicht mit einem silbernen Löffel im Mund geboren wurden, können als mutige Vorhaben zur Verbesserung der Lage von Benachteiligten angesehen werden. Im vorliegenden Fall besteht jedoch der Einwand darin, dass es sich um eine „von Machtverhältnissen durchzogene" Fehlentwicklung handle, mittels derer „soziokulturelle Differenzen" verstärkt werden (Budde 2018, 139 f.). Begründung: „In inklusivem Unterricht wird die Differenzlinie zwischen ‚I-Kindern' und ‚Regelkindern' permanent aufgerufen. Damit wird beispielhaft auf das Etikettierungs-Ressourcen-Dilemma aufmerksam gemacht, mit dem sich beschreiben lässt, dass die mit Inklusion und der Diagnose eines sonderpädagogischen Förderbedarfs verknüpften Ressourcen und Nachteilsausgleiche nur um den institutionell geforderten Preis der Markierung als ‚abweichend' – sprich ‚behindert' – zu haben sind" (ebd., 144).

Was aus dieser Einsicht praktisch folgt? Nichts, außer praktischer Entmutigung. Aber um Praxis geht es dem Autor offensichtlich gar nicht.

Zweites Beispiel: Leistungsbewertung. Natürlich nicht unproblematisch, wie jede/r weiß, aber auch nicht völlig überflüssig, denn schließlich muss ja festgestellt werden, wie erfolgreich ein Lernprozess ausgegangen ist. In ihrer Wirkung – so die Kritik – wirkt eine solche Feststellung jedoch „differenzproduzierend", da „in Praktiken der sozialen Konstruktion von Leistung im Unterricht soziale Differenz in Leistungskategorisierungen konserviert und darin als soziale Differenzen reinszeniert werden" (ebd., 145). Nichts zu machen also auch hier.

Hilft vielleicht – drittes Exempel – eine reformpädagogische Öffnung von Unterricht? Leider auch nicht, da „traditionelle Garanten" des Schulerfolgs wie „Fleiß, Disziplin, Fachwissen", „durch neue Anforderungen (Selbständigkeit und Performancefähigkeit) überwölbt werden" und „die Machtförmigkeit der Aufforderung zur Selbststeuerung" nichts Gutes verheiße (ebd., 147). Tja.

Gesamtergebnis der „Analyse"? Bereits die Erwartung an Unterricht, „einen ‚angemessenen Umgang' mit Unterschieden zu finden", sei „als paradox zu bezeichnen", da Differenz in der Schule nun einmal nicht aufzulösen ist (ebd., 148). Punkt.

„Ich halte dafür, dass das einzige Ziel der Wissenschaft darin besteht, die Mühseligkeit der menschlichen Existenz zu erleichtern", lässt Brecht seinen Galilei sagen (1967, Bd. 3, 1340). Tröstlich zu wissen, dass viele gute Lehrkräfte überall im Land stündlich guten Unterricht geben, Schülerinnen und Schüler Lesen und Schreiben lehren, sich im Unterricht mit Schwarzen Löchern im Weltall beschäftigen, die Qualitäten der Demokratie vermitteln oder auf die Berufswahl vorbereiten. Alles überflüssig, weil nicht perfekt? Besser jedenfalls, als überall „Durchgang verboten"-Schilder aufzuhängen.

Niemals banal! Ein pädagogischer Imperativ

„Unseren Jugendlichen erscheint die Schule als etwas Hartes, Schonungsloses, aber wir wissen, dass sie das nicht ist", schrieb der ehemalige New Yorker Volksschullehrer Neil Postman (1995, 9). Natürlich, die Schule begrenzt individuelle kindlich-jugendliche Unabhängigkeit, aber sie begeht damit keine Freiheitsberaubung. Im Gegenteil stellt sie eine große Ermöglicherin dar. Sie eröffnet ihren Schülerinnen und Schülern Lebenschancen, die sich manche, denen sie zuteilwerden, nie vorstellen konnten. Nichts leichter, als der Schule die Ehre abzuschneiden. Der Neurobiologe Gerald Hüther, dessen Fachkompetenz wir mehrfach angezapft haben, zog ausgerechnet in seinem Buch mit dem Titel „Würde" über die Schule in einer Art und Weise her, die man nur unwürdig nennen kann. „Viel zu viele Schulen sind immer noch militärisch organisiert. Sie sind Dressurstätten", meint Hüther und beschreibt ihr Inneres so: „Vorne eine Tafel und ein Lehrer und, sitzend an Zweiertischen, gelangweilte Jungen, gelangweilte Mädchen. In kleinen Räumen, die keinen Platz bieten für viel Fantasie. In einfallslosen Gebäuden, die nichts erwarten lassen" (2019, 41). Wer weiß, wie lange es her ist, seit er eine Schule von innen gesehen hat. Gegen die pauschale Abwertung ihrer Mühen steht die tägliche Arbeit zahlreicher guter Pädagogen, die sich nicht irre machen lassen an dem großen Projekt schulischer Aufklärung durch nachhaltige Förderung.

Sehen Schulen davon ab, der bürgerlichen Utopie von der Bildung zu Freiheit und Verantwortung zu folgen, so tun sie ihren Schülerinnen und Schülern sowie der Gesellschaft insgesamt keinen Gefallen. Ihre Zwecke werden austauchbar, und die Zukunft gerät aus dem Blick. Bildung ist nicht nur ein Wort, das schmückt, sondern eine Haltung gegenüber dem Leben. Die Schule darf deshalb nicht banal werden und sich der inhaltsleeren Betriebsamkeit der Unterhaltungsindustrie anpassen, wie das in manchem Unterricht bisweilen schon aufscheint. Lehrinnen und Lehrer sind weder Moderatoren noch *Influencer* und auch nicht nur Lernbegleiter. Mit letzterer *Soft*-Vokabel wird die Aufgabe des Unterrichtens auf eine Art Assistenz verkürzt. Verkannt werden damit Umfang und Tiefe guter Lehre, für die es die ganze Person der Lehrkraft braucht, ihre Fähigkeit, auf vielfältige Weise zu unterrichten, ihr Wissen und Können, das sie zum Nutzen der Schülerinnen und Schüler fruchtbar macht.

Lernen ist Arbeit – was den Aufwand und den Einsatz von Kraft und Intelligenz angeht, die nötige Mühewaltung und die aufzubringende Frustrationstoleranz während des Lernprozesses. Das verhindert schlechter Unterricht, der nach dem Motto „Hauptsache alles easy" verfährt und so tut, als könnten

Schülerinnen und Schüler sich durch seine Angebote hindurchzappen, es mal hier probieren und dann wieder da. An dieser Stelle hat die konservative Kritik recht, wenn sie – wenn auch generalisierend – beklagt, so wie die Werbung das Fernsehprogramm oder YouTube-Videos zerteile, werde auch in der „gegenwärtigen Schule ständig alles unterbrochen. Ständig wechseln die Themen, nichts wird eingängig, ausgeruht, tief behandelt. Niemand lässt sich Zeit. Alle schauen auf die Uhr. Auch die Lernmaterialien machen diesen nervösen Eindruck" (Kaube 2019, 140).

Postman nannte die gute, die nicht triviale Lehre eine gleichermaßen „subversive" wie „konservative" Aktivität. Subversiv, weil Lehrende „die Erhebung über den Zeitgeist" (Jean Paul) nicht scheuen dürfen, um die nötige Ernsthaftigkeit in der Auseinandersetzung mit relevanten Inhalten nicht zu verfehlen. Konservativ muss die Lehre aber auch sein, weil sie, statt einem zügellosen Konsumismus zu dienen, Respekt vor Bildung und Toleranz fordert. „Die wohl wichtigste gemeinsame Alternative zur Konsumkultur", so formuliert es Jürgen Oelkers, „ist die öffentliche Schule. Hier gilt nicht die Maxime der unmittelbaren Wunscherfüllung. Hier kann man sich nicht mit Geld direkte Vorteile verschaffen, die Kriterien für Leistungen sind gleich, und die Belohnung ist an die Leistung gebunden. Die Frage ist, wie weit die Konsumwelt Einfluss hat auf das Leistungsverhalten und was getan werden kann, die Schulqualität zu erhalten" (2007, 11).

Das allerdings ist ein weites Feld, dessen Bestellung von vielen Faktoren abhängig ist. Die Gefährdung der Schule, die Oelkers beschreibt, ist nicht zu übersehen, und es wäre gut, wenn jede/r täte, was getan werden kann, um innerhalb und außerhalb der Schule anzugehen gegen *Entertainment*simplifizierungen und Vereinnahmungen des Unterrichts durch die Welt des Luxus und der Moden. Ohne weltfremd zu werden, aber betont kritisch muss darauf bestanden werden, dass die Schule weiterhin als Schutz fungiert gegen die Zumutungen eines Denkens in *Brands* und *Locations*. Oft haben Schülerinnen und Schüler übrigens einen guten Blick für die Oberflächlichkeit und für den fehlenden Anspruch im Unterricht schwacher Lehrpersonen. Bis heute gehört die Schule in die Reihe gesellschaftlicher „Institutionen der Freiheit und der Gerechtigkeit" (Jürgen Habermas), auf die es ankommt. Was aber nicht bedeutet, dass sie es von vornherein und sowieso immer ist, ohne sonderliche Mühe darauf zu verwenden, es zu bleiben. Um ihrem Ziel Bildung zu dienen, brauchen die in und für Schule Tätigen eine pädagogische Selbstdefinition im Habermas'schen Sinne. Eine solche Auffassung wurde schmerzlich vermisst, als – man mag es kaum glauben – ein Kultusbürokrat während einer Weiterbildung für angehende Schulräte seinen Zuhörerinnen und Zuhörern weiszumachen versuchte, von nun an seien sie „im Rahmen Ihrer neuen Aufgabe keine Pädagogen mehr“ (zit. nach Thie/Reinhardt 2018, 29). Als könnte ein Softwareunternehmen geleitet werden von einem Menschen, der keine Ahnung von Computern hat. Oder ein Bauernhof, geführt ohne Ahnung von Ackerbau und Viehzucht.

Im Gegensatz zu technokratischem Selbstverständnis benennt Postman die Aufgaben der Schule im Bild eines Schulkinds, „dessen Selbst und Individualität der Pflege bedarf, dessen Vermögen zur Selbstbeherrschung, zur aufgeschobenen Befriedigung und zum logischen Denken erweitert werden und dessen Wissen über das Leben unter Kontrolle der Erwachsenen stehen muss“ (Postman 1999, 156). Das Wort Kontrolle mag an dieser Stelle stören. Postman meint damit jedoch nichts anderes als Kant, der feststellte, man müsse in der Erziehung „auf die *Moralisierung* sehen. Der Mensch soll nicht bloß zu allerlei Zwecken geschickt sein, sondern auch die Gesinnung bekommen, dass er nur lauter gute Zwecke erwähle. Gute Zwecke sind diejenigen, die notwendigerweise von jedermann gebilligt werden; und die auch zu gleicher Zeit jedermanns Zwecke sein können“ (Kant 1997, 21 f.).

Dahinter verbirgt sich ein pädagogisch gewendeter kategorischer Imperativ: Die Lauterkeit pädagogischen Handels ist Vorbedingung für seine Akzeptanz. Aller üblen Nachrede zum Trotz kommt die große Zahl der in der Schule Unterrichtenden diesem Bildungsauftrag nach.

„Ey, Mann“, sagt Kevin zu seinem Lehrer, „was soll der Stress? Chillen geht doch auch.“

„Geht eben nicht“, sagt Herr T. Woraufhin beide wissend lachen.

Kapitel 8 – Die Kunst des Andersseins. Ein Lehrausflug ins imaginäre Schulmuseum

Kunst ist immer anders. Sie versucht, das Außerordentliche, das so zuvor nie Erlebte oder Gesehene sichtbar und erlebbar zu machen, und zwar auf möglichst persönlich-originale Weise. Wiederholt sie sich irgendwann nur noch, so hat sie aufgehört zu leben. Darin gleicht ihr übrigens der Unterricht, der ebenfalls leblos wird, wenn er sich – ohne auf seine sich wandelnden Adressatinnen und Adressaten zu achten – nur noch fantasielos reproduziert.

In diesem Kapitel ist die Leserin/der Leser eingeladen, im „Assoziationsraum Museum" (Walter Grasskamp) den bisherigen Überlegungen zum Thema des schulischen Andersseins weitere, neue, andersartige Erfahrungen hinzuzufügen.

Kunst sperrt sich – vieldeutig, wie sie ist – gegen die direkte Aufklärung durch das Wort. „Das Einzige, was in der Kunst zählt, ist das, was nicht zu erklären ist", schrieb der Maler Georges Braque. Ohne sie in ihrer Autonomie anzuzweifeln und wohl wissend um ihre Abneigung gegen Didaktik nutzen wir trotzdem die Gelegenheit, uns von der Kunst anregen zu lassen. Dabei versichern wir uns bei unserem Besuch im imaginären Schulmuseum gelegentlich der Hilfe von Sachverständigen, der Kunsthistorikerin Sigrun Paas, der Psychoanalytikerin Herta Harsch und des Erziehungswissenschaftlers Hilbert Meyer.

Schließlich noch ein Wort zur Nutzung des folgenden Textes. Zwar wäre es schön und praktisch, die besprochenen Bilder an der jeweiligen Textstelle abgedruckt vorzufinden. Jedoch kann aus diesem Buch kein aufwändig gestalteter Kunstband werden. Es ist der geneigten Leserin und dem geneigten Leser aber problemlos möglich, jedes der analysierten Kunstwerke im Internet aufzufinden. Ein gewisser Aufwand, ja, aber lohnend. Kunst zu verstehen verlangt nun einmal Bemühung, könnte man sagen.

„Was bedeutet mir das, was nur mir etwas bedeutet?“
André Malraux

Museumswelten sind „Orte der Erkenntnis, des Erstaunens und der Verzauberung“, schreibt werbend Christoph Stölzl, langjähriger Museumsdirektor in München und Berlin (1997, 9). Das gilt hoffentlich auch für das imaginäre Museum, in dem wir uns in diesem Kapitel befinden. Erfunden hat es André Malraux (1901-1976), Romancier, Dandy, Abenteurer, Kunstschriftsteller und Frankreichs erster Kulturminister. Er schuf ein Museum ohne Mauern, das sich stattdessen zwischen zwei Buchdeckeln befindet, eine Kunstsammlung einzig für die Hand und den Kopf der Betrachterin oder des Betrachters. Seine Idee stellte seinerzeit – der erste Band erschien 1947 – etwas ganz und gar Neues dar, waren doch Ausstellungskataloge mit großen Formaten und reicher Bebilderung damals seltene Ausnahmen. Malraux versammelte in mehreren großen Bänden zahlreiche Abbildungen samt eigenen Kommentaren zu ausgewählten Themen, exquisite Kunstsammlungen, die man an keinem Ort der Welt zusammen anschauen konnte, außer bei sich (Malraux 2012; zur Geschichte des imaginären Museums Grasskamp 2014). Mit einer solchen Zusammenstellung haben wir es auch hier zu tun. Unabhängig davon, dass wir uns im vorliegenden Buch mit den Kommentaren begnügen und die Bilder auf dem Bildschirm betrachten müssen. Was im Hinblick auf Größe und Farbe auch Vorteile hat.

Das Anderssein hat Künstler und Kunstfreunde immer schon interessiert. Die Abweichung von der Norm, die fremde Seite des Bekannten und der Reiz veränderter Betrachtungsweisen setzten ihre Fantasie frei. Genauso wie sie Interesse und Leidenschaft von Kunstfreundinnen und -freunden anstachelten.

Die Erziehungswissenschaft hat sich in den letzten Jahren zunehmend die Welt der Bilder erschlossen (u. a. Mollenhauer 1983 und 1986, Wünsche 1989, Schiffler/Winkeler 1991, Gruschka 1999). Das geschah unter anderem in der Folge großer Ausstellungen zum Thema Kindheit (z. B. Neue Gesellschaft für bildenden Kunst 1980). Was die Schule betrifft, so finden sich Darstellungen von Unterrichtsszenen bereits in Zeugnissen römischer Herkunft, dann allerdings erst wieder während der großen Zeit der Klosterschulen. In der niederländischen Genremalerei des 17. Jahrhunderts wurden Darstellungen von

Dorfschulen gemalt, wobei schon damals das Motiv der Schulklasse auftaucht, die ihre Lehrer überfordert und über Tische und Bänke geht.

Beim Rundgang durch unser kleines imaginäres Schulmuseum werden wir nur Werke aus der Zeit nach 1800 berücksichtigen. Mit der wachsenden Bedeutung der „Bildung des Bürgers“ (Ulrich Hermann) fand in der Kunst die Schule mehr und mehr Interesse. Das ändert sich in der zweiten Hälfte des 20. Jahrhunderts, und aus der Gegenwart lassen sich nur wenige Schulbilder vermelden. Aber gehen wir chronologisch vor.

Leider vergeblicher Versuch einer Ehrenrettung. Johann Peter Hasenclever „Hieronymus Jobs als Schulmeister“ (1846 – Museum der bildenden Künste Leipzig – 124 x 160 cm)

Es geht wild los, und zu allem Überfluss bekommen wir es gleich zu Beginn mit einem notorischen Versager zu tun. Denn um einen solchen handelt es sich bei Hieronymus Jobs allemal. Sein Studium hat er verbummelt, sein Geld verjuxt und sein Examen vergeigt. Danach versucht er sich als Pastor, ohne dass seine sinnfreien Predigten beim Publikum günstige Aufnahme finden. Reiner Zufall, dass Jobs anschließend einem gewisser Baron von Ohnewitz auffällt, als der gescheiterte Seelsorger in seiner Gegenwart einen Wegelagerer erschlägt. Woraufhin ihm der Adlige eine Stelle als Lehrer in seiner Dorfschule verschafft. Wer mutig ist gegenüber Spitzbuben, wird er sich gesagt haben, dürfte geeignet sein für den Schuldienst. Leider endet aber auch dieses Engagement für Jobs unglücklich. Wegen erwiesener Unfähigkeit jagen die Ohnewitzer Bauern den Schulmeister Jobs kurzerhand davon, sodass ihm nichts anderes übrig bleibt, als am Ende als Nachtwächter anzuheuern.

Eigentlich eine traurige Geschichte, die da erzählt wird. Sie amüsiert jedoch bis heute ihr Lesepublikum (Kortum 2012). Ausgedacht hat sie sich der Grubenarzt und Gelegenheitsdichter Karl Arnold Kortum (1745-1824) aus Bochum. Wilhelm Busch hat eine Kurzfassung der „Jobsiade“ mit eigenen Versen und Illustrationen versehen. Hier jedoch soll uns ein Bild von Johann Peter Hasenclever (1810–1853) beschäftigen, Teil einer Serie, in der sich der Maler mit Jobs' wechselhaftem Schicksal beschäftigte.

Unser Bild stammt aus dem Jahre 1846, eine von drei Versionen derselben Szene, aufbewahrt im Leipziger Museum der bildenden Künste und ausgewählt, da diese Fassung weniger historisierend konzipiert ist. Bei Johann Peter Hasenclever (1810-1853), handelt es sich um einen unterschätzten deutschen Maler des 19. Jahrhunderts, schätzenswert wegen seiner ironischen Darstellungen der deutschen Biedermeierbürgerwelt und seiner Abbildungen kindlichen Elends, aus denen auch Hasenclevers politisches Engagement während des Vormärz und der Revolution von 1848/1849 spricht.

Für die Wahl des „Jobsiade"-Sujets dürfte den Künstler neben der Hoffnung auf Erfolg beim Publikum die Möglichkeit einer abwechslungsreichen Darstellung der turbulenten Abwege seines Helden motiviert haben. Konnte Jobs noch während seines Studiums mit dem Geld seiner Eltern in Saus und Braus leben, so hat es ihn nun in eine schäbige ländliche Schulstube verschlagen. Solche Räume waren Hasenclever durchaus bekannt. Als Sohn eines Schleifkotten- und Schmiedebesitzers im Bergischen Land hatte er die traurigen Zustände in rheinisch-preußischen Schulen am eigenen Leibe erfahren. In seinem Lebensrückblick stellt er fest, er habe dort mit viel Quälerei und wenig Erfolg „spottwenig oder nichts gelernt", bis ihn seine Eltern nach Düsseldorf aufs Gymnasium schickten, wo ihm der Zugang zur Kunstakademie eröffnet wurde (Geppert/Soechting 2003, 182 f.).

Der verkrachte Kandidat Jobs, der nie eine pädagogische Ausbildung genossen hat, steht in Hasenclevers erzählend-realistischer Darstellung hinter dem Pult in einem vernachlässigten Raum, in den die Betrachterin/der Betrachter diagonal hineinblickt. Die Wände sind schmutzig. Unrat, zerbrochenes Spielzeug, Bücher, Hefte und Schiefertafeln liegen auf dem Holzbohlenfußboden herum. In der Decke klafft ein Loch, aus dem ein Junge auf die Szene herabblickt. Das Licht ist trübe. An der Wand befindet sich eine Landkarte. Darüber sind zwei gekreuzte Säbel samt Stulpenhandschuh und Dreispitz angebracht, Souvenirs aus Jobs' wilder Studienzeit, während derer er Mensuren focht, Salamander rieb, mit leichten Mädchen poussierte, Schulden machte und die Entwicklung von Tugenden wie Fleiß und Bildsamkeit hartnäckig verweigerte, die er nun plötzlich Dorfkindern vermitteln soll.

Aber nun steht Jobs hinter einem mit Büchern und Äpfeln belegten Katheder knapp 40 Schülerinnen und Schülern gegenüber, gekleidet in einen Gehrock, mit sorgfältig gebundenem Krawattenhalstuch und mit einer (nicht mehr gepuderten) Perücke auf dem Kopf. Er zeigt mit der Rechten mit Stock und großer Geste auf den sorgfältig an die Tafel geschriebenen Buchstaben H, den der Lehrer und der allergrößte Teil seiner Schülerinnen und Schüler offenbar nachzusprechen im Begriff sind. Jobs legt sich dabei ordentlich ins Zeug und wirkt alles andere als unbeteiligt.

Vor ihm stehen – aus Mangel an ausreichenden Bänken größtenteils in spontanen Gruppen aufgestellt – Jungen und Mädchen unterschiedlichen Alters und verschiedener sozialer Herkunft. Einige sind zerlumpt gekleidet und barfuß, andere sorgfältig herausstaffiert und wieder andere in höfisch wirkende, aber heruntergekommene Kleidung gesteckt.

Der Maler zeichnet die Kinder nicht als gleichförmige Masse, sondern stellt sie individuell dar. Die meisten erscheinen sehr munter. Ein heiterer Junge mit exakt gezogenem Scheitel hat eine Sonnenblume wie einen Orden angesteckt. Sein Nachbar, breitbeinig aufgestellt, schmettert das H aus voller Brust heraus. Der Junge ist wie der größte Teil der Klasse ganz bei der Sache, geradezu mit Feuereifer, kraftvoll und selbstbewusst. Man könnte auf die Idee kommen, dass die Gruppe fröhlich im Chor ein Lied singt, so fidel wirkt sie. Diese Kinder wollen ganz offensichtlich lernen, von Jobs temperamentvoll-heiter dirigiert. So weit, so gut.

Andere Schüler streben ihrem Lehrer jedoch keineswegs nach. Ein Junge steht in der Ecke mit einer Eselfigur in der Hand. Ihn hat Jobs offenbar dorthin geschickt – weswegen der Knabe ihm die Zunge herausstreckt. Ein kleines Mädchen weint, weil sie von einem Jungen mit einer Brennnessel berührt wird. An anderen Orten der Schulstube wird gestritten und geprügelt. Ein Schüler ist gerade dabei, ein Bücherregal auszuräumen und die darin aufbewahrten Lehrwerke auf den Boden zu werfen.

Den ungebärdigen Teil der Klasse hat Jobs zu seinem eigenen Schaden nicht im Blick. Er sieht nur die beflissenen Lernenden. Das didaktisch-methodische

Mittel der Differenzierung einer altersheterogenen Lerngruppe stand ihm sicherlich nicht zur Verfügung. Wahrscheinlich hatte er nie davon gehört, genauso wenig wie vom Neuhumanismus oder von Wilhelm von Humboldt. Aber eines muss man Jobs lassen: Er hat Schwung. Eine Visitation jedoch hätte dieser Schulmeister wohl nicht überstanden. Vielleicht aber wäre die Sache ausbaufähig, wenn Jobs einen guten Mentor hätte. Am nötigen Eifer beim Unterrichten fehlte es ihm ja augenscheinlich nicht.

Vielleicht ging es dem Maler Hasenclever gar nicht so sehr um Jobs' Versagen, sondern um die Darstellung dieser elenden Schulstube und um die Darstellung der Kinder, ihrer sozialen Vernachlässigung und gleichzeitig ihres vitalen Andersseins. Passend dazu schrieb der Schulreformer Adolph Diesterweg (1790-1866): „Die Menschen werden, was sie können; das Resultat entspricht den Bedingungen, unter denen sie leben, und den Kräften, die auf sie einwirken" (zit. nach Soiné 1990, 139).

Schulkampf, katholisch. Louis Janmot „Der falsche Weg" (Le mauvais sentier – 1854 – Musée des Beaux-Arts Lyon – 115 x 145 cm)

Zwei Kinder schreiten einen langen Treppenpfad hinan. Ihr Weg führt sie – im Bild rechts ist sie dargestellt – an einer Art Loggia vorbei, in deren 13 Arkaden je ein Mann steht, gekleidet in eine schwarzen Toga mit Beffchen. Jeder hält eine brennende Kerze in der einen Hand, ein Buch, ein Heft und ein Stück Papier in der anderen, die er den Kindern entgegenreckt. In der untersten Öffnung dagegen – die Kinder haben sie bereits passiert – hockt eine Frau mit vorgestrecktem Kopf, als wolle sie gleich aufspringen. Sie ist wie die Männer dunkel gekleidet, hat aber im Gegensatz zu ihnen eine Haube auf dem Kopf und ihren rechten nackten Fuß auf ein Buch (eine Bibel?) gestützt. Eine tief stehende Sonne oder der Mond in einer hellen Sommernacht wirft harte Schatten. Die Wolken am Himmel sind wild bewegt, als käme ein Gewitter auf. Bedrohung, wohin man schaut: jenseits des Wegs, dem Gebäude gegenüber, steigen verschattete Felsen auf samt ausladendem Wurzelwerk und anderer abgestorbener Natur. Auf einem Ast sitzt eine große Eule mit weit geöffneten Augen.

Die Kinder halten sich auf ihrem Weg durch die hereinbrechende Dunkelheit ängstlich umschlungen. Wir sehen die beiden von hinten, ein Mädchen, weiß gewandet mit einem Blumenkranz im Haar, und ein Junge in rotem Umhang, mit der rechten Hand in Richtung der schwarzen Männer einen Gruß signalisierend. Oder ist es Abwehr? Das Bild trägt den Titel „Der falsche Weg".

Ein auffälliges, ein ungewöhnliches, rätselhaftes Werk, das da im Lyoner Musée des Beaux-Arts an prominenter Stelle hängt. Gemalt hat es Louis Janmot (1814-1892), als Teil einer Serie von 18 Gemälden und 16 genauso großformatigen Zeichnungen (ca. 1850). Sie bilden den Zyklus „Das Poem der Seele", komplettiert durch 2800 Verse, die der Betrachterin/dem Betrachter im Museum jedoch nicht zur Verfügung stehen. Sie/er dürfte das Bild, um das es uns geht, zunächst für ein veritables Stück Fantastik halten, eine Einschätzung, die auch von der Literatur nahegelegt wird. Dort finden sich neben dem Hinweis auf Janmots Ideengeber, einen mystischen Visionär des 18. Jahrhunderts, vor allem Hinweise auf E. T .A. Hoffmann und sein „parfum germanique", auf Freud, C. G. Jung und den Surrealismus (Hardoudin-Fugier 2007, 38).

Den Schlüssel zur Lösung des Rätsels stellen die merkwürdigen Talare dar, die die in den Eingängen postierten Dunkelmänner tragen. Anders als die Betrachterin/der Betrachter annehmen mag, handelt es sich bei den schwarzen Herren keineswegs um protestantische Geistliche, Richter oder Advokaten. Gemäß damaliger Sitte wurden auch Lehrer der höheren Lehranstalten mit einer Toga ausstaffiert. Anders als Pädagogen gemeinhin unterstellt, bewahren sie die Kinder jedoch offensichtlich nicht vor dem Beschreiten des falschen Wegs. Sie geben ihnen im Gegenteil dabei das Geleit und haben ihren Anteil an Furcht und Schrecken. Als falsche Propheten wirken sie mit an einer Inszenierung zum Zwecke der Erweckung kindlicher Angst. Auf der Inszenierung lastet der Eindruck eines bevorstehenden Verhängnisses. Von den versammelten Lehrern geht die Drohung möglicher Übergriffigkeit aus. Aber warum wird ihnen das vom Künstler unterstellt?

Zur Entstehungszeit des Bildes um 1850 tobten in Frankreich heftige Kämpfe um die Schule, entstanden durch die Forderung der katholischen Kirche, ihre zuvor besessene Verantwortung für die Schulen zurückzuerhalten, die ihnen mit der Gründung öffentlicher Grundschulen während der Republik

1833 genommen worden war. Die Republikaner hatten die Forderung nach „Alphabetisierung der Massen" in *öffentlichen* Schulen erhoben, und die konservative Regierung Thiers/Guizot nahm dem politischen Gegner mit ihrer Realisierung den Wind aus den Segeln. Um 1850 kam es dann zur Zweiteilung zwischen den von den Kommunen, den Departements oder dem Zentralstaat unterhaltenen Schulen und anderen, von Privatleuten oder Vereinigungen gegründeten, darunter kirchlichen. Verantwortlich für diese Reform zeichnete der Ministers Alfred de Falloux, der eigentlich antirevolutionär gesonnen war, aber den Kompromiss suchte. Der katholischen Kirche war das jedoch nicht genug. Sie forderte die Rückkehr zur eigenen generellen Zuständigkeit für die Schulen. Janmots Bild kommentiert diese Lage und warnt vor dem Seelenschaden, der angeblich von der Staatsschule und den staatlichen Lehrern ausgeht. Als treuer Sohn seiner Kirche hielt der Maler die Falloux-Gesetze für den falschen Weg, zum Schaden der Kinder, die er als von den Agenten des Staats bedroht darstellt. Janmots Bild fügte sich ein in eine ultramontane Kampagne, die sich im Kern gegen mehr Bildung für das Volk richtet. „Die moderne Erziehung ist ein Verderb für die Kinder", sagt in Balzacs Roman „Die Lilie im Tal" (1835) der erzreaktionäre Graf de Mortsauf. „Wir pfropfen ihnen den Kopf voll Mathematik, wir bringen sie um mit Keulenschlägen von Wissenschaft, wir machen sie vor der Zeit alt. Welch ein Jahrhundert wird uns der Unterricht bereiten, der jetzt jedem zugänglich ist!" Er fordert deswegen, „den Unterricht wieder geistlichen Orden in die Hand zu geben" und formuliert damit das Ziel des französischen Katholizismus, das auch Janmot zum Ausdruck bringt (2015, 41 f.).

Der Künstler hat zweifellos ein interessantes, ein eindrückliches Bild gemalt, aber es handelt sich dabei vornehmlich um ein Stück antirepublikanischer Propaganda. Mit der im Bild dargestellten Hexe dürfte der Maler Marianne, die Personifikation der Französischen Republik, gemeint haben. Sie verfolgt im nächsten Bild der „Poem der Seele"-Folge den Jungen und hält das leblose Mädchen schon im Arm gefangen, von den Lehrern durch Gucklöcher tatenlos beäugt. Aber keine Angst, beider Seelen werden am Schluss der Serie erlöst. Der Maler allerdings hatte mit seinen Bemühungen um eine andere Schule keinen Erfolg.

Seitenblick auf ein Kinderporträt. Oskar Kokoschka „Kind mit den Händen der Eltern“ (1909 – Belvedere Wien – 72 x 52 cm)

Schulen sollen Kinder schützen. Manchmal aber wird dieses Bemühen von besonders besorgten Lehrkräften übertrieben. Für solches Verhalten ist die griffige Bezeichnung *overprotection* in den pädagogischen Sprachschatz eingegangen. Kann sein, dass Lehrpersonen ihren Schülerinnen und Schülern zu wenig zutrauen, dass sie ihnen besondere Herausforderungen nicht zumuten mögen und Versagen als Normalfall voraussetzen. Oder sie halten sie schlichtweg für „nicht vorzeigbar“. Nicht selten handelt es sich bei solchem Lehrer/innen-Verhalten um eigene eingebildete Ängste, die Lehrpersonen mit ihren Befürchtungen reproduzieren. Sie verhindern jedoch auf diese Weise neue Erfahrungen, die Kinder und Jugendliche brauchen, nämlich die persönliche Verarbeitung von Erfolg oder Scheitern. Keine Frage, der Schutz vor Gewalt oder Vernachlässigung ist existenziell nötig, und Prävention zählt zu den wichtigsten Aufgaben der Schule. Aber darum geht es hier nicht, sondern um die Chance des Sich-Ausprobierens, um die damit verbundenen Erfolgserlebnisse – genauso wie um den Erwerb von Frustrationstoleranz im Falle des Misslingens.

Diese Zusammenhänge schulischer Arbeit sind mit den Mitteln der Kunst nur schwer dazustellen. Es existiert jedoch eine Familienporträt von Oskar Kokoschka (1886-1980), das den ambivalenten erzieherischen Bezug zwischen Behütung und Überbehütung thematisiert. Zu sehen ist darauf ein Kind, das in einer Art Gloriole dargestellt wird, die es vom zerfließenden dunkel-lilafarbigen Hintergrund abhebt. Das weiß gekleidete blonde Kind wirkt blass, zart und blickt mit großen dunklen Augen am Betrachter vorbei. Als käme von dort etwas, was das Kind nicht versteht, das aber seine Aufmerksamkeit erregt. Die eigene Zukunft vielleicht? Seine Körperhaltung ist aufrecht, aber mit der linken Hand sucht das Kind Halt, als habe man es irgendwo platziert, ohne dass es Gelegenheit gehabt hätte, seinen rechten Ort selber zu finden. Darunter liegen die rechte Hand der Mutter und die Linke des Vaters, die beide ihren Nachwuchs umfassen. Sie „scheinen das Kind gemeinsam behüten zu wollen“, wie der Hirnforscher und Kunstkenner Eric Kandel feststellt, „schützend und zugleich hemmend", einen Wall bildend gegen die Außenwelt (2014, 191). Auf diese Weise wird das Bild zur Darstellung einer Konstellation zwischen drei Menschen, verbunden mit der Frage nach dem Freiheitsspielraum, der dem Kind zukünftig zuteilwerden werden wird. Darüber hinaus vermittelt die Darstellung eine allgemeine Aussage zur lebensgeschichtlich ambivalenten Funktion von familiärer und auch schulischer Behütung, die trotz aller unbezweifelbaren Notwendigkeit stets in der Gefahr schwebt, in ihrer Sorge um das Kind dessen mögliche Entwicklung zu behindern, statt seine Freiheit zu befördern.

Drinnen und draußen. Ein Gespräch mit der Heidelberger Kunsthistorikerin Sigrun Paas über Karl Hubbuch „Die Schulstube" (1925 – Privatbesitz – 75 x 63 cm)

Das Bild heißt „Die Schulstube", aber besonders viel bekommen wir davon nicht zu sehen. Wir blicken von schräg-hinten-oben auf fünf Jungen, die in drei Reihen nahe beieinandersitzen. Die Schüler (Wie alt werden sie sein? Vielleicht dreizehn, vierzehn?) haben blonde, rötliche, schwarze Haare, kurz oder auch länger geschnitten, sind unauffällig gekleidet (abgesehen von einem, der einen Matrosenanzug trägt) und unterscheiden sich physiognomisch erheblich. Drei von ihnen haben – abwehrend? – die Arme vor dem Körper verschränkt. Einer beugt sich – interessiert? – vor. Ein weiterer schreibt etwas auf ein Blatt Papier. Von ihrem Klassenzimmer und dem restlichen Personal sehen wir so gut wie nichts. Nur ein schmales Stück Mauer, an das jemand ein Bild des Transatlantik-Liners „Columbus" geheftet hat, eines Dampfschiffs der Norddeutschen Lloyd. Darunter haben die Jungen an Haken ihre Jacken aufgehängt. Ansonsten: Keine weiteren Mitschüler, kein Lehrer, keine Tafel, weder Pult noch Utensilien wie Kartenständer, Papierkorb und so weiter. Stattdessen zeigt das Bild den weiten Blick durch zwei große Fensteröffnungen, ohne dass die üblichen Sprossen die Sicht behindern. Gegenüber Schule und Klassenzimmer befindet sich eine Häuserzeile aus der Gründerzeit, die von Karl Hubbuch (1891-1979) detailgenau wiedergegeben wird. Wobei die Front merkwürdig verläuft. Als würde sie rechts mit dem Schulhaus zusammenstoßen. Drinnen wie draußen eigenartiges Licht.

W. G.: Fangen wir doch mit der Darstellung der Schüler an, Sigrun.
S. P.: Die Hauptperson ist der blonde Schüler mit der modischen Frisur, dessen Kopf über den Fenstersims ragt. Die anderen Köpfe befinden sich unterhalb der schrägen Grenze, die das Bild in zwei Hälften teilt. Die Schüler folgen dem Unterricht sehr aufmerksam, nicht abwehrend. Der hinten allein in der Bank sitzende Junge schreibt etwas auf ein liniertes Blatt, mit einem Federhalter über einem untergelegten Löschblatt. Er hat ein Hemd mit geflicktem Ärmel an. Vermutlich ist er ärmer als die anderen vier. Vielleicht ein „Nachsitzer", der nicht zur Klasse gehört und eine Strafarbeit machen muss. In der zweiten Reihe sitzt ein Junge mit sehr kurzen Haaren und etwas hervorquellenden Augen. Ein jüdischer Mitschüler? Kein Zufall dürfte sein, dass der Junge im Matrosenanzug unter dem Bild der „Columbus" sitzt. Das Schiff ist 1924, zur Entstehungszeit des Bilds, in Dienst gestellt worden, nachdem ein identischer Bau nach dem Ersten Weltkrieg von den Engländern requiriert worden war. Ein prächtiger neuer Ozeandampfer, das größte Schiff der deutschen Handelsflotte, auf das man nach den Verlusten durch den Versailler Vertrag sehr stolz war.
W. G.: Ist es deiner Meinung nach ein politisches Bild?
S. P.: Man weiß nicht, was der Lehrer seinen Schülern gerade unterrichtet. Wahrscheinlich handelt es sich bei der Schule um ein Gymnasium. Viele Lehrkräfte waren sieben Jahre nach Kriegsende noch kaisertreu. Vielleicht erzählt er den Jungen etwas aus dem Krieg, und sie hängen an seinen Lippen. Oder er spricht über die „Columbus" und Deutschlands Größe. Die Schüler scheinen ihm jedenfalls gespannt zu folgen.
W. G.: Mit welchen Mitteln erreicht das Bild seine suggestive Wirkung?
S. P.: Die Fensterbalustrade, die quer durchs Bild geht, gibt ihm Dynamik und betont den Blick der Jungen, der schräg nach vorne geht. Das strenge schulische Leben wird mit dem außerschulischen Leben konfrontiert. Auf einem Balkon der Häuser draußen gibt es Geschrei, im Klassenzimmer regiert die harte Disziplin, die vom Lehrer ausgeht. Zwei Welten, einander entgegengesetzt.
W. G.: Die Fenster sind weggeschnitten, wodurch das Leben draußen an die Schulstube nah heranrückt.
S. P.: Das Bild ist zuerst 1925 auf einer Mannheimer Ausstellung gezeigt worden, die der „Neuen Sachlichkeit" den Namen gab. Diese neue Kunstrichtung ist aber

nicht mit „Realismus“ gleichzusetzen. Der Maler erreicht die fast greifbare Plastizität der Formen mit starken Schattierungen an der Kleidung und hellen Konturen an den Gesichtern der Jungen. Die Modellierung hebt sie vor der dunklen Farbe von Wand und Bänken heraus. Das Licht kommt aus verschiedenen Richtungen. Realistisch ist das nicht. Von der Malweise her repräsentiert das Bild Modernität, vor allem in der Darstellung der Schüler im Gegensatz zum Historismus der Architektur draußen vor dem Fenster.

W. G.: Insofern stehen sich Zukunft und Vergangenheit gegenüber. Die Jungen sind zwar in diese engen Bänke gezwungen und werden offenbar traditionell unterrichtet. Aber sie repräsentieren das Kommende.

S. P.: Die soziale Zusammensetzung der Schülergruppe repräsentiert die Gesellschaft der Weimarer Republik, in der man ja neue Erwartungen an die Zukunft hatte.

Ernst, unbewegt, starr. Ein Gespräch mit der Berliner Psychoanalytikern Herta Harsch über Felice Casorati „Die Schüler“ (Gli Scolari – 1927/28 – Galleria d'arte moderne „Empedocle Restivo“ Palermo – 169 x 151 cm)

Realismo magica ist eine Tendenz in der italienischen Kunst der 1920er/1930er Jahre, der auch der Maler Felice Casorati (1883-1963) zugerechnet wird. Dahinter verbirgt sich „eine Art des Fühlens, eine alternative Wahrnehmung, Lesart und Interpretation des Zufälligen, des Alltäglichen, des Hier und Jetzt“ (Terraroli 2019, 25). Eine Sicht der Dinge, die zum naturwissenschaftlichen Unterricht nicht recht zu passen scheint, wohl aber zu den Ambivalenzen von Kindheit und Jugend, Schule und Unterricht.

W. G.: Was für ein trauriges Bild! Diese Schüler wirken niedergeschlagen, melancholisch und blicken vorwiegend nach unten. Eigentlich bilden sie gar keine Gruppe. Wie ist dein erster Eindruck, Herta?

H. H.: Der erste Eindruck des Bilds ist zwiespältig. Einerseits wirkt es fast erschreckend, wie steif, ernst, unbewegt, beinah starr die Kinder dastehen, wie kleine Erwachsene, nicht wie ausgelassene, lebendige Kinder. Andererseits hat das Bild aber auch etwas Gewinnendes durch die klare Linienführung, die ruhige Komposition und die verhaltene Farbigkeit in vorwiegend grün-blauen Tönen.

W. G.: Mein zweiter Eindruck: Hier stimmt was nicht. Wir blicken auf die dargestellte Szene von oben, und ganz genau überblicken können wir sie gar nicht. Überall zeigen sich perspektivische Verzerrungen und nicht zueinanderpassende Linienführungen, die jedoch eine starke Spannung erzeugen.

H. H.: Im Zentrum der Aufmerksamkeit steht allerdings die Personengruppe, auch wenn sie sich im Bild den Raum mit dem Tisch teilen muss. Der quadratische Tisch ist dominant platziert und schräg gestellt. Er hat keine Ähnlichkeit mit einem üblichen Lehrerpult, sondern wirkt wegen seiner auffälligen grünen Brokatdecke mit schwarzem floralem Muster wie ein Wohnzimmertisch, ein Altartisch oder ein Renaissanceschreibtisch. Der Brokatüberwurf verweist auf den Wohlstand des Hauses. Die geringe Schülerzahl und das häusliche Ambiente lassen darauf schließen, dass es sich hier nicht um eine öffentliche Schule, sondern um den privaten Unterricht in einem wohlhabenden Hause mit einer Hauslehrerin handelt. Casorati hat in diesem Gemälde vielleicht die Erinnerungen an seine eigene Schulzeit vor 1900 verarbeitet. Als Sohn eines Offiziers verbrachte er seine Kindheit und Jugend in wechselnden Garnisonsstädten und erhielt deshalb vielleicht Schulunterricht durch einen Privatlehrer/in, um häufigen Schulwechsel zu vermeiden. Vielleicht hat er sich in dem Kind vorn links, dem einzigen Jungen in der Schülergruppe, dargestellt. Zurückblickend hatte Casorati wohl ebenso zwiespältige Gefühle seiner Schulzeit gegenüber, wie sie im Betrachter des Bilds geweckt werden.

W. G.: Der Großvater des Malers war ein bekannter Mathematiker. Auf dem Tisch in der Mitte und an der Wand befinden sich offenbar korrekt wiedergegebene Formeln und Zeichnungen.

H. H.: Auf dem Tisch ist das Unterrichtsmaterial ausgebreitet wie auf einem Altartisch Kruzifix und Bibel. Statt Bibel ist es hier ein aufgeschlagenes Handbuch der Geometrie, zentnerschwer, darüber hinaus ein Globus, zwei Hefte und ein Lineal, mit dem früher auch „Tatzen" verteilt wurden. Die rechte Hand des Jungen vor dem Geometriebuch zeigt an, wonach er streben soll, nämlich wie sein berühmter Großvater zu werden. Dieser Auftrag der Erwachsenen macht ihn stolz, ist aber für ein Kind eine Bürde.

W. G.: Glück scheint die Mathematik den Lernenden nicht zu vermitteln.

H. H.: Das hat vielleicht auch mit der Lehrerin zu tun. Sie wirkt zunächst streng, blickt nach rechts zu ihren Schülern und zieht die Augenbrauen hoch. Sie scheint aber nicht furchteinflößend-bösartig zu sein, eher depressiv, unsicher und mit geringem Selbstbewusstsein. Sie mag sich selbst unter Beobachtung fühlen, ängstlich, ob ihr Auftraggeber mit ihrem Unterricht und den Leistungen der Schüler zufrieden sein wird. Diese Lehrerin wird in ihren Schülern wohl kaum eine Begeisterung oder Leidenschaft für das Fach wecken können.

W. G.: Die Kinder stehen zu einer Gruppe zusammengedrängt, aber ohne Kontakt untereinander. Kein Lachen, keine Freude, keine Neugier. Freude am Lernen? Fehlanzeige.

H. H.: Ja, bei allen ein unkindlicher Ernst. Zum Beispiel das blasse Mädchen rechts vorn, mit einer Frisur wie die Lehrerin, schaut zum Betrachter. Auffallend ist die Hand-aufs-Herz-Geste, als schwöre sie, immer gehorsam und fleißig sein zu wollen. Der Junge an ihrer rechten Seite ist ebenso blass mit schwarz umrandeten Augen, die zeigen, dass er lange über seinen Büchern hockt, statt im Freien zu toben. Allerdings fällt in der Schülergruppe eine Ausnahme auf. Es ist das Mädchen ganz hinten, halb verdeckt. Sie hat eine Pagenfrisur, ein rundliches Gesicht und rote Wangen. Sie ist die einzige Person auf dem Bild, die lächelt. Sie vermochte wohl, sich dem Leistungsdruck zu entziehen und sich ihre Fröhlichkeit zu bewahren. Ansonsten Gehorsam, Ordnung, Fleiß, Zielstrebigkeit, wohin man schaut. Die dargestellte Schulzeit ist eine schwere Bürde, die die Kinder niederdrückt, sie unfrei, unlebendig, depressiv machen kann.

Die Schule, aber wo ist sie? Ein Gespräch mit dem Oldenburger Erziehungswissenschaftler Hilbert Meyer über Edgar Ende „Die Schule" (1932 – Landesmuseum Oldenburg – 70 x 90 cm)

Bei dem Maler Edgar Ende (1901-1965) handelt es sich um einen der nicht sehr zahlreichen deutschen Surrealisten. Er ist zwar weniger bekannt als sein Sohn Michael (1929-1995), Autor der „Unendlichen Geschichte", eines der erfolgreichsten literarischen Werke der deutschen Nachkriegszeit. Aber sowohl im Erfolgsroman des Sohns wie in den bildnerischen Arbeiten des Vaters offenbaren sich – schaut man genau hin – die bedrohlichen und bedrohten Seiten von Welt und Leben. Die Nähe beider Künstler wird auch in den in die folgende kurze Bildbeschreibung eingestreuten (kursiv wiedergegebenen) Zitaten aus Michael Endes Erzählungensammlung „Der Spiegel im Spiegel" (2010) deutlich.

Was ist auf Edgar Endes Bild „Die Schule" zu sehen? Ein großer, bewegter Himmel und eine weite, wüstenartige Ebene ohne Anzeichen von Leben breiten sich vor dem Betrachter aus. Im Vordergrund ist eine *„schräg in den reglosen Sturm gelehnte Gestalt"* zu sehen. Sie wendet sich vom Betrachter ab, sodass ihr Gesicht nicht zu erkennen ist, mit der Linken ihren Hut festhaltend. Seltsam ungelenk, aber unverwandt strebt der Passant voran, einem Ziel außerhalb des Bilds entgegen, fort von dem *„dunklen Streif am Horizont"*, der *„sehr fernen Gebirgskette"*, dem *„aufziehenden Gewitter"*. Vielleicht ist es gar keine reale Szenerie, die hier dargestellt wird, sondern eine *„vom Sturmwind durchwühlte"* Bühnenversion mit einer über *„den ganzen Horizont reichenden Wand aus riesigen Vorhängen, die langsam auf- und niederwehen, sich blähen, ineinander schlingen und sich wieder voneinander lösen"*. Ein weißer Hund begleitet den Wanderer.

Im Mittelgrund des Bilds sind in zwei Reihen acht einfach konstruierte Tische aufgestellt. An jedem hat ein Mann Platz genommen hat. Bis auf einen (*„ein Mann unbestimmbaren Alters in betont korrekter Kleidung"*, mit gefalteten Händen dasitzend) sind alle anderen nackt und merkwürdig weiß gefärbt. *„Dicker Staub liegt auf ihren Köpfen, ihren Bärten, ihren Kleidern, ihren Brillen."* Sie haben je eigene Physiognomien und nehmen unterschiedliche Haltungen ein, wirken aber statuarisch, jedenfalls untätig. Nur eine Person, ein Mann mit grauem Bart und wolligem Haarschopf, hält ein Buch in den Händen und ignoriert auf diese Weise seine Umgebung. Die Tischplatten sind leer wie die Landschaft um sie herum.

W. G.: Ein rätselhaftes Bild! Hast du es durchschaut, Hilbert?
H. M.: Wenn ich es anschaue, sehe ich als Pädagoge zuerst eine grausame Sitzordnung. Man könnte das Bild für eine Polemik gegen den bis heute dominierenden Frontalunterricht halten. Die Menschen dort sitzen völlig isoliert und den Lehrer – wenn es denn einer ist – schaut niemand an.
W. G.: Ist das überhaupt eine Schule?

H. M.: Ja, das fragt man sich. Die Schüler sind jedenfalls viel zu alt dafür, so grau, wie sie dasitzen. Der mit dem Buch sieht aus wie Aristoteles.
W. G.: Die Anordnung im Raum gleicht dem einer schriftlichen Prüfung. Allerdings haben die Prüflinge keinerlei Möglichkeit, etwas von sich zu geben.
H. M.: Nein, gearbeitet wird hier nicht. Je länger man hinguckt, umso gespenstischer wird die Szene. Der vorbeieilende Lehrer – ich nehme an, es ist einer – wendet sich lieber von ihr ab. Ich kann das Bild nur als kritisch-ironisch gemeint ansehen.
W. G.: Ein Schulhaus, einen Schulraum gibt es nicht. Vielleicht handelt es sich überhaupt um einen künstlichen, eine Art Bühnenraum mit einem gemalten Prospekthorizont. Auffällig, wie rot, wie flammend der Himmel wird, je näher er dem Horizont kommt.
H. M.: Jedes Bildungsbemühen muss angesichts dieser bedrohlichen Realität scheitern. Und die straffe Sitzordnung symbolisiert die Formierung der Geisteshaltung.
W. G.: Die Figuren an den Tischen sind paradoxerweise fast alle nackt, obwohl doch der Passant im Mantel und mit Hut mit den Naturgewalten zu kämpfen hat.
H. M.: Geistig werden Schüler ja auch in der Schule manchmal ausgezogen. Auf dem Bild warten sie offenbar darauf, dass etwas kommt. Aber was? Ihre Blicke sind abgewandt, eher nach innen gerichtet, die Augen teilweise geschlossen.
W. G.: Der Bekleidete scheint zu beten. Eine surreale Situation.
H. M.: Ja, dafür sprechen auch manche Proportionen und der Schattenwurf. Die Menschen nehmen unterschiedliche Positionierungen im Raum ein, und die Personendarstellung ist alles andere als realistisch.
W. G.: Vielleicht geht es gar nicht um die Schule, wie wir sie kennen. Edgar Ende gewinnt antiker Mythologie zuweilen surreale Seiten ab. In diesem Zusammenhang fällt mir – auch weil du Aristoteles erwähnst – Raffaels „Schule von Athen“ ein, sein Fresko in den vatikanischen Loggien aus dem 16. Jahrhundert, „die ideale Versammlung der griechischen Philosophen aller Zeiten“, wie Stendhal es nannte. Was hältst du von folgender Hypothese? Einige antike Philosophen, Künstler und Gelehrte müssen absurderweise in einer Art Prüfung Aufsätze über sich selbst schreiben, in schwerem Wetter, auf öder Flur, aus ihrem Tempel vertrieben und in das Deutschland des Jahres 1932 versetzt,

in dem ihre Erziehungsideale von Ernst und Würde, Harmonie und Schönheit, Vernunft und Tugend auf den Hund gekommen sind.

H. M.: Na ja, Herr und Hund scheinen ja als einzige zu wissen, wohin das führt und flüchten mit Schrecken. Nicht auszuschließen, dass der Künstler die Machtergreifung der Nazis im Auge hatte.

W. G.: Während die Nackten, ihrer Würde beraubt, ihrer historisch gewordenen Bedeutung entkleidet und in eine menschenfeindliche Umgebung versetzt, zunächst einmal zum Dasitzen verdammt sind. Domestizierte Geistesgrößen, um die sich keiner mehr kümmert.

H. M.: Das wäre ein Stück Zivilisations- und Schulkritik, das genau in die Entstehungszeit des Bilds passt. Die Schule ist nicht die produktive dialektische Einheit von Individuum und Gemeinschaft geworden, als die sie 150 Jahre früher konzipiert worden war. Sie zerstört die Gemeinschaft und lässt nur vereinzelte Individuen zurück. Ein Problem bis heute.

W. G.: Das Gegenteil von Schleiermachers „pädagogischer Geselligkeit".

H. M.: Mit deren Hilfe die Schule auf das gesellschaftliche Leben vorbereiten sollte, ja.

W. G.: All das kann in der von Edgar Ende 1932 dargestellten Situation – anders als unter Raffaels philosophischen Größen, die sich ja sichtlich im Dialog befinden – nicht mehr stattfinden. Zwar bezieht sich die deutsche Bildungstradition fortgesetzt auf die Antike. Davon ist jedoch in der zerrissenen Republik von Weimar nicht mehr viel übrig geblieben. Die Folgen sind bekannt.

H. M.: Dem Ideal einer allseitig gebildeten Persönlichkeit, wie es Wilhelm von Humboldt und Marx vertraten, entspricht die Szene auf dem Bild jedenfalls nicht. Ein Bildungshorizont ist nicht zu erkennen.

W. G.: Diese Personen können mit sich und der Welt nichts mehr anfangen. Sie sind in einer Situation, in der nichts mehr geht.

H. M.: Eine Welt ohne Bildung, und keiner protestiert. Nur Herr und Hund fliehen.

Aufwärts ins Helle. Oskar Schlemmer „Bauhaustreppe" (1932 – Museum of Modern Art New York – 162 x 114 cm)

Seit Beginn der Moderne geht es vornehmlich abwärts, so scheint es. Marcel Duchamps, Gerhard Richter oder Georg Baselitz, Zufall oder nicht, alle diese Künstler zeigen bevorzugt Absteigende, wenn sie Menschen in Bewegung setzen. Und wenn wie bei Wolfgang Mattheuer doch einmal ein Ikarus nach oben startete, dann ist ihm der baldige Absturz schon anzusehen. Anders Oskar Schlemmer (1888-1943), der zwar kein Fortschrittsapostel war, wohl aber ein idealistisch gesonnener Künstler mit genauso viel Fantasie wie Kraft. Kein sonderlich politischer Kopf, aber einer, bei dem der Mensch im Mittelpunkt steht. Bei ihm ging es noch aufwärts. Warum drängen sich die Kunstfreundinnen und -Freunde vor der „Bauhaustreppe" im New Yorker MoMa? Vielleicht auch, weil diese Ikone der Moderne noch Mut macht, voranzugehen.

Schlemmers Darstellung junger Menschen in einem Treppenhaus des Werkstatttrakts im Dessauer Bauhaus ist sein bekanntestes Werk. Wir müssen zur Beschreibung deshalb nicht allzu viele Worte machen. Neun Menschen, die meisten sehen wir von hinten, sind unterwegs in einer Schule, die erklärtermaßen der Zukunft zugewandt war. Dazu gehörten die epochalen Bauhausinitiativen zum sozialen Bauen und Wohnen, aber auch dessen pädagogische Arbeit. Walter Gropius sah seine Gründung im Kontext der Reformpädagogik (dazu Wick 1982). Alma Siedhoff-Buschers (1899-1944) Kinderzimmermöbel, ihre Puppen und Spiele (zum Beispiel der bis heute produzierte Baukasten) zeugen vom Engagement für Erziehung, Kindheit und Jugend (Müller 2009,115 ff.). Am bittersten und gleichzeitig bewunderungswürdigsten muss die Arbeit der Bauhausschülerin Friedl Dicker-Brandeis (1898-1944) erscheinen, die sie Kindern im KZ Theresienstadt zuteilwerden ließ. Sie analysierte mit ihnen noch im Angesicht des Todes Werke der Kunstgeschichte und gab ihnen praktischen Unterricht nach Prinzipien einer Bauhauspädagogik, der zufolge „dem Kind uneingeschränkt vertraut werden" soll. „Wenn wir das Beste für das Kind tun wollen, geben wir ihm Material und ermuntern es, mit der Arbeit zu beginnen" (ebd., 97). 1944 wurde Friedl Dicker-Brandeis in Auschwitz ermordet.

Schlemmers Gemälde in den typischen Farben Blau, Rot, Weiß und Gelb, steht für die zukunftsfrohe Motivation des Bauhauses. Ein Gleichnis für die Chance, den Weg, die Entwicklung junger Menschen, für ihre hoffnungsvolle Gegenwart und eine gedachte Vorwegnahme ihrer Zukunft. Nicht nur dass diese Bauhäusler aufwärts ins Licht streben. In den Mittelgrund des Bilds stellt Schlemmer, der Maler, Gestalter und Tänzer, eine räumlich verkehrte, leuchtend gelbe Fläche, einen Absatz, auf dem die „Kunstfigur" eines blau und grau gekleideten schlanken „Tänzermenschen" (Schlemmer) auf der Spitze steht, aufrecht und in bühnenreifer Pose. Sie stellt Vision, Leitbild und Ideal dar, steht für Harmonie und Utopie und gibt damit den radikalen Gegensatz ab zu dem, was bald in Deutschland folgen und Schlemmer die Existenz kosten sollte. Er und die anderen Vertreterinnen und Vertreter der großen Pflanzschule der Moderne wurden diffamiert und verfolgt. Alle Versuche, sich mit den neuen Herren zu arrangieren, scheiterten schnell und notwendigerweise. Mühsam hielt Schlemmer sich mit Gelegenheitsarbeiten über Wasser, um am Ende seine kleinen „Fensterbilder" zu malen, in denen der Ausgestoßene das Leben der anderen nur mehr von außen, hinter Fensterkreuzen und Gardinen wahrzunehmen in der Lage war. „Ich komme vom Hellen, Allzuhellen und gehe ins Dunkle", heißt es in seinem Tagebuch unter dem Datum des 15. Juli 1935 (Schlemmer 1990, 293). Die „Bauhaustreppe" dagegen stellt einen pädagogischen Aufbruch dar, eine Erinnerung für die Zukunft.

Einfach drüber wegsehen. Robert Doisneau „Schulhof" (Cour de récreation, rue Buffon – 1956 – Musée national de l'Éducation Paris – Fotografie)

Man stelle sich zu Beginn für einen Moment einen Schulleiter vor, der die auf diesem Foto festgehaltene Szene im selben Augenblick von oben beobachtet und kurz danach aus gegebenem Anlass zur Feder greift.

Lieber Kollege T.!
Von meinem Schulleitungsbüro im ersten Stock sehe ich Sie hin und wieder, während Sie im Schulhof Pausenaufsicht führen. Schon zwei Mal musste ich

Sie in diesem Zusammenhang bitten, sich nicht immer dann gezielt abzuwenden, wenn Schüler miteinander in Streit geraten. Sie haben jedes Mal lebhaft bestritten, sich so zu verhalten. Das beiliegende Foto beweist jedoch das Gegenteil, und sagen Sie bitte nicht, es sei nur ein dummer Zufall gewesen, dass sie sich im selben Moment abwandten, als die Jungen handgreiflich wurden. Ich habe den Verlauf der Szene genau beobachtet. Nichts haben Sie unternommen. Stattdessen kam einer der auf dem Foto zu sehenden Schüler ins Sekretariat und musste verpflastert werden, weil er im Verlauf der Auseinandersetzungen geschubst wurde und stürzte. Auch um ihn haben Sie sich nicht weiter gekümmert. Von Aufsicht konnte keine Rede sein, zumal sie spät kamen, aber frühzeitig wieder gingen. Ich bitte Sie deshalb dringend, Herr Kollege, Ihr Verhalten während der Pausen zu ändern. Greifen Sie ein, wenn Gefahr in Verzug ist! Eltern verlangen mit Recht, dass ihre Kinder in der Schule vor Schaden bewahrt werden.

Wenn sich Ihr unkorrektes Verhalten fortsetzen sollte, ohne dass es dafür besondere Ursachen gibt, so müsste ich Ihnen eine schriftliche Missbilligung erteilen, da sie Ihren dienstlichen Verpflichtungen nicht nachkommen.

Mit kollegialen Grüßen
Unleserlich
Schulleiter

Diese Ermahnung wurde nie geschrieben. Auch deshalb nicht, weil das Foto, um das es geht, von dem prominenten französischen Fotografen Robert Doisneau (1912-1994) stammt, der es im Jahre 1956 in einer Pariser Schule aufnahm. Ein älterer Kollege (wahrscheinlich ist es einer der in Frankreich üblichen pädagogischen Aufseher) wendet sich darauf von dem in seiner Nähe stattfindenden Konflikt ab und schaut – die Arme entspannt hinter dem Rücken verschränkt – genau in die gegenüberliegende Richtung. Zufall oder Absicht? Darüber hinaus aber zeigt das Bild viele munter-fröhliche Kinder zwischen Kastanienbäumen herumtobend. Es ist ein Klassiker des Genres, weil es dem Augenblick Dauer verleiht, Witz hat und grafisch sehr originell gegliedert ist.

Jedes Foto ist „nur ein Fragment“ (Susan Sonntag). Auch hier haben wir es nur mit einem Ausschnitt der Schulhofrealität zu tun. Das Bild ist Teil einer Serie von Doisneau-Schulfotos, die im Pariser Musée national de l’Éducation gezeigt wird. Sie lässt die Schule der 1950er Jahre im Kontext der fotografischen Motivik und der erinnernden Aneignung durch den Betrachter wieder aufleben. Wer allerdings meint, früher sei alles besser gewesen und damals wären Schülerinnen und Schüler während der Pausen sich stets lieb an den Händen haltend im Kreis herumspaziert, den straft Doisneaus Foto Lügen.

Ende der Pädagogik. Tadeusz Kantor „Die tote Klasse“ (Umarła Klasa – 1975 – Pinakothek der Moderne München – Skulptur – 150 x 150 x 300 cm)

Ein Maler, Grafiker, Bühnenbildner, Happening-Arrangeur, Dichter und Kunsttheoretiker schweift durchs ländliche Polen und stößt unterwegs auf ein altes Gebäude, das seine Aufmerksamkeit erregt, eine verlassene Dorfschule. Für Tadeusz Kantor (1915-1990) wurde dieses Erlebnis zur Inspirationsquelle für eine Theateraufführung und eine Skulptur: „Die tote Klasse“. Als er von außen durchs Fenster schaute, ergriff ihn, wie er später schrieb, die „dunkle Tiefe der Erinnerung, eine Macht, die zerstören und schaffen kann“. Kantor verspürte den „Schmerz des Vergehens“ und schlussfolgerte aus dem Erlebnis: „Der Preis, den man dafür bezahlt, ist die BEGEGNUNG MIT DEM TOD“ (zit. nach Institut für moderne Kunst, 1988, 229 ff.). Er entwickelte aus der Schulfenstererfahrung in der Folge ein Stück absurden Theaters, das er in seinem Krakauer Improvisationstheater „Cricot2“ aufführte, eine rohe, wilde Bühnencollage mit parodistischen Schulszenen, in denen Clowns mit lebensgroßen Puppen, ihren Ebenbildern aus der Schulzeit, hantieren und den Unterricht verspotten. Ein durchgehender Zusammenhang ist allerdings nicht recht erkennbar, weswegen wir hier nicht weiter darauf eingehen. Aus Kantors Schulfenstererlebnis entstand als Resultat über das Happening hinaus eine Skulptur. Oder soll man das Kunststück eine Installation nennen? Acht schwarz gekleidete, leichenblasse Gliederpuppen sitzen in vier Reihen eng beieinander auf Schulbänken aus rohem Holz und schauen die Betrachterin/den

Betrachter aus ihren Glasaugen starr an. Sie wirken wie alte Menschen, auch wenn ihr Haar nicht grau ist, nehmen unterschiedliche Stellungen ein, halten sich aber alle extrem aufrecht und haben ihre Hände auf die kleinen Pulte vor ihnen gelegt.

Die Betrachterin/Der Betrachter erschrickt beim ersten Hinschauen über die Lebensnähe der Figuren, aber gleichzeitig über ihre Fremdheit und die Traurigkeit, die von ihnen ausgeht. Sie wirken einerseits unbestimmt-alterslos, aber auch statuarisch-greisenhaft. Man spürt tatsächlich trotz all ihrer Künstlichkeit eine merkwürdige Nähe zum Tod, zu dem die Menschenpuppen „eine physisch erfahrbare Verbindung evozieren" (Witts 2019, 55). Ein Eindruck von Zwang geht von ihnen aus. Man scheut deshalb schnell den Anblick. Schaut man dagegen lange genug hin, so beginnt der unwillkürliche Versuch, verdrängtes Eigenes zu assoziieren und zurückzugewinnen, Fragmente aus der persönlichen Geschichte.

Kantor kam aus einer galizisch-jüdisch-polnisch-deutschen Familie. Als der Zweite Weltkrieg begann, war er schon erwachsen. Die große Bedeutung von Krieg und Diktatur für das Aufwachsen war ihm aus dem Erleben seiner Zeit, aus Besetzung und Bürgerkrieg nur allzu bekannt. Der Tod wird auch ihm zeitweilig ein Begleiter gewesen sein. Schlägt man den Bogen zwischen Kunst und Leben, so kann aus seiner Figurengruppe eine grundlegende Erkenntnis abgeleitet werden, die Kunst genauso wie Schule betrifft. Beide müssen frei sein, um wirksam zu werden. Sie brauchen die Freiheit des Worts und des Ausdrucks. Vielleicht können Schulen in Zeiten der Unterdrückung eine Zuflucht darstellen, und die Kunst vermag es, Widerstand gegen den Zwang zu signalisieren. Und doch ist in beiden Fällen die Freiheit Vorbedingung ungestörter Entwicklung. Janusz Korczaks und Stefania Wilczyńskas Waisenhaus im Warschauer Ghetto kann einem im Zusammenhang mit Kantors Skulptur in den Sinn kommen. Vor ihrer Deportation in die Gaskammern von Treblinka 1942 hätten die Kinder „wie erschöpfte Alte" ausgesehen, wird berichtet. Von Tag zu Tag sei es schwieriger geworden, sie noch „für irgendetwas zu interessieren", das Ergebnis von „Erschöpfung, Unlust, Zorn, Aufruhr, Misstrauen, Traurigkeit und Sehnsucht" (Lifton 1990, 417). Vielleicht aber auch eine Vorausschau auf das Ende aller Pädagogik in heutigen Situationen von Gewalt gegen Kinder.

Notizen in Kreide, verwischt. Jessica Wynne „Do Not Erase" (2019 – Princeton University – Fotografie)

Manche Lehrkräfte beschleicht hin und wieder die Sehnsucht nach der guten alten Tafel. Nicht jede/r liebt den heute üblich gewordenen Umgang mit Smartboards, und die mittlerweile vorherrschenden Whiteboards sehen oft schon nach kurzer Zeit reichlich schäbig aus. Die Schiefertafel (nennen wir sie mal so, entsprechend ihrer Herkunft) besitzt einen gewissen nostalgischen Charme. Zwar gab sie früher manchen Lehrpersonen Gelegenheit, endlose Lehrvorträge abzuspulen („Talk and chalk."), aber das tun sie mit moderneren Hilfsmitteln genauso. Manche Tafelbilder schienen für die Ewigkeit erschaffen („Bitte stehen lassen!"). Andere Tafeln waren ständig vollgekritzelt, weil der Schülertafeldienst nicht klappte und Lehrkräfte keine Lust hatten, sich durch rechtzeitiges Abwischen den nötigen Platz darauf zu schaffen. Deshalb zwängten sie zum Beispiel die Erdkundehausaufgabe mühsam zwischen verbliebene Matheformeln, Vokabeln und Zeichensetzungsregeln. Manche schrieben dagegen nie etwas an die Tafel, was ihre Schülerinnen und Schüler bisweilen bemängelten („Schreiben Sie's doch an, bitte.").

Ja, Schiefertafeln hatten was. Sie trugen ihren Teil bei zur eigenen Atmosphäre eines Klassenzimmers, zur Aura von Bildung, Lehrhaftigkeit und Systematik der Vermittlung. Was daraus bei guter Verwendung zur Betrachterin/zum Betrachter sprach, war die ernsthafte Suche nach der Wahrheit, der tastende Versuch, den richtigen Weg zu finden, den Gang der Erkenntnis Schritt für Schritt nachzuvollziehen oder per Fixierung die Ergebnisse des Lernprozesses zu sichern. Nicht bei allen Schülerinnen und Schülern allerdings fällt die Erinnerung an Momente an der Tafel uneingeschränkt positiv aus. Manchmal wurde man dorthin gerufen und war nicht immer glücklich über das Ergebnis, das man hinterließ.

Die amerikanische Fotografin Jessica Wynne hat an vielen Orten der Welt (vor allem in Universitäten) Tafeln aufgenommen. Es ging ihr dabei nicht um künstlerische Darstellungen eigener Werke, sondern vor allem darum, die Schönheit von Tafelbildern festzuhalten, Kreise, Linien und Beschriftungen, geometrischen Figuren und seltsame Schnörkel. Diese Aufzeichnungen bergen Geheimnisse und strahlen die Faszination des Unbekannten aus. Große Akribie stand bei manchen Pate, während auf anderen hingeworfene Geistesblitze zu finden sind oder das, was die jeweilige Schreiberin/der jeweilige Schreiber dafür hielt. Das letzte Tafelbild der Serie von Jessica Wynne ist leer. Nicht ganz leer allerdings. Es hat einmal etwas dagestanden, was anschließend mit kräftigen Auf- und Abwärtsbewegungen ausgelöscht wurde. Aber der Schwamm kann nicht richtig nass gewesen sein, wie die Kennerin/der Kenner weiß.

Und was zeigt uns das?

Bevor wir die Ausstellung im imaginären Schulmuseum verlassen, sei ein kleines Resümee versucht. Wären Schülerinnen und Schüler anwesend, so würde man es wohl Ergebnissicherung nennen. Nicht dass wir die betrachteten Bilder etwa im Nachhinein mit Gebrauchsanweisungen versehen wollen. Die Frage nach der Bedeutung des jeweiligen Bilds für einen selbst, kann nur die Betrachterin/der Betrachter beantworten. Kunst ist ein Spiel mit Möglichkeiten, und dazu gehören auch die möglichen Interpretationen. Die vorgestellten Bilder enthalten freilich Aussagen über die dargestellten Menschen und Konstellationen. Sie wurden nicht gemalt, um Thesen zu illustrieren oder pädagogische Kriterien zu erfüllen. Mit „abstrakten Etikettierungen" (Klaus Mollenhauer) haben sie nichts gemein. Wohl aber schildern sie Licht und Schatten schulischer Arbeit, Kinder und Jugendliche und ihr Anderssein, den unglückseligen Schulmeister genauso wie den Traum von der guten Schule für alle.

Johann Peter Hasenclever zeigt uns einen Lehrer (falls man ihn so nennen darf), der insofern anders ist, als ihm Professionalität nicht nachgesagt werden kann. Ein Seiteneinsteiger tut sein Bestes, nur dass es eben nicht reicht. So etwas soll auch heute noch vorkommen. Mangelnde fachliche Kompetenz dürfte bei der Lehrperson hinter Felice Casoratis Schülergruppe weniger das Problem sein. Ihr würde man einige der munteren Hasenclever'schen Dorfschulkinder wünschen. So blass wie ihre Schülerinnen und Schüler vor uns stehen, ähneln sie den Puppen in Tadeusz Kantors „toter Klasse". Man möchte sie beschützen, wie es dier Eltern auf Oskar Kokoschkas Familienbild versuchen.

Überhaupt ist – mit Ausnahme von Oskar Schlemmers Bauhaustreppe – vom Glück in der Schule kaum etwas zu sehen. Auf Robert Doisneaus Foto flitzen zwar alle munter durch den Hof. Im Unterricht dürfte das aber ganz anders aussehen. Karl Hubbuch stellt eine Unterrichtssituation dar, aber es kommt ihm mehr auf den Kontrast zwischen Schulstube und Außenwelt an. Und sein Draußen ist allemal bunter, abwechslungsreicher, glücksverheißender als der Schulbetrieb. Auffällig, dass alle Künstler die Schule schon formal als eine eigene Welt darstellen, die mit den realen Gegebenheiten außerhalb nicht gleichzusetzen ist. Am krassesten fällt der Unterschied bei Edgar Ende aus, aber auch Louis Janmot zeigt keine reale Schule, dafür aber ihre garstigen Vertreter. Jessica Wynne schließlich vermittelt ein bisschen Schulnostalgie, ohne allerdings Menschen ins Bild zu bringen. Würden sie die Idylle stören?

Zuletzt

Sein Namensvetter Hieronymus Bosch, Albrecht Dürer, Lucas Cranach der Ältere und andere haben ihn im Bilde festgehalten, und doch weiß nicht jeder, dass der Heilige Hieronymus unter anderem Schutzheiliger der Lehrerinnen und Lehrer ist. An ihn soll am Schluss erinnert werden. Nicht weil er – ähnlich vielen heutigen Lehrkräften – ein großer Reisender war, sondern da er für den Umgang mit dem Anderssein ein schönes Beispiel gegeben hat. Hieronymus (347-420), geboren in Dalmatien, spätantiker Kirchenlehrer, Bibelübersetzer und nach diversen Wüstenaufenthalten in Bethlehem gestorben, war ein sprachkundiger Mann und Bücherfreund. In der Renaissance wurde er als Prototyp des Gebildeten angesehen. Die Legende weiß über Hieronymus zu berichten, dass er einen Löwen gezähmt habe, indem er dem König der Wüste einen Dorn aus der Tatze zog und seine Wunde fachmedizinisch einwandfrei versorgte. Daraufhin wurde die Ex-Bestie zu seinem Haustier und ging unter Hieronymus' Patenschaft eine funktionierende Lebensgemeinschaft mit einem Esel, einem Schaf und einem Widder ein.

Am historischen Gehalt dieser Erzählung mögen aus heutiger Sicht gewisse Zweifel berechtigt sein, aber Hieronymus' entschlossenes Handeln stellt ein schönes Sinnbild dar für die Arbeit der praktizierenden Pädagoginnen und Pädagogen. Nachhaltige Hilfeleistung in dringenden Fällen, wie sie der Heilige gegenüber dem Löwen realisierte, wird Lehrkräften bis heute immer wieder abverlangt. Genauso, wie die Herbeiführung tragfähiger Friedensschlüsse unter anfangs unwilligen Partnerinnen und Partnern nach wie vor ihre Sache ist. Und Vielfalt und Anderssein eine Zukunft zu verschaffen, gehört *eo ipso* zu den täglichen Pflichten von Lehrpersonen. Gottlob haben sie es jedoch vergleichsweise selten mit Raubtieren zu tun.

Literatur

Adorno, Theodor W. (1975): Erziehung zur Mündigkeit. Frankfurt/M.
Altrichter, Herbert/Posch, Peter (2007): Lehrerinnen und Lehrer erforschen ihren Unterricht. Bad Heilbrunn.
Altwegg, Jürg (1986): Die Republik des Geistes. München.
Aramburu, Fernando (2019): Patria, Reinbek.
Bakewell, Sarah (2016): Das Café der Existenzialisten. München.
Balzac, Honoré de (2015): Die Lilie im Tal, Berlin.
Benz, Wolfgang/Neiss, Marion (Hg.) (1999): Judenmord in Litauen. Berlin.
Bernfeld, Siegfried (1967): Sisyphos oder die Grenzen der Erziehung, Frankfurt/M.
Bernfeld, Siegfried (1969): Antiautoritäre Erziehung und Psychoanalyse, Frankfurt/M.
Biedermann, Hans (1998): Knaurs Lexikon der Symbole, München.
Blankertz, Herwig (1982): Die Geschichte der Pädagogik. Wetzlar.
Bloch, Ernst (1971): Pädagogica, Frankfurt/M.
Bloch, Ernst (1972): Naturrecht und menschliche Würde, Frankfurt/M.
Böhme, Rebecca (2019): Resilienz, München.
Brachmann, Jens (2002): Friedrich Schleiermacher. Weinheim.
Brachmann, Jens (2015): Reformpädagogik zwischen Re-Education, Bildungsexpansion und Missbrauchsskandal, Bad Heilbrunn.
Brachmann, Jens (2019): Tatort Odenwaldschule. Bad Heilbrunn.
Brecht, Bertolt (1967): Gesammelte Werke, Frankfurt/M.
Brügelmann, Hans u. a. (2021): Bildung gegen Spaltung, Frankfurt/M.
Brumlik, Micha (2013): Anerkennung als pädagogische Idee. In: Hafeneger, Benno u. a. (Hg.): Pädagogik der Anerkennung, Schwalbach/Ts., S. 13-25.
Brumlik, Micha (2015): Pädagogische Taktlosigkeit. In: Burghardt, Daniel u. a. (Hg.): Pädagogischer Takt, Paderborn, S. 53-57.
Buber, Martin (1962): Reden über Erziehung, Heidelberg.
Buber, Martin (1978): Das dialogische Prinzip, Heidelberg.
Budde, Jürgen (2018): Differenzierungspraktiken im Unterricht. In: Proske, Matthias/Rabenstein, Kerstin (Hg.): Kompendium Qualitative Unterrichtsforschung. Bad Heilbrunn, S. 137-152.
Burow, Olaf-Axel (2016): Wertschätzende Schulleitung. Weinheim.
Camus, Albert (1995a): Der Mythos des Sisyphos, Reinbek.
Camus, Albert (1995b): Der erste Mensch, Reinbek.
Camus, Albert (1995c): Kleine Prosa, Reinbek.
Collier, Paul (2014): Exodus. München.
Collier, Paul (2019): Sozialer Kapitalismus! München.
Corino, Karl (2005): Robert Musil. Reinbek.
Delerm, Philippe (2016): Journal d'un homme heureux, o. O. (Übersetzung W. G.).

Diderot, Denis (1972): Artikel aus der Enzyklopädie, Frankfurt/M.
di Fabio, Udo (2015): Schwankender Westen. München.
Dostojewski, Fjodor M. (1996): Rodin Raskolnikow. München.
Duroy, Lionel (2019): Nous étions nés pour être heureux, Paris.
Ebermayer, Erich (1929): Kampf um Odilienberg, Berlin.
Elias, Norbert (2000): Watteaus Pilgerfahrt zur Insel der Liebe, Frankfurt/M.
Ende, Michael (2010): Der Spiegel im Spiegel. München
Erikson, Erik (1973): Identität und Lebenszyklus. Frankfurt/M.
Feldman, Deborah (1026): Unorthodox. München.
Ferry, Luc (2016): 7 façons d'être heureux, o. O. (Übersetzung W. G.).
Ferry, Luc/Renaut, Alain (1987): Antihumanistisches Denken. München.
Fest, Joachim (2006): Ich nicht, Reinbek.
Finkielkraut, Alain (1989): Die Weisheit der Liebe, Reinbek.
Finkielkraut, Alain (2009): Un cœur intelligent, o. O. (Übersetzung W. G.).
Frankl, Viktor E. (1995): Was nicht in meinen Büchern steht. Weinheim.
Frankl, Viktor E. (2003): Das Leiden am sinnlosen Leben. Freiburg.
Frankl, Viktor E. (2010): Der Mensch vor der Frage nach dem Sinn. München.
Freud, Siegmund (1953): Abriss der Psychoanalyse, Frankfurt/M.
Friedman, Maurice (1999): Begegnung auf dem schmalen Grat, Münster.
Frisch, Max (1985): Tagebuch 1946-1949, Frankfurt/M.
Fühmann, Franz (1977): Das Judenauto. in: ders.: Die Verteidigung der Reichenberger Turnhalle. Stuttgart, S. 3-13.
Fukuyama, Francis (2019): Identität. Hamburg.
Gans, Grobian (1972): Die Ducks. Reinbek.
Gelhard, Andreas (2005): Levinas, Leipzig.
Geppert, Stefan/Soechting, Dirk (Hg.) (2003): Johann Peter Hasenclever (1810-1853). Mainz.
Goethe, Johann Wolfgang von (1998): Werke. Hamburger Ausgabe, München.
Grass, Günter (2006): Beim Häuten der Zwiebel, Göttingen.
Grasskamp, Walter (2014): André Malraux und das imaginäre Museum, München 2014.
Grossmann, Bernhard (1984): Robert Musil „Die Verwirrungen des Zögling Törleß", München.
Gruschka, Andreas (1999): Bestimmte Unbestimmtheit. Wetzlar
Hardouin-Fugier, Elisabeth (2007): Le Poème de l'âme par Louis Janmot, Châtillon-sur-Chalaronne (Übersetzung W. G.).
Hartung, Regine u. a. (2013): Interkulturelles Lernen. Schwalbach/Ts.
Hattie, John (2013): Lernen sichtbar machen, Baltmannsweiler.
Havel, Václav (1989): Briefe an Olga, Reinbek.
Hazan, Katy u. a. (2008): L'Œuvre de Secours aux Enfants et les populations juives au XXe siècle. Paris.
Hentig, Hartmut von (1993): Die Schule neu denken, München.
Hentig, Hartmut von (1996): Calling for Attention. In: Becker, Antoinette/Hentig, Hartmut von (Hg.): Geschichten mit Kindern. Seelze, S. 97-116.
Hentig, Hartmut von (2016): Noch immer Mein Leben. Berlin.

Herbart, Johann Friedrich (1877): Sämtliche Werke, Langensalza.
Honneth, Axel (2018): Anerkennung, Berlin.
Horkheimer, Max (1970): Die Sehnsucht nach dem ganz Anderen. Hamburg.
Horkheimer, Max/Adorno, Theodor W. (1969): Dialektik der Aufklärung, Frankfurt/M.
Horstkemper, Marianne/Tillmann, Klaus-Jürgen (2018): Die Schule als Institution erzieht. In: Pädagogik, Bd. 70, Nr. 10, S. 42-47.
Hurrelmann, Klaus/Schultz, Tanjev (2012): Jungen als Bildungsverlierer, Weinheim.
Hüther, Gerald (2019): Würde. München.
Insitut für moderne Kunst (Hg.) (1988): Tadeusz Kantor, Nürnberg
Jähner, Harald (2019): Wolfszeit. Berlin.
Joas, Hans (2006): Einleitung. In: Joas, Hans/Wiegandt, Klaus (Hg.): Die kulturellen Werte Europas, Frankfurt/M.
Joas, Hans (2015): Die Sakralität der Person. Berlin.
Kaminer, Wladimir (2007): Ich bin kein Berliner. München.
Kandel, Eric (2014): Das Zeitalter der Erkenntnis, München.
Kant, Immanuel (1997): Über die Erziehung, München.
Karlauf, Thomas (2007): Stefan George. München.
Kästner, Erich (1949): Die Konferenz der Tiere, Frankfurt/M.
Kaube, Jürgen (2019): Ist die Schule zu blöd für unserer Kinder? Berlin.
Keupp, Heiner u. a. (2019): Die Odenwaldschule als Leuchtturm der Reformpädagogik und als Ort sexualisierter Gewalt. Wiesbaden.
Klingberg, Lothar (1998): Zeit und Raum des Unterrichts. In: Seminar, Nr. 4, S. 27-34.
(KMK) Kultusministerkonferenz der Länder (2000) Aufgaben von Lehrerinnen und Lehrern heute, Berlin. Online unter: http://www.kmk.org/fileadmin/Dateien/veroeffentlichungen_beschluesse/2000/2000_10_05-Bremer-Erkl-Lehrerbildung.pdf
Kortum, Karl Arnold (2012): Leben, Meinungen und Taten von Hieronymus Jobs dem Kandidaten, Hamburg.
Le Carré, John (1980): Smileys Leute, Hamburg.
Levinas, Emmanuel (1989a): Humanismus des anderen Menschen, Hamburg
Levinas, Emmanuel (1989b): Jenseits des Seins oder anders als Sein geschieht, Freiburg.
Levinas, Emmanuel (1993): Totalität und Unendlichkeit. Freiburg.
Levinas, Emmanuel (2008): Ethik und Unendliches. Wien.
Lifton, Betty Jean (1990): Der König der Kinder. Stuttgart.
Littell, Jonathan (1965): Die Wohlgesinnten, Berlin.
Maar, Michael (2010): Leoparden im Tempel. Berlin.
Maison d'Izieu: (2016): Katalog der Dauerausstellung, o.O.
Malka, Salomon (2003): Emmanuel Levinas. München.
Malraux, André (2012): Le Musée Imaginaire, o.O.
Mantell, David Mark (1972): Familie und Aggression. Frankfurt/M.
Marcuse, Herbert (1966): Repressive Toleranz. In: Wolff, Robert Paul u. a.: Kritik der reinen Toleranz, Frankfurt/M.
Melancholie (2006), Berlin (Ausstellungskatalog).
Meyer, Beate (2017): Fritz Benscher. Göttingen.
Meyer, Hilbert (1987): Unterrichtsmethoden. Bd. 2, Berlin.

Meyer, Hilbert (2015): Unterrichtsentwicklung, Berlin.
Milgram, Stanley (1984): Das Milgram-Experiment. Reinbek.
Mollenhauer, Klaus (1983): Vergessene Zusammenhänge. München.
Mollenhauer, Klaus (1986): Umwege, Weinheim.
Morin, Edgar (2019): La Fraternité, pourqui? Arles (Übersetzung W. G.).
Müller, Ulrike (2009): Bauhaus-Frauen, München.
Münkler, Herfried/Münkler, Marina (2016): Die neuen Deutschen, Berlin.
Musil, Robert (2006): Die Verwirrungen des Zöglings Törleß, Reinbek.
Nabokov, Vladimir (1999): Lolita, Reinbek.
Neue Gesellschaft für bildende Kunst (Hg.) (1980): Die gesellschaftliche Wirklichkeit der Kinder in der bildenden Kunst, Berlin (Ausstellungskatalog)
Neumann, Alexander (2003): Leben und Sterben im Ghetto Kaunas 1941. In: Bartusevičius, Vincas u. a.: (Hg.): Holocaust in Litauen, Köln.
Niedermann, Paul u. a. (2011): Auf Hass lässt sich nicht bauen, Karlsruhe.
Oelkers, Jürgen (2007): Kinder sind anders – aber wie? Zürich (Vortragsskript, Institut für Erziehungswissenschaft der ETH Zürich. Online unter:https://www.ife.uzh.ch/dam/jcr:00000000-4a53-efb2-0000-00003568ea64/269_WolfsburgKinder.pdf).
Oelkers, Jürgen (2011): Eros und Herrschaft. Weinheim.
Oelkers, Jürgen (2016): Pädagogik, Elite, Missbrauch. Weinheim/Basel.
Pépin, Charles (2016): Les Vertus de l'échec, Paris (Übersetzung W. G.).
Piaget, Jean (1962): Comments on Vigotsky's Critical Remarks Concerning *The Language and Thought of the Child*, and *Judgment and Reasoning in the Child*, Cambridge.
Pile, Steven (1980): The Book of Heroic Failures. London.
Pinker, Steven (2013): Gewalt. Frankfurt/M.
Postman, Neil (1995): Keine Götter mehr. Berlin.
Postman, Neil (1999): Die zweite Aufklärung, Berlin.
Prengel, Annedore (2020): Ethische Pädagogik in Kitas und Schulen, Weinheim.
Radisch, Iris (2013): Camus. Reinbek.
Reckwitz, Andreas (2017): Die Gesellschaft der Singularitäten. Berlin.
Reemtsma, Jan-Philipp (1998): Im Keller, Reinbek.
Ricœur, Paul (2015): Anders. Wien.
Rousseau, Jean-Jacques (1998): Abhandlung über den Ursprung und die Grundlagen der Ungleichheit unter den Menschen, Stuttgart.
Safranski, Rüdiger (1987): Schopenhauer, München.
Safranski, Rüdiger (2007): Romantik. München.
Safranski, Rüdiger (2011)[9]: Das Böse oder Das Drama der Freiheit, Frankfurt/M.
Scheffer, Paul (2007): Die Eingewanderten. München.
Scheller, Ingo (2019): Das Eigene und das Fremde. Norderstedt.
Schiffler, Horst/Winkeler, Rolf (1985): Tausend Jahre Schule. Stuttgart.
Schiffler, Horst/Winkeler, Rolf (1991): Bilderwelten der Erziehung. Weinheim.
Schleiermacher, Friedrich (1983): Pädagogische Schriften, Frankfurt/M.
Schlemmer, Oskar (1990): Idealist der Form, Leipzig.
Schreiber, Constantin (2017): Inside Islam. Berlin.

Schulz, Reinhard (2001): „Ichwerk“ und Visionen. In: Ulm, Renate (Hg.): Gustav Mahlers Symphonien. S. 250-261.
Sennett, Richard (1998): Der flexible Mensch. Berlin.
Serres, Michel/Polacco, Michel (2015): Du bonheur, aujourd'hui, Paris (Übersetzung W. G.).
Serres, Michel (2016): De l'impertinence, aujourd'hui (Übersetzung W. G.).
Serres, Michel (2019): Was genau war früher besser? Berlin.
Slimani, Leïla (2016): Dann schlaf auch du, München.
Soiné, Knut (1990): Johann Peter Hasenclever. Neustadt/Aisch.
Steiner, George (2008): Warum Denken traurig macht. Frankfurt/M.
Stölzl, Christoph (Hg.) (1997): Menschen im Museum. Berlin.
Taureck, Bernhard H. F. (2006): Emmanuel Levinas zur Einführung, Hamburg.
Terraroli, Valerio (2018): Unheimlich real (Ausstellungskatalog). Essen.
Thie, Diether/Reinhardt, Bettina (2018): Berufsalltag Schulleitung. Frankfurt/M.
Todorov, Tzvetan (1998): Abenteuer des Zusammenlebens. Frankfurt/M.
Tomasello, Michael (2010): Warum wir kooperieren, Berlin.
Toprak, Ahmet (2019): Muslimisch, männlich, desintegriert, Düsseldorf.
Wagner, Richard (1984): Tristan und Isolde, Stuttgart.
Weinzierl, Ulrich (2007): Hofmannsthal. Frankfurt/M.
Weinzierl, Ulrich (2015): Stefan Zweigs brennendes Geheimnis, Wien.
Wette, Wolfram (2011): Karl Jäger. Frankfurt/M.
Wick, Rainer (1982): Bauhaus-Pädagogik, Köln.
Wildt, Andreas (2009): Anerkennung in der Psychoanalyse. In: Schmidt am Busch, Hans-Christoph/Zürn, Christoph F. (Hg.): Anerkennung, Berlin, S. 180-200.
Witts, Noel (2019): Tadeusz Kantor, London (Übers. W. G.).
Wolf, Christa (2011): Stadt der Engel Berlin.
Wünsche, Konrad (1989): Bauhaus. Berlin
Zenke, Christian Timo (2018): Hartmut von Hentig und die ästhetische Erziehung. Köln.

Hans Brügelmann, Annemarie von der Groeben, Hilbert Meyer, Renate Nietzschmann, Susanne Thurn

Bildung gegen Spaltung

Eine Streitschrift

Mehr Bildungsgerechtigkeit zu ermöglichen ist ein unumstrittenes Anliegen unserer Gesellschaft. Aber wir kommen diesem Ziel nicht näher. Mit zunehmender Spaltung der Gesellschaft wächst sogar die Ungleichheit der Bildungschancen. Eine gründliche Neuorientierung ist notwendig. Doch wie sieht die „Traumschule" aus, in die alle gerne gehen und die den Schüler*innen und Pädagog*innen zur Heimat wird? In der Streitschrift Bildung gegen Spaltung entwickeln die Autor*innen das innovative Konzept einer Schule ohne Aussonderung. Sie beschreiben nicht nur, was aktuell schiefläuft, sondern geben konkrete Handlungsempfehlungen. Dazu werden 18 Standards für Bildungsgerechtigkeit definiert, die als Richtschnur für die notwendige Entwicklungsarbeit dienen.

ISBN 978-3-95414-169-2, 176 Seiten, € 22,90
PDF: ISBN 978-3-95414-170-8, € 20,99

ISBN 978-3-95414-164-7,
184 Seiten, € 22,90
PDF: 978-3-95414-165-4, € 19,99

ISBN 978-3-95414-106-7,
112 Seiten, €14,90
PDF: 978-3-95414-107-4, € 11,99

debus PÄDAGOGIK

Eschborner Landstr. 42-50, 60489 Frankfurt/M.
Tel.: 069/7880772-0, Fax: 069/7880772-25
info@debus-paedagogik.de
www.debus-paedagogik.de